核心财务指标选出超级大牛股

——长线暴利选股法

万 军 著

地震出版社
Seismological Press

图书在版编目（CIP）数据

核心财务指标选出超级大牛股：长线暴利选股法/ 万军著. — 北京：地震出版社，2020.9

ISBN 978-7-5028-5072-2

Ⅰ.①核… Ⅱ.①万… Ⅲ.①股票投资－基本知识 Ⅳ.①F830.91

中国版本图书馆 CIP 数据核字（2019）第 092927 号

地震版 XM4400/F（5790）

核心财务指标选出超级大牛股——长线暴利选股法

万 军 著

责任编辑：吴桂洪 王凡娥
责任校对：凌 樱

出版发行：**地震出版社**

北京市海淀区民族大学南路 9 号 邮编：100081
发行部：68423031 68467993 传真：88421706
门市部：68467991 传真：68467991
总编室：68462709 68423029 传真：68455221
证券图书事业部：68426052 68470332
http：//seismologicalpress.com
E-mail：zqbj68426052@163.com

经销：全国各地新华书店
印刷：北京市兴星伟业印刷有限公司

版（印）次：2020 年 9 月第一版 2020 年 9 月第一次印刷
开本：787×1092 1/16
字数：324 千字
印张：19
书号：ISBN 978-7-5028-5072-2
定价：90.00 元

目　　录

第四部分　运用工具图选股

第五部分　择时与选股

序

就在 2019 年中国五一节假日期间，巴菲特股东大会再次吸引全球超过 4 万人来到美国中西部的奥马哈，一个常住人口只有 40 万，且远离华尔街的小城市。和巴菲特同时代的人仿佛在现场观测一场财富试验——从无名时说服家乡的亲戚朋友融资起步，追随导师格雷厄姆的脚步从"捡烟蒂"开始寻找市场缝隙，到雪球越滚越大，最终一骑绝尘，缔造了一个囊括保险、能源、铁路等 90 多家企业，以及坐拥数十家各领域顶级公司股票的巨型公司。

当"能力圈""安全边际"成为投资界耳熟能详的经典哲学时，现年 89 岁的巴菲特却从不用概念限住自己。

当被媒体问及价值投资的本质时，巴菲特表示，"这天底下除了价值投资，还有别的投资吗？我们从不自称是价值投资人，我们称我们是投资人，而投资人只需要做一件事情，就是如何让现在花出去的钱在未来增值。有些资产类别的到期收益是容易计算的，比如债券；而对于股票资产来说，你需要去研究某个公司在特定的'行权日'之前能够产生的现金总量来判断它的价值。"

在股东大会上，当问到类似问题时，巴菲特再度强调，"价值投资中的'价值'并非绝对的低市盈率，而是综合考虑买入股票的各项指标，例如，是否是投资者理解的业务、未来的发展潜力、现有的营收、市场份额、有形资产、现金持有、市场竞争等。"

"之前错过亚马逊和谷歌，确实是我们搞砸了，当时没有投资谷歌、苹果，也许是因为我们太害羞了。"芒格称。在当日股东大会上，巴菲特对于苹果成为伯克希尔·哈撒韦持仓市值最大的科技公司感到很满意，并透露已授权 750 亿美元资金在近 3 年内购买更多的苹果股票，芒格则补充称持有苹果股票是好事。

通过巴菲特的传奇和巴菲特历年股东大会，我们可以清晰地得出：

（1）坚持价值投资理念能够实现财富的复利增长；

（2）价值投资核心要素是选择企业；

（3）价值投资中的"价值"并非绝对的低市盈率；

（4）价值投资也绝对不是只买消费股。

我们总结的巴菲特价值投资理念，实质上是巴菲特在其整个投资生涯不断探索，且被实践证明的结晶，真正值得我们仔细回味的，是巴菲特在股东大会上所说的，从来不称自己是价值投资人。但是我们都知道他是价值投资者，而且坚持在做，并且在不断拓展自己的能力圈，用行动、用实践表达了一个长期价值投资者该做的事。

所以，我们要做价值投资人，但是又不要盲目照搬投资大师的投资名言，更不应该简单从他的公开言论或者历史操作记录，归纳几条来做我们的投资信条。我们需要用批判的眼光看待投资大师的价值投资理念，同时还需要进行一个价值投资者的自我反思、自我否定。一方面是对成功投资大师的批判、继承，另一方面是对自我的不断反思和完善。最后，我们需要有实事求是的精神，将理念与实际相结合，在现实中完善理念。投资是一个实践活动，不是理论研究，它是一个循环往复的过程。

做投资首先要抓住投资股票的核心要素：选股，这是本书的核心内容。八大核心财务指标可视化界面是本书的鲜明特色，是巴菲特、彼得林奇等成功投资大师使用财务指标筛选股票的结晶，通过独创的可视化界面可以让投资者清晰鉴别企业的基本趋势，选择超级牛股。其次，我们是按照三大行业的形式来展开的，这个视角可以让投资者容易理清 A 股市场的现实（彼得林奇就有六大行业的分类）。最后，我们在择时方面具有独创性，是一个探索，对投资者具有借鉴意义。

需要说明的是，本书交稿时间在 2019 年 1 月 28 日，而书本的截图和主要章节大多创作于 2018 年 10 月、11 月。在交稿和写序的期间，A 股市场发生了很大的变化，股票市场一改 2018 年的阴霾气象，在短短几个月时间内大幅上涨 30%，而在 4 月底、5 月初又大幅回落，A 股市场的这种特性与美国等成熟市场是明显不同的。

回顾 A 股历史，牛熊交替特性非常明显，短期的暴涨暴跌也比较常见。这种现象常令价值投资者几家欢喜几家愁，而如果你阅读本书，自然就能明白其中的道理，自然会走在曲线的前面。所以，在一般价值投资不做择时的情况下，我们坚持认为在 A 股市场需要择时，尽管对于优质企业择时可能会损失一部分利润，还增加了操作的复杂性。但正因为是在 A 股市场，暴涨暴跌的太明显了，而真正可以容纳全部价值投资者（养老金基金、社保、公募和个人价值投资者）投资的标的又太少了，这就会明显存在市场好的标的被抱团现象。在牛市的时候被集中高估，资金进入优质的企业，不仅导致基本趋势加强的标的被高估，就连不稳定的企业，也常常被爆炒。暴涨之后，暴跌也就成为自然而然的现象。优质的企业毕竟是少数，但优质的企业去泡沫经常是一个漫长（用时间消化高估值）的过程，偶尔也会因特殊事件惨烈地下跌，或伴随劣质股快速杀跌。所以，对于 A 股市场择时的现实意义就在于此。本书始终强调选股和择时是投资 A 股市场必须认真考虑的两个重要环节，借用巴菲特的话，始终关注两点：价值和价格，我们同样如此对待选股与择时。

2020 年 6 月 6 日

特别提醒：书中提到的股票以及构建的股票池，只是作者介绍方法的展示，不作为股票推荐，读者买卖这些股票盈亏自负。

第一部分

价值投资

第1章 价值投资理念

社会领域不存在自然科学中的定理或者定律，数学领域中有毕达哥拉斯的勾股定理，物理力学中有牛顿三大定律，这些普遍法则都导向一种确定性。这种确定性法则，让掌握其要义的人，只需要鉴别素材是否符合定理或者定律的前提条件，那么运用法则就可以得出一些明确的答案。比如，只要是直角三角形，知道两边，就可以得出第三条边；只要在力学领域，牛顿定律就发挥其作用。然而，在社会学中的任何一个分支都不存在必然法则。比如经济学领域，存在凯恩斯学派、供给学派、货币供应学派，每一派理论的诞生，都有被称为"通论"的豪气冲天，结果都被后续理论强烈批评和重构逻辑，而新的理论也不外如是。事实上，在自然科学领域，理论革新也非常明显，曾经的牛顿定律，在爱因斯坦相对论面前黯然失色。海森堡测不准原理打破了自然科学的必然性信仰，不确定性原理和易错性成为自然科学和社会领域的共同特征。

在股票投资领域，同样存在很多派系，比如典型的技术派和基本面派。整个社会领域，各个细分领域，就像金庸的武侠小说一样，是一个武术之林，门派众多，各霸一方。不论是经济学领域，还是股票投资领域，相比自然科学，社会领域更加不存在预测未来的普遍法则。如果不做此区分，那么投资者就很难放弃对预测的追求。

预测未来和社会领域根本就不相容，不确定性原则反倒成了社会领域的普遍原理。只是，这个原理没有任何预测价值。不确定性，成为生活常识，自然容易被人忽略，但是也常常给那些追求确定性的投资者当头一棒。越相信确定性，越是照搬理论或者经验进行投资的，越是深信不疑，在现实不符合理论和经验时，越是不懂得实事求是，结果常常与现实辩解，反而输得惨。

虽然不存在确定性的法则，但是社会领域从来不缺思想、理论。因为，人与动物的最大区别就在于人拥有思想。为确定性、为终极真理的不懈努力是科学主义、理性主义的目的。尽管，社会领域从来不存在必然法则，但是通过演绎和归纳等逻辑，还是可以从理念和经验上得出很多我们日常都在使用或者深受其影响的理论。理论不仅不匮乏，而且众多，甚至过剩。各个理论各持己见，同一个素材，在不同理论的人眼里，得出完全相反的见解，屡见不鲜。所以，针对理论，尤其是人人广为传播的理论，我们越要持批评的态度对待，越呈现一边倒的态度，也就离错误不远了。"真理超越一步就是谬误"正是这个道理。

社会领域，由于不确定性原理和人们对确定性不懈追求之间的矛盾，反而大大增加了问题的复杂性，那种不同层面重叠分析的现象在社会领域非常常见。就股票投资而言，就有纯行情方面的理论，比如道氏理论、波浪理论、技术指标、K线/均线理论等。纯基本面方面的，也有宏观分析、中观行业分析、微观企业经营分析等。而基本面更加是个大森林，仅宏观层面的理论几乎每一位经济学家都各持一词，成为派系，古典经济学派、凯恩斯学派、供给学派、奥利地学派。如果全部罗列出来，就成为一部经济史了。而股票投资史，同样也是一部投资理论诞生史。

既然如此，我们先用批判的态度来看投资理念之林中的两大派系。

技术派的封闭性缺陷非常明显，而且技术派走得越远，错得也就越不值一提。

基本面派，我认为同样存在走得远的错误特征，至少容易犯两个方面的错误。一是，从理念层面，从微观企业的长期价值分析，走到了经济学家研究的范畴。这是国内基本面分析存在的通病，似乎每一个基本面派，不成为经济学家都没有资格做好股票投资。然而，事实证明，几乎没有几个真正的经济学家能够做好投资的，诺贝尔经济学奖获得者也不例外。著名的经济学家凯恩斯在股票投资中取得成功，他自己总结的投资经验，也不是通过纯粹的经济理论来做投资，而是通过"选美理论"。二是，从分析层面，下沉到了企业研发、生产、销售的各个环节。似乎不成为企业家，不成为研发高手，不成为营销高手，同样没有资格做好股票投资。这种同样错得离谱，企业价值和企业经营是存在联系，但是，伟大投资家进行基本分析的首要任务是识别企业的特性，用一套通用法则从成千上万家企业中选择投资标的，而不是将企业的"底细"挖一个底朝天，即便一家经济效益好的企业不如一家业绩平平的企业拥有研发实力和高营销能力，但是，真正的价值投资者还是会以企业综合业绩和长期前景来决定是否投资它。事实上，企业家进入股票市场也未必会成为好的投资家。因为，基本趋势在决定股价方面只是其中一个因素。对于创新型企业，投资者估值在决定企业长期前景方面显然要重要得多。如果阿里巴巴没有获得孙正义的投资，或许就没有今天的成就。这点在科技类企业的基本面和股价方面，表现得非常明显。

伟大的投资大师，是如何做股票投资的呢？巴菲特说，"投资股票就是投资企业"，没有这个前提，价值投资就成为空中楼阁。索罗斯说，"在任何情况下反身性模型都不能取代基本分析，它的作用仅限于提供基本分析中所欠缺的成分。"索罗斯补充道，"原则上两种方法可以调和，基本分析试图确立潜在价值如何反映在股票价格中，而反身性理论则表明了股票价格如何影响潜在价值，一幅是静态的图景，另一幅则是动态的。"

至少在这点上，不论是巴菲特还是索罗斯，都承认基本分析是投资股票的必经之路。就连索罗斯，也同样认为其反身性模型在任何情况下都不能取代基本分析。

那么，巴菲特又是怎样实践其价值投资理念的呢？巴菲特继续说，"只有你愿意花时间学习如何分析财务报表，你才能够独立地选择投资目标。""别人喜欢看《花花公子》杂志，而我喜欢看公司财务报告。"

我们不需要成为经济学家，也不需要成为企业经营高手，只需要进行基本分析就可以了。基本分析直指投资股票的核心。如何进行基本分析，不是通过对宏观经济的研判，也不是通过企业经营各个环节来解读，正是通过企业每一个季度公布的财务数据，通过企业十年甚至上市以来的所有财务数据来判断的。企业的财务数据，就像一个人到医院体检一样，得出来的是硬指标。

至此，我们首先明白了社会领域不存在必然法则，不确定性原理反倒是普遍原理。其次，投资理念实际上众多，并且各执一词。最后，巴菲特和索罗斯等成功大师，都是基本分析的高手，通俗一点来说，他们在股票投资领域都属于"价值投资"，一个是长期的，一个是动态的。

显然，两位大师的"价值投资"理念是不同的。事实上，在传统的价值投资领域，沃伦·巴菲特、菲利普·费雪、彼得·林奇、塞思·卡拉曼、约翰·邓普顿、约翰·涅夫也呈现不同风格。索罗斯也做基本分析，但是其"价值投资"的思想内核是反身性。事实上，同一位投资大师，在其整个投资生涯，也呈现不同风格，就投资理念，所谓统一的、确定的标准是不存在的。

尽管伟大的投资大师，在对股票进行"价值投资"呈现不同风格。但是几乎没有不做基本分析而纯粹依靠技术派而成为大帅的，就连量化大师詹姆斯·西蒙斯，也不例外。

所以，我们先抓住股票投资的第一要素，企业基本面，这是"价值投资"的基本要素。至于，像传统价值投资理念认为的，股价是企业价值的反映，还是索罗斯反身性理论所认为的，股价也是构筑企业价值的积极因素，不论原因与结果是单向度的关系，还是互为因果的关系。怎样的因果关系，我们可以暂不追究，毕竟现实的复杂性是明显的。

抛弃因果分析，从理念的纠缠中抽离出来，让我们先抓住股价和基本面这对主要矛盾。至于矛盾的主要方面，可能是价格方面的，也可能是基本面的，更有可能是我们理念层面的。我们先从企业的基本面这个角度入手，最后通过现实，来构建我们自己的"价值投资"体系。

第2章 巴菲特教你读财报

巴菲特这样总结自己的成功秘诀："人生就像滚雪球，重要的是发现很湿的雪和很长的坡"，其实巴菲特是用滚雪球比喻通过复利实现财富的长期积累效应。雪很湿，比喻年收益率很高，坡很长，比喻复利增值的时间很长。巴菲特1963年写给合伙人的信中说："我们的合伙基金存在的根本原因就是要以高于平均水平的收益率复利增长，而且长期资本损失的风险比主要投资公司更低。"

爱因斯坦曾经说过："复利是人类最伟大的发明，是宇宙间最强大的力量，是世界第八大奇迹。"巴菲特成功地将复利的魔力在股票投资中得到实践。

然而，这个秘诀却被投资者每天关注的股价涨跌给掩盖了，甚至失真了。我们能够轻易地得知巴菲特的年化收益率高达20%，并且持续了50多年。但是能够持续50年时间都有这么高年化收益率正是建立在"投资股票就是投资企业"的基础上。所以，选择哪家企业进行投资，就成为股票投资的首要课题。

巴菲特的搭档查理芒格说："从长期来看，一只股票的回报率与企业发展息息相关，如果一家企业40年来的盈利一直是资本的6%（即ROE6%），那40年后你的年均收益率不会和6%有什么区别，即使你当初买的是便宜货。如果该企业在20~30年的盈利都是资本的18%，即使当初出价高，其回报依然会让你满意。"曾经有记者问巴菲特，如果只能用一种指标去投资，会选什么，巴菲特毫不犹豫地说出了净资产收益率（ROE）。"我选择的公司，都是净资产收益率超过20%的公司。"可口可乐正合其意。数据显示，在1978—1982年，可口可乐的净资产收益率保持在20%左右，到1983—1987年进一步提升至30%左右。

至此，我们先简单小结一下。投资股票就是投资公司，复利是价值投资成功的秘诀。而复利的来源，就是企业的高盈利能力。股票长期的年回报率与公司长期的净资产收益率相当。"很湿的雪"是企业的高盈利能力，"很长的坡"就是企业的可持续竞争优势、持续稳定盈利能力。

从以上论述我们还得知，巴菲特是通过读财报来做价值投资的，而其读财报重点看两点：一是企业的盈利水平；二是可持续竞争优势。企业的盈利水平高低有比较直接的财务指标衡量，那就是净资产收益率（ROE），ROE 自然成为看财报的第一核心指标。

可持续竞争优势又如何体现呢？关键是，如何通过简单的财务指标就能够识别企业的可持续竞争优势。非常直接的就是，拿企业 10 年以上的财务指标来查看，看企业各项财务指标的持续性、稳定性。毕竟 10 年以上，企业的经营环境总会发生变化，那么企业还能够持续稳定的盈利，盈利水平也保持较高，且稳定性较强，那么可以说企业拥有一定的可持续竞争优势。

毫无疑问，几乎没有一家企业能够连续 10 年以上保持各项财务指标稳定不变。稳定性是相对的。所以，还必须进行同行业的横向比较。但是，有些行业的产业链比较长，如周期性行业，又如科技类的；有些就比较短，如食品、医药行业。财务与业务的简单结合是少不了的，但是，如果我们在同一行业内，只看财务指标，是否就能识别企业的竞争优势呢？或者说，我们在同一产业链中，能否简单通过财务指标得出盈利水平的差异和竞争优势呢？答案是肯定的。所以，我们用财务指标来评价企业的可持续竞争优势，直接放到对应的行业来进行横向比较就可以了。

那么，不同的行业，显然财务指标之间的差异特性很明显。所以，在直接进行比较的同时，我们最好能够得出同行业财务指标的相同特征和区分不同行业的明显差异性。换句话说，一家企业具有高盈利、低负债的财务特征，到底是企业本身在行业中出类拔萃的表现，还是整个行业具有的普遍特征，我们通过眼睛直观就能看出来，那就最好不过了。

所以，在做出判断之前，我们最好能够有一些财务指标来进行简单识别。毫无疑问，识别不是没有目的的识别，而是带有明显目的的。巴菲特读财报的目的主要是得出企业的盈利水平和企业的可持续竞争优势，彼得林奇，则主要是通过看业绩增速的不同类型来构建投资组合的。

巴菲特是如何读财报的呢？首先是读企业的利润表，然后再是资产负债表，最后是现金流量表。比如，巴菲特得出了三大报表的关键信息和选择企业的标准。

毛利率：毛利率在 40% 及以上的公司，同时应该查找公司在过去 10 年的年毛利率，以确保是否具有"持续性"。

净利率：净利率一直保持在 20%以上，且是否明显高于它们的竞争对手。

净利润增速：净利润增速能否保持长期为正的增长。

每股收益：每股收益连续 10 年持续上涨。

净资产收益率：受益于某种持续性或长期竞争优势的公司往往有较高的 ROE。

总资产/总资产回报率：大多数分析师认为总资产回报率越高越好，但巴菲特却发现，过高的总资产回报率可能暗示这个公司的竞争优势在持续性方面是脆弱的。因为，资本通常是进入一个行业的屏障，因此，行业进入所需的资产成本是帮助公司维持竞争优势的保证之一。可口可乐公司总资产为 430 亿美元，其资产回报率为 12%；宝洁公司总资产高达 1430 亿美元，其资产回报率为 7%；奥驰亚集团股份有限公司的 520 亿美元总资产能带来 24%的资产回报率。但是穆迪公司的总资产只有 17 亿美元，其资产回报率却高达 43%，巴菲特接着说，"拿 430 亿美元去撼动可口可乐的地位几乎是不可能完成的任务，而且这根本不可能发生，但是拿 17 亿美元去与穆迪公司抗衡则完全可能。尽管穆迪公司相比可口可乐公司有更好的盈利能力，但穆迪公司的竞争优势在持续性方面相对较弱，因为进入该行业的相对成本较低。"

巴菲特对超高总资产回报率的可持续性分析部分，是很有借鉴意义的。我们追求的是企业的高产出（盈利）能力，但是没有一家企业不需要通过投资而取得产出的。没有投入就没有产出，这是对应的关系。在市场竞争的本质下，规模小的新兴高盈利企业相对较大规模的企业可持续要弱些，更容易受外部资本进入的冲击。但是，在一定程度上，这正是彼得林奇所追求的一种投资类型，快速增长型企业。

事实上，快速增长型企业，不一定是 10 年，很可能在 3~5 年的时间内，配合市场行情好的时候，其股价甚至比持续稳定增长型企业涨幅更大，且在相对时间内风险也小。只是，当市场行情不好的时候，或股价经历过快速上涨，且企业增速放缓的时候，也会面临"戴维斯双杀"。这种类型的企业，在特定市场环境下，依旧是很吸引投资者的。值得警惕的是，那些可持续竞争优势明显的高盈利类型的企业，也有可能面临增速停滞的时候，其股价也可能停滞不前，甚至大跌。所以，企业的基本面与股价之间的关系比纯粹的基本分析要复杂很多。

而任何单一指标都不能简单评价企业的好与坏。我们只能通过一系列指标，综合评估企业是否符合我们选择的标准。另外，巴菲特不仅对以上财务指标进行了重点解读，他还重点关注企业的资本支出、研发支出、利息费用等财务指标。

在巴菲特和彼得林奇的投资风格上，我们还有一个重点体会，那就是我们的选择标准、选择偏好其实是与我们投资追求的目标挂钩的。所谓的"标准"自始至终都是个性化的。哪怕是伟大的投资大师，他们之间也因为各自投资偏好的不同而呈现明显的差异性。这给我们的启发是，我们首先不应该只按照他们的标准来评价企业，因为，他们的标准并不一致，且各有侧重，可以学习，可以借鉴，但是不能完全照搬，更不能用他们那套标准来评价现实。

无论如何，我们首先应该在学习其思路的基础上，构建一组财务指标体系，来识别企业。只有先构建一组财务指标体系，对所有的企业类型进行区分，才好进一步结合自己的投资目标，进行选股。在能够轻易区分企业类型的同时，还能够对企业的优劣进行评价，那么这个财务指标体系就会符合我们最初的设想。

不然的话，指标繁多，各个投资大师看重的点又各不相同，我们就会被各种理念绕晕。我们只有通过财务指标独立判断得出不同企业类型的基本面特性和股价特性，才能够选择符合我们自己投资目标的企业。

但无论如何，我们需要先了解财务报表和企业之间的关联，从哪些方面来解读财务报表，如何通过财务指标轻易区分企业的优劣，甚至将众多财务指标化繁为简，直至可视化，简单得出企业的明显特征，一眼就可以得出不同财务特征的企业类型和股价之间的相对关系。最后通过这种简单直接的识别，能够快速地选择投资标的，这就是本书的主要目的。

第二部分

八大核心财务指标

第3章　深入理解财务

从财务视角看企业，在投资人眼里，经常存在误解，而且这种误解不仅存在于非财会人员，甚至连财会人员也不例外。这种误解通常存在两种倾向：要么比较片面，将财务和股价直接等价，认为只要买入高盈利能力、高增长的企业，股价就会涨；要么认为财务指标没有价值，将财务和股价完全割裂开，认为财务报表只是企业的业务反映。因此，我们很有必要深入理解财务报表，并且站在投资者角度将财务摆在一个正确的位置。

面对第一个误解，我认为一个季度甚至几年的财务数据都无法得出股价上涨的结论。这点不论是在理论上，还是在实证上，都毋庸置疑。那种看见企业的净资产收益率高达25%，且高增长，就立马买入，甚至重仓买入的投资者，是非常片面的。哪怕净资产收益率高、业绩高增长，且市盈率已经处于历史低位，也无法得出股价一定上涨。短期内，业绩和股价涨跌没有直接的必然性。关于这个结论，我将在后面篇章的论述部分和实证部分充分展示这个观点，这个观点可以避免让投资者亏损几百万元人民币，以及将焦点转移到更重要的事情上来。

面对第二个误解，我认为他犯了还原法的错误，即无限追溯原因，毫无疑问，我们的理性主义总是指导我们找出终极原因，但是财务与业务，利润与股价是互为因果的。绝不能简单认为业务是财务的原因，认为业务是本质，财务指标是表象。面对互为因果或者共生体，我们一定要避免犯无限追溯的错误，而应该找出显而易见的、方便跟踪的、易于沟通的、容易定量化的东西。毫无疑问，财务在这方面具有明显的优势。如果做业务分析，尤其在业务差异化竞争的领域，一千家企业存在一千个差异，那就无法进行直接的比较。不好比较，就难以选择。但是即便如此，做业务分析也无法避免进行财务分析。比如，高科技类型的企业，哪怕你认为这家企业拥有某个方面独特的科技优势，甚至有军民合作的可能，但是财务报表显示这家企业盈利水平一般，现金流不稳定，企业规模很小，那么也可以直接否决这只股票进入自选股。事情就是这么简单，财务分析可以非常直截了当地排除一大批企业。

一、三张报表

假定有一项资产，为了能够较好地理解，这项资产是房产（暂不考虑房价预期涨幅），房产的收入限定在收租。这项房产整栋买下来，需要 1 亿元，但是你只有5000 万元。这项房产每一个月可以收租 50 万元，那么一年可以收租 600 万元，总资产收益率达到 600 万元/1 亿元＝6%。听起来还不错，比银行的长期存款利息要高。假定银行长期存款利息达到 5%，长期贷款利率达到 6.5%。那么，决定是否投资只需要思考两件重要的事情就可以了：①这项房产未来的租金收益，能够持续稳定；②在①的基础上，如何融资 5000 万元，这样才有 1 亿元投资这笔资产。

通过综合分析，最后得出这项房产未来的租金收入是有保障的，并且未来还有进一步提升的可能。所以，现在的问题是如何融资 5000 万元。

二、资产＝负债+股东权益

资产，预期未来能够带来收益的资源。为了取得这项资产，我们称作投资。但是投资首先需要融资。在我们的案例中，哪怕这个潜在投资者拥有 1 亿元，那么他投入 1 亿元购买这项房产，实质上也是融入自有资金。因为，他这 1 亿元，原本是可以购买长期存款的，或者说他可以将钱借给银行，拿固定收益。在案例中，这位潜在投资者，自有资金只有 5000 万元，所以他需要外部融资。那么，他可以找合伙人，跟商业伙伴成立股份有限公司或者有限责任公司；也可以通过借款，向银行贷款 5000 万元。但是，我们假定，银行只愿意贷款 3000 万元（尽管现实中住宅可以贷 7 成，商业地产可以贷 5 成，为了案例说明，假定银行只愿意贷 3 成）。

所以，这位潜在投资者不得不寻找商业伙伴，融资至少 2000 万元，因为银行贷款最多只能借款 3000 万元。而这位潜在投资者为了保持控股地位，以及考虑到租金收益在接下来 2 年内就会超过 6.5%，所以，他愿意将银行 3000 万元贷款额度用完，所以只需要商业伙伴 2000 万元再融资。假定寻找了 4 位商业伙伴，每人出资 500 万元。

所以，案例中的资产等于价值 1 亿元的房产；股东权益等于自有资金投入的5000 万元和 4 位商业伙伴合计投入的 2000 万元，一共 7000 万元；负债等于银行借款 3000 万元。

通过案例我们能够明白，投资 1 亿元，就需要融资 1 亿元。投资＝融资，没有融资，就不会有投资的形成。融资可以是自有资金，也可以通过股权再融资，也可以通过举债融资。这里暂不做"投资＝融资"的进一步论述，但是应该明白资产负债表的左端资产代表投资，而右端股东权益和负债代表融资。而企业的增长不仅是企业利润的增长，而在利润增长的同时，企业的资产负债表也应该一同增长。理解这点对于股价和利润的关系，企业价值与增长的关系，尤其对周期性行业的股价特性的理解非常重要，因为周期性行业在其产品价格上涨所带来的业绩大爆发的时候，尽管利润处于高位，而资产负债表并不一定具有可持续增长性。

三、收入＝成本＋费用＋利润＋税

我们的收入是一年 600 万元，假定我们的成本主要来源是每年房屋简单翻修，一年 30 万元，费用主要有两个方面：一是员工工资，聘请了一位财务人员核算账单、报税等，一年 10 万元工资；二是利息费用等于 195 万元（3000 万元×6.5%），至于公司的职业经理人，办公场地等费用暂不予考虑。

那么我们的营业利润将是 365 万元（600 万元-30 万元-10 万元-195 万元元），假定企业所得税税率是 20%，企业一年的净利润将是 292 万元［365 万元×（1-20%）］。毫无疑问，我们的净利润也是扣非净利润。

四、现金流量表

从现金流量表来看，我们的经营性现金流入就是 600 万元，经营性现金流流出等于 30 万元房屋翻修费，10 万元员工工资和 195 万元利息费用以及税费 73 万元，一共 308 万元。经营性现金流净额等于 292 万元（600 万元-308 万元）。由于企业并没有进行其他类投资，所以投资活动这项暂时为零。而筹资活动，由于吸收了银行借款 3000 万元，以及发放了 292 万元股利。所以，筹资活动净流入 3000 万元，净流出 292 万元。

五、盈利能力和成长能力

从第一年的盈利能力来看，似乎不尽如人意，净资产收益率＝292/7000×100%

=4.17%，低于银行长期存款5%，但是由于存在房产升值预期和租金逐渐上涨预期，未来净资产收益率依然值得期待。

假定2年后，租金上涨为一年800万元，而其他成本费用保持不变，那么营业利润将变成492万元（800万-30万元-10万元-195万元），净利润等于393.6万元［492万元×（1-20%）］，那么净资产收益率将变成5.62%（393.6万元/7000万元×100%），已经超过了银行长期存款利率。

假定5年后，租金上涨为一年1200万元，而其他成本费用依然保持不变，营业利润将变成892万元，净利润每年大于713.6万元［892万元×（1-20%）］，那么净资产收益率将变成10.19%（713.6/7000万元×100%）。净资产收益率不仅远超长期存款利率，还超过长期贷款利率。

就案例来说，由于租金收入每年增长，净利润由最初的292万元增长到393.6万元，再增长到713.6万元，净资产收益率和净利润规模都有不断上升的趋势。毫无疑问，如果租金收入能够保持假定的增长态势，那么这些房产升值的可能性将会大大增加。

所以，在此，有必要对增长类型和企业成长对企业价值的重要性做一个财务说明。

六、复利法则

下图所示是一张复利表，按照5%、10%、15%、20%、25%、30%六种不同年化收益率持续20年时间的终值。巴菲特说投资并不需要高智商，只需要小学数学水平就可以，复利加上时间的魔力正体现在此。

如果你将100万元存在银行，购买长期存款，哪怕年化利率是5%，但是10年下来只拥有163万元（100万元×1.63），20年下来只拥有265万元（100万元×2.65），15年时间才翻一倍。

如果购买一项收益率可以持续20年时间都达到20%的资产，那么10年后将是616万元，20年后3834万元。

如果购买一项收益率可以持续20年时间都达到30%的资产，那么10年后将是1379万元，20年后将是1.9亿元。

期数	5%	10%	15%	20%	25%	30%
1	1.05	1.10	1.15	1.20	1.25	1.30
2	1.10	1.21	1.32	1.44	1.56	1.69
3	1.16	1.33	1.52	1.73	1.95	2.20
4	1.22	1.46	1.75	2.07	2.44	2.86
5	1.28	1.61	2.01	2.49	3.05	3.71
6	1.34	1.77	2.31	2.99	3.81	4.83
7	1.41	1.95	2.66	3.58	4.77	6.27
8	1.48	2.14	3.06	4.30	5.96	8.16
9	1.55	2.36	3.52	5.16	7.45	10.60
10	1.63	2.59	4.05	6.16	9.31	13.79
11	1.71	2.85	4.65	7.43	11.64	17.92
12	1.80	3.14	5.35	8.92	14.55	23.30
13	1.89	3.45	6.15	10.70	18.19	30.29
14	1.98	3.80	7.08	12.84	22.74	39.37
15	2.08	4.18	8.14	15.41	28.42	51.19
16	2.18	4.60	9.36	18.49	35.53	66.54
17	2.29	5.05	10.76	22.19	44.41	86.50
18	2.41	5.56	12.38	26.62	55.51	112.46
19	2.53	6.12	14.23	31.95	69.39	146.19
20	2.65	6.73	16.37	38.34	86.74	190.05

从上面这张图可以看出高盈利能力和持续时间具有多么大的魅力。同样是 20 年时间，年化 30% 的复利和年化 10% 的复利相差了 28 倍，如果只是 10 年时间，则只相差 5.3 倍。所以，复利的魔力一方面是高盈利能力；另一方面是持续时间足够长。一家企业如何能够连续 20 年时间保持 20% 的复利增长呢？

复利对于企业而言则意味着盈利再投资，而且这些资产的盈利能力能够保持"持续性"，从纯财务的角度来讲，就是企业的可持续增长率，但是，我们在讨论可持续增长率之前有必要先引入另外一个概念：资本强度。

七、资本强度

总资产一年能够带来的销售收入，我们称之为资本强度，销售收入/总资产＝资本强度或总资产周转率。假设销售收入每年增长 20%，且公司的资本强度不变，那么总资产也需要同比实现 20% 的年增长率，而前面也提到了，资产的形成需要投资，投资需要融资（资产＝负债+所有者权益，投资＝融资），换句话说，增长需要资产负债表左、右两端同比例增长，也需要市场和企业的资产负债表保持同步。

尽管现实中，企业产品的价格多少会存在一定的波动性，周期性行业最为明显，日常消费品价格涨幅就不会那么明显，尽管也会存在明显的通货膨胀，但是比起周期性行业的价格涨跌幅度就小很多。周期性行业的资产投入会存在因为产品价格上涨而将营业收入拉大的现象，但是就产能而言，也是有明显约束的。消费品行业的资本强度弹性相比周期性行业就小很多。

我们在案例中假定房产的价格不变，只是租金收益上涨，但是这种假定显然是站不住脚的，因为如果投资一项房产，只靠租金上涨，就使得净资产收益率提升到10.19%，那么必定吸引更多的人投资房产，进行收租赚钱。这就像一个企业每年的产品价格上涨，而成本不变，那么必定有外部资本增加投入。如果是房产，那么租金收入如此之高，也一定会有资本争相进入，结果是房价上涨，而使得投资成本上升，净资产收益率下降。

但现实生活中却有类似案例的企业类型，比如白酒企业。白酒价格上涨，而生产白酒的成本却涨幅很小，如果这种白酒具有某种垄断属性，比如贵州茅台的产地垄断性，结果是净资产收益率持续高企，且外部资本也难以进入，导致企业长期保持高盈利状态，且可持续增长。

但是，大多数企业是这样的。在行业处于高速成长的过程中，企业的利润处于加速之中，但是行业的规模，既随着企业的规模做大而做大，也随着行业内企业数量的增多，竞争加剧，整个行业也会呈现投资急剧扩大，甚至产生投资过剩的状态，结果先呈现毛利率上升、净利润增速表现强劲的现象；随着投资规模加大，尽管净利润增速依然保持高速，但是毛利率开始下滑；最终毛利率保持低位，净利润增速下滑，甚至行业内有企业亏损的现象。这点在周期性行业表现最为明显。

我们在选择投资类型的时候，对快速增长型企业有着强烈的追求，这就存在一个矛盾，要保持高增长企业必然要持续投入，而投资就必然会存在融资，不论是企业盈利再投资，还是通过股权再融资，或是举债融资。投资就得平衡总资产收益率、净资产收益率和融资成本。而如果一项融资、一笔投资无法使得企业价值增长，那么这笔融资就不可取，这项投资就应该否决。

比如一家企业的净资产收益率是20%，即使市场需求旺盛，但在资本强度约束下，不进行投资就无法获得超过20%的增长。这就像一家麦当劳式的连锁型企业，拥有 100 个门店，尽管每一个门店生意都火爆。但是一天只有 24 小时，如果持续一年时间火爆，企业的净资产收益率也只有 20%。假定这 100 个门店投资规模是 1000 万元，且无负债经营，那么一年可以产生 200 万元扣非净利润，如果不将这 200 万元盈余资金继续投入，下一年则无法获得超过 200 万元的利润。因为我们已经假定了资本强度固定，100 个门店持续爆棚，且每天 24 小时经营。

复利有一个重要的一环，就是盈利再投资。没有盈利再投资，就无法实现复利的魔力，而复利魔法效果的实现正是高盈利能力和可持续增长。

对于净资产收益率已经达到 20% 的企业，如果市场需求强劲，盈利再投资就是很好的选择。那么 1000 万元开了 100 个门店，平均 10 万元一个门店。如果将盈余的 200 万元全部投资，可以增加 20 个门店。假定净资产收益率依然是 20%，那么下一年将产生 240 万元（1200×20%）的扣非净利润，而不是 200 万。净利润增速 =（240-200）/200×100% = 20%。

第三年如果将 240 万元继续全部投入，可以再增加 24 个门店。那么第三年底可以产生（1000+200+240）×20% = 288 万元的扣非净利润。净利润增速 =（288-240）/240×100% = 20%。

但是，如果我们在第二年的时候，将 200 万元全部分配给股东，不进行盈利再投资，那么下一年的净利润依然是 200 万元。如果在第三年同样不进行盈利再投资，那么第三年的净利润依然是 200 万元。毫无疑问，企业停止了增长，因为我们永远是 100 个门店。此时的企业就变成了单利型企业。

通过以上假定，我们明白了复利的魔力，来源于企业的高盈利能力和盈利再投资。反过来说，如果企业生产的产品，市场已经饱和，明智的企业也不会盲目进行投资，而是分红，所以，复利型企业也就转变成了单利型企业。那种没有成长性的企业，哪怕具有较高的盈利能力，也是单利型企业。

所以，我们不仅要寻找高盈利能力的企业类型，还需要寻找可持续增长的企业。投资复利型的企业，正是巴菲特成为世界首富的秘诀，而其股价的上涨，只是跟随企业价值提升罢了。

但是企业的增速真的越快越好吗？毫无疑问，绝对不是的。有些时候，增速越快，反而是一件坏事。如果企业的净资产收益率连融资成本都无法覆盖，那么，仅凭这一条就可以说明快速增长不是一件好事。

而前面也通过案例说明要实现持续增长，就必须持续地投资，没有投资就没有增长，没有融资也就不会有投资产生。融资就必须考虑融资成本，如果投资产生的净资产收益率是4%，举债获得的融资成本是6%，那么这就是在损害企业价值。而如果企业能够获得20%的净资产收益率，融资成本只有8%（包括股权再融资成本和债权成本），那么企业价值也将增加。

但是能够获得年化20%的净资产收益率，如果企业将盈利全部投入，也只能获得20%的增速，也就是20%的复利增长。这说明企业的增长有约束，主要受企业的盈利能力和盈余分配的约束。在案例中，如果将200万元扣非净利润全部投入，如果盈利能力保持不变，那么可以获得与盈利能力相当的增速。

但是如果只投资100万元，分配100万元股利给投资人，那么只能增开10个门店，那么下一年只能产生220万元的利润，利润增速=（220-200）/200×100%=10%。由于只将盈余留一半进行再投资，所以业绩增速也变成原来的一半了。

那么有什么办法获得更快速的增长，以及企业的增长到底受什么约束呢？我们就必须深度理解可持续增长的概念。

八、可持续增长率

可持续增长率是企业当前经营效率和财务政策决定的内在增长能力。具体来说，可持续增长率是指在不增发新股并保持目前经营效率和财务政策条件下，公司销售所能增长的最大比率。此处的经营效率指的是销售净利率和资产周转率，财务政策指的是股利支付率和资本结构。

可持续增长率的基本公式：

$$可持续增长率=净资产收益率×留存收益率$$

由于净资产收益率的重要作用，在实际应用中经常把可持续增长率公式扩展成包括那些影响企业增长率的多个变量的一项表达式，企业净资产收益率是杜邦公式和可持续增长率公式中的一个共同因素。

杜邦公式：

净资产收益率=净利润/净资产

　　　　=（净利润/销售收入）×（销售收入/总资产）×（总资产/净资产）

　　　　=销售净利率×资本强度×权益乘数

所以，我们可以把两个等式结合起来，通过这种方式，可得到可持续增长率的扩展公式：

可持续增长率＝销售净利率×资本强度（总资产周转率）×权益乘数×留存收益率

观察可持续增长率的扩展公式，可以发现企业持续增长能力取决于以下四个因素：

（1）销售净利率。该因素用来度量经营效率对企业增长能力的影响。销售净利率的提高将会增强企业从内部产生现金的能力，从而提高企业增长率。

（2）资本强度（总资产周转率）。该因素用来度量资产使用效率对企业增长能力的影响。企业总资产周转率的提高会增加单位资产所产生的销售收入。这样会减少企业在销售增长时对资产的需求，从而提高企业增长率。

（3）权益乘数。该因素用来度量融资策略对企业增长能力的影响。企业如果在融资策略上加大财务杠杆，提高权益乘数，会使额外的债务融资成为可能，在公司的净利率可以涵盖负债的利息的条件下，会提高企业增长率。

（4）留存收益率。留存收益率＝1－股利支付率。该因素用来度量股利政策对企业增长能力的影响。企业在制定股利政策时，降低股利支付率，会提高留存收益率。这样会增加内部权益资本来源，从而提高企业增长率。

在销售净利率、资本强度和、财务杠杆（权益乘数）和股利政策不变的情况下，如果想使得增长率超过可持续增长率，可以借助外部融资。融资形成投资，投资产生更多的利润。

但是周期性行业未必，投资可能导致投资过剩，结果是产品价格大幅下跌，利润反而下滑。

科技类企业也未必，因为对于科技类型的企业来说，加大投资不一定可以产生利润。科技类企业，技术革新、技术升级迭代才是保持企业长久的核心竞争力。

盈利能力一般的消费类企业也未必。由于没有竞争优势，且产品口碑一般，哪怕供给上去了，市场需求问题依然存在。

对于市场空间大，并且企业在这个领域拥有竞争优势的大众消费类企业，那么盈利再投资自然是最好不过的选择了。因为这样的企业的盈利能力强，品牌价值突出。

　　理论上，企业的可持续增长率只受净资产收益率和留存收益率的约束。然而，现实上，不同企业类型，其可持续增长率还是与具体的行业和企业的成长路径关系重大。

　　但是有一点可以明确的。要想获得增长，必须投资，必须融资。另外，在以上三个杠杆和股利政策约束下，如果不进行外部融资，仅靠盈利再投资，那么可持续增长率（G）就一定会低于净资产收益率（ROE）。

　　可持续增长率（G）≤净资产收益率（ROE）。

　　企业的增长率主要依靠投资，但是实际增长率和可持续增长率往往不同。

　　假定企业不进行外部融资，仅依靠盈利再投资，那么可持续增长率＝净资产收益率×（1－股利支付比率）≤净资产收益率，这样也可以得到G≤ROE。

　　但是，现实中，在市场需求旺盛的时候，尤其在产品提价的过程中，比如提价周期是1~2年，那么企业可以不增加多少资本投入，就可以获得较高增长。并且由于产品提价，毛利率、净利率、净资产收益率以及净利润增速均大幅提升。这种在周期性行业和具有定价权的消费品领域均存在这种现象。这个时候往往出现实际增长率大于净资产收益率的现象。事实上，白酒企业以及特殊药材企业（东阿阿胶、片仔癀等）不乏有这种现象。毫无疑问，这种现象并不具有可持续，因为产品价格上去了，但是企业产品的需求并不一定上升。

　　如果放开外部融资，科技类企业会存在很普遍的实际增长率高于净资产收益率的现象。比如，一项技术被市场证明具有广阔应用前景，但是由于这项技术处于市场开创期，市场认知不大，需要大量推广资金，这就导致尽管公司产品的毛利率较高，但是净利率和净资产收益率并不一定高的现象。而时间就是金钱，不快速抢占市场，这项技术可能被竞争对手模仿，市场必须快速打开，所以外部融资就成为科技创新型企业的常用选择。毕竟内部增长率受制于净资产收益率，而此时的净资产收益率并不高。这个时候利用外部融资，可以加快投资，迅速打开市场，赢得市场领先的地位。

九、增长的两条路径

　　通过可持续增长，也叫内涵增长率的分析，我们认为企业的增长拥有两条路径：一是以净资产收益率为基础的可持续增长率的复利增长路径；二是通过外部融资、兼并重组实现超越可持续增长率的跨越式增长路径。

事实上，外部融资，还有一种途径，不是融入现金再投资，而是定增、兼并重组，直接购买市场上具有协同性的资产。2013年开启的创业板牛市中，TMT行业掀起的并购浪潮就属于这种类型。一方面，由于移动互联网技术的兴起、影视传媒代替传统媒体、"互联网+"应用等，由于技术的新应用，加上政策也鼓励中小企业并购重组做大做强，一轮以新技术、新应用，叠加并购浪潮的牛市，就在2013—2015年如火如荼展开，并且这段时期，企业的净利润增速在定增和并购下，快速增长。另一方面，由于拥有高溢价收购现成拥有收益的资产，导致净资产收益率也得到提升，盈利能力和成长能力得到同步提升，基本面大幅改善，股价快速上涨，参与其中的投资者，快速实现财富增长。

这种通过外部融资而获得的快速增长，显然需要资本市场的配合，因为定增所支付的是股票而不是现金。而以股票作为支付工具的定增，股票价格就不得不考虑了，比如上市公司的市盈率是40倍，收购一家具有协同效应，且市盈率只有20倍的企业，同时配套募集资金补充流动性。新的企业市盈率将比二级市场40倍要低，而市净率也会降低，股价将会快速上涨。在中国证券化率不高，或者在中国证券市场多层次建设下，必然会存在这种市盈率的差异。那么如果一个拥有超高流动性的市场的市盈率比流动性差的市场市盈率高很多，而政策也支持并购重组，那么相关板块是可以获得短期的快速上涨的。2014—2015年的军工改革、国企改革也是鲜明的例子。

但是，依靠外部融资实现超越净资产收益率的增长，显然长期依然是无法维持的。因为为了后续继续增长，加大规模的定增和并购是无法避免的，否则迟早还是会受到可持续增长率的约束，而加大规模的并购显然也迟早会受阻。但是，对于中小企业，尤其是轻资产类型的企业来说，这种成长路径在其发展历程中却是常见的，而且，由于并购还会受到政策的支持，所以这种并购浪潮在政策红利期，还会成为一种普遍现象，不然也不会持续三年之久，而三年时间，很多企业的市值实现了跨越式增长，参与其中的中小投资者也有不少实现财富自由的。

但是，我们要懂得企业可以通过外部融资，兼并重组实现快速增长的路径外，还应该明白其不可持续性，如果参与其中，也要懂得适时退出。

至此，我们通过案例简单表述了三张报表（资产负债表、利润表和现金流量表），通过演示复利法则，从资本强度和可持续增长率方面进一步展开企业复利增长的真正内涵，最后简单讨论了外部融资、兼并重组实现超越可持续增长率的增长路径。

换句话说，我们已经通过财务的视角，讨论了企业价值增长的动力是高盈利能力下的盈利再投资，或者是外部融资式的增长，抑或两条腿一起走。毫无疑问，企业价值和增长密不可分。

我们并不打算计算企业内在价值，也不打算通过贴现的方式来计算。因为无论是现金流贴现模型，还是股利贴现模型，抑或是市场法计算企业价值，都少不了对企业未来进行预估。我们将直接过渡到一个更加符合股票投资现实的公式。

十、P=M×E

股价等于市场估值乘以每股收益。那么，股价涨幅就受市场估值的变动和企业利润增长率（假定股本不拆分，那么每股收益会与企业利润增长率直接挂钩）的双重影响。

至此，我们建立了股价与企业利润和市场估值之间的关系。所以，通过这个公式，也明白了企业利润的增长，只是决定企业股价的一个方面，还有一个方面是市场估值的变动。而市场估值的变动，我们将换一个词：市场预期。而企业利润的变动，也换一个词，我们称之为基本趋势。因为，其中的 E 并不仅指企业的利润，而是企业增长的综合指标。毫无疑问，用企业的利润来表达，具有现实意义。但是就周期性行业，这个公式中的 E 如果仅指利润，那么企业的基本趋势变化就会失真，因为周期性行业在利润增长的时候，企业的资产规模并不同步增长，所以 E 只是一个占位符号，但我们需要深度理解其始终代表着企业基本趋势。

在一般的公式里存在市盈率 PE＝P/E，这里的 M 与 PE 不是一个概念。PE 是过去的、静态的、被动的，而我们公式中的 M，市场估值是主动的、能动性的、不是僵硬的数值。尤其在快速成长的企业类型中，市场估值会直接决定企业利用股权再融资的时机和再融资的多寡，而再融资又会反过来影响企业基本因素（融资决定投资，投资决定企业基本趋势），这样市场估值、股价走势在决定企业基本因素（E）方面起到的是非常积极的作用，而在纯内生增长的企业类型中，只是不那么明显而已。

另外，M 可以通过股价走势得到表达，尽管无法计算出具体的数值，因为 E 并不仅指利润，还代表资产，以及企业资产和利润等无法用会计科目计量的基本因素，比如企业的可持续竞争优势，甚至是巴菲特所说的企业护城河之类的无形价值，都包含在 E 里。

长期来说，假定平稳增长型企业估值 M 不变，那么 $P \propto E$，由于持有时间很长，增速逐渐放缓，哪怕其估值 M 下降 50%，也是可以用时间修复部分估值的变化。如果像巴菲特一样，坚持一个安全边际，从长期来看，是可以取得与企业盈利增长相当的涨幅的。

短期来说，由于一到两年内，企业的盈利增长极少超过 100%，且超过 100% 的增长，是不可持续增长。如果企业长期净资产收益率年化是 20%，这已经算得上非常优质的企业了，那么其可持续增长也就是 20%。所以，在一年之内，E 构成的变化也就是 20%，而 M 可以超过上下 50% 的波动幅度，甚至被推得更高。那么短期内，市场预期的变化，是决定短期股价走势的主要因素。

$P = M \times E$ 还存在一个很重要的前提，那就是企业盈利（E）的可持续性。事实上，很多企业的盈利并不具有可持续性，所以，其股价与企业基本趋势之间的联系更加不稳定，用跟随大势或者随机游走来形容是不为过的。

另外，企业的增长也是需要考虑成本的，如果一家企业的盈利连融资成本都无法覆盖，那么增长也是毫无意义的，即使快速增长，那更加是在损耗企业价值。假定，中国国债 5 年期利率是 3%，市场贷款利率是 5%，股权成本是 10%，如果一家企业的净资产收益率连 10% 都不到，那么对于想在股票市场长期投资致富的人而言，这样的企业是完全可以放弃观察的。中国 A 股市场有上千家企业的净资产收益率不超过 10% 的，这意味着，我们选择标的的范围仅通过这一个指标就可以排除一大批盈利水平一般的企业。

在企业的净资产收益率超过股权成本 10% 的基础上，我们需要进一步考察企业的持续性、成长特性。在企业的持续性方面，巴菲特在其对总资产/总资产回报率的表述中的思路是值得借鉴的。资产规模在一定程度是资本进入的门槛，所以如果是同一行业，哪怕不同行业，在盈利水平都达标的基础上，资产规模大的企业，具有更高的进入门槛。自然，可持续竞争优势要强很多。在彼得林奇的 6 种企业类型划分上，将企业的增长类型做了简单划分，也很有借鉴意义。所以，盈利指标中的毛利率、净利率、净资产收益率，规模指标中的净资产、扣非净利润，以及增长特性的净利润增速，这些就成为很明显的财务指标考察对象了。

另外，长期是由一系列短期构成的。事实上，未来的某一天也必然会成为"今天"，所以在那个"今天"前后的时间段里，那个时候的市场预期同样可以导致股价在一年内大幅波动，而那个时候的企业基本面还像当下具有可持续性？这点是存在疑虑的，这也是巴菲特价值投资比较保守的一个方面。一方面要拿得长，另一方面买入价格要拥有安全边际。更重要的是，一定要选择伟大、卓越的企业。这类伟大、卓越的企业的财务特征是：毛利率长期较高且稳定，净利率长期较高且稳定，净资产收益率较高且稳定，利润持续增长，尽管存在个别年份的负增长，但是增长势头仍在，企业规模在同行业中属于龙头地位，企业本身资产负债率低，销售现金流良好。

但是，真正有价值的基本趋势取决于未来，而未来总是不确定性的，所以，这种财务特征是我们选择的必要条件，并不是充分条件。

十一、市场预期（M）

正如 $P = M \times E$ 公式所简要表达的，市场预期并不是毫无根据的。事实上，对于快速增长类型的企业，M 就比缓慢增长类型的企业要高。从这点就可以说明，企业的基本趋势也是市场预期的主要来源之一。

另外，牛市或熊市、经济繁荣或衰退、货币放松或收紧、结构性政策支撑或收紧、产业更替、对外贸易政策，甚至是政治因素等，这种金融市场、政策层面、国际贸易、宏观经济和行业中观层面等（以上种种因素，以下统称为"大宏观"因素），也都是影响市场预期的因素，而且，这些"大宏观"层面对市场预期的影响在左右市场行情短期阶段性发展方面非常明显，并且持续时间不算短，有些甚至长达 3~5 年之久。

十二、再论股价涨跌（ΔP）、市场预期（ΔM）和基本趋势（ΔE）三者关系

企业股价长期累积涨幅，事实上是指企业价值在时间上的逐步释放过程，那种"基业长青"的企业事实上是少之又少的，就巴菲特投资过的企业，失败的案例也不少，但在其精挑细选和坚持"能力圈"的保守策略下，幸亏有一大部分股价实现了企业价值的释放，自然股价也就累积涨幅不菲，总财富也在逐年增长。如果普通

投资者，仅仅是通过选择一批当前业绩优良的企业，就想着自己的股票长期一定会上涨，这点显然违背常理，因为伟大且长期不倒的企业太少了。很多的企业可以优秀几年、十年，但是持续优秀几十年的，不是一件容易的事情。所以，不出意外，我们今天看到很多优秀的企业，十年、二十年后都会业绩平平。

但是，这并不能影响我们对企业基本面分析的重视。因为，就每一个"今天"来说，尤其就一两年的时间来说，股价的确是由市场预期决定，但我们也充分肯定了企业自身的基本趋势在决定市场预期方面的影响力，只是也绝不能完全忽视那种"大宏观"因素的影响，尤其在整个市场投资者的组合投资、交叉持股现实下，在短期内，"大宏观"因素会对优质企业股价构成非常明显的影响，我们应该重视起来，过去的2018年就是明显例证，2008年也不例外，事实上每次大牛市也同样如此。

至于"大宏观"因素对企业基本趋势构成何种潜在的影响，这会从企业的财务上体现出来。而对股价构成影响方面，则是显而易见的、直接的。所以，股价和企业的财务，既是企业价值和企业经营情况的体现，同时也是"大宏观"因素在影响价格和价值方面的表征，两者融为一体，无法分割。还应该说明的是，企业和投资者都是"大宏观"因素的组成部分，是部分与整体的关系。

同样可以看到，"大宏观"因素无法直接决定我们选股。哪怕在大牛市下，我们还是需要通过选股来实现股票投资的财富增长。另外，企业的基本趋势，自始至终在构成其价值和市场预期两个方面都发挥着影响。哪怕同样是牛市，基本趋势不同的企业，涨跌特征也不同。熊市之下，劣质股普遍一地鸡毛，而真正具有长期增长预期的伟大企业还能够抗跌。

然而，市场上有不少基于"大宏观"因素来做投资的策略：事件投资策略或者主题投资策略。比如，货币政策的大幅放松，那么对于利率敏感性的行业会受益；又如，财政政策的加码，基建股可能会受益；再如，环保政策的加码，环保股可能会受益。这种逻辑不是没有道理的，但这并不是价值投资者应该重点考察的。

价值投资者，在选择企业的时候应该始终把企业的盈利、增长特征、可持续性等放在第一位，而不应该养成"事件"或者"主题"的"刺激—反应"投资模式。事实上，也没有哪位投资大师是通过这个模式长期成功的。听消息，听政策，大多是这个模式。这种模式的缺点太明显了，不稳定性大大增加，投资成本也大幅提高。因为，"大宏观"的信息出现不具有连续性和可预见性。企业每个工作日都在运转，财务报表每个季度都会出来，股价行情也会每个交易日出现，这些信息具有连续性和可预见性，而"大宏观"信息，比财务指标可多得多了。事实上，同一事件对不同行业影响不一样，对同一行业不同企业影响也不一样，甚至对企业的基本趋势构成明确影响下，在股价表现上也会有不同程度的反映，那种"利好就是利空"的现象几乎每天都可以见到。

我们应该抓住要害，始终抓住体现企业基本趋势的财务指标。至于影响企业基本趋势的原因，以及"大宏观"因素对企业基本趋势的影响情况，不必细究。毕竟，决定企业价值的是多因素的、复杂的，而"大宏观"因素也将它的影响通过股价和企业经营的财务指标传达出来了。不猜测，不深究，抓主要矛盾，抓显而易见的，正是本书想要表达的宗旨。

决定市场预期的因素如此之多，事实上不同时期，决定市场预期的主要因素也是不同的，也就是说"大宏观"因素里的许多因素在不同时期起着不一样权重作用。比如牛市，有政策推动的牛市，2013—2015年战略性七大新兴产业和并购浪潮主导；也有改革推动的牛市，2005—2007年，股改推动的牛市。

那么，市场预期如何表达呢？在个股上，在行业板块上，在整个大盘上（主要指沪深300和中证500，而在没有这两个指数前主要指上证指数、深圳成指、中小板指等），换句话说，主要体现在股价走势上，而企业的基本趋势，则主要通过财务指标得到表达。

通过P＝M×E，我们建立了一个沟通股价、市场预期和企业基本面的关系，前面提到了市场预期不是毫无现实根据的，所以，在解读市场预期之前，我们要将表达企业基本趋势的财务指标锁定，我们将通过八大核心财务指标来表达企业基本趋势。

第4章 八大核心财务指标和工具图

八大核心财务指标

财务指标能很好地量化企业的基本趋势（E），企业的基本趋势主要体现在两个方面：一是企业增长强度；二是增长持续性。企业增长的强度，是比较好理解的，比如用盈利能力和成长能力指标。但是持续性，企业的可持续竞争优势需要在盈利能力指标和成长能力指标的基础上再多一些标准。一方面，在时间框架上，需要更多的年份纳入考察范围；另一方面，还需要更多的指标，比如巴菲特就比较看重企业的规模，也看重盈利的质量和资产负债率。

通过 P＝M×E 公式，我们知道，股价短期涨跌，受市场预期的影响，无法通过企业的基本趋势立马得出股价的涨跌，因此我们要先通过简化财务指标来帮助我们区分、识别不同企业类型，不同行业类型的基本面特征，在此基础上进行标的选择，所以有必要将表达企业基本趋势的众多财务指标简化，通过财务指标来识别基本面特征、基本趋势强弱和可持续特征。我们的首要目的不是分析，不是评价，而是识别。

我们传统的财务指标分析大致分为四类或者五类。

成长能力指标：营业收入、毛利润、归属净利润、扣非净利润、营业收入同比增长（％）、归属净利润同比增长（％）、扣非净利润同比增长（％）、营业收入环比增长（％）、归属净利润环比增长（％）、扣非净利润环比增长（％）；

盈利能力指标：净资产收益率（％）、毛利率（％）、净利率（％）；

盈利质量指标：预收款/营业收入、销售现金流/营业收入、经营现金流/营业收入；

运营能力指标：总资产周转率（次）、应收账款周转天数（天）、存货周转天数（天）；

　　财务风险指标：资产负债率（%）、流动负债/总负债（%）、流动比率、速度比率。

　　另外，对于各项指标相互联系，杜邦分析最为典型。例如，以下是贵州茅台2017 年的杜邦分析表。

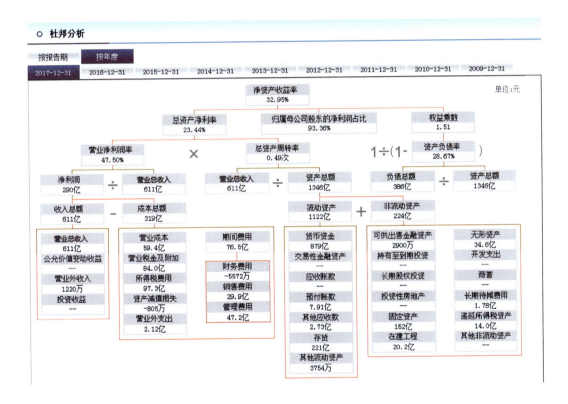

　　我们如何将这些众多财务指标化繁为简呢？从四大类或者五大类的财务分析、杜邦分析，以及巴菲特、彼得林奇等投资大师对财报的分析精华，我们得出了四个方面的八大核心财务指标。

　　八大核心财务指标其实可以从四个方面来解读：反映规模的扣非净利润和净资产指标；反映风险的资产负债率和销售现金流指标；反映盈利能力的毛利率、净利率、净资产收益率指标；反映成长的净利润增速指标。

　　事实上，这八大核心财务指标可以还原为企业的简单三张财务报表。通过净资产和资产负债率，总资产就可以得出；通过毛利率、净利率和扣非净利润，主营业务收入也可以得出，还可以间接得出"三费"的情况；通过销售现金流指标，就可以间接得出应收账款等情况；通过净资产收益率和净利率和资产负债率，也就可以得出资产周转率等其他指标。反过来说，这八大核心财务指标已经将企业的三张财务报表的核心要素体现出来了。

更重要的是，通过 P = M×E 我们还可以建立起股价与企业资产、利润、盈利能力、成长能力等指标的直接联系。我们始终站在股票投资者的角度看财务报表，所以，我们需要从三张报表中得出核心要素跟股价之间的关系，八大核心财务指标可以做到这一点。八大核心财务指标本身就是简化的三张报表，所以也可以通过八大核心财务指标之间的内部联系勾勒出企业的经营情况。

另外，由于我们可以将这八大核心财务指标按照四个方面来进行标识，通过可视化界面直接识别不同企业的大体情况，这就为我们选股和减少投资分析成本提供一个崭新的视角。

二、可视化界面解读八大核心财务指标

1. 反映规模的扣非净利润和净资产指标

所有指标都应该在对应的行业以及产业链中进行横向比较和纵向时间序列两个方面来解读。扣非净利润和净资产是八大核心指标中唯一的一组规模指标，净资产是企业股东的累计投入，而扣非净利润是企业会计期间的当期产出，两个指标存在投入产出对应关系。

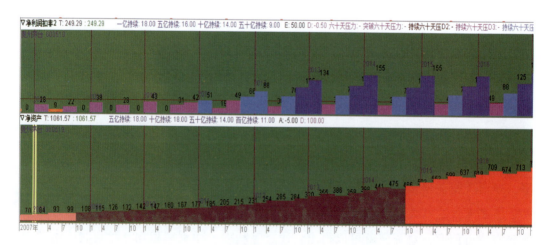

横向比较可以得出些什么？比如，白酒行业中的贵州茅台净资产规模和五粮液的净资产规模比较，贵州茅台的扣非净利润和五粮液的扣非净利润之间的比较，可

以直观得出行业地位。同理，可以将白酒行业内其他企业的这两个规模指标一一对应比较，可以得出行业内的地位排序，也可以将其他行业内的企业进行类似的比较，比如水泥行业、银行业等。除了行业地位，还可以得出企业的投资规模、盈利规模，这两个规模指标，体现着竞争者的进入门槛和市场空间。比如，白酒行业的市场空间比黄酒、葡萄酒就要大，这不需要查其他的资料，只需要查看着两个酿酒行业几家前列的企业的扣非净利润和净资产规模指标就可以知道。同样的，也可以得知化学制药的市场空间比生物制药的市场空间要大很多，当然，这个市场空间是从当前经营出来的结果来看，但是，每一个当下会逐步演进到未来，所以，我们只需要了解每一个当下就可以了，而不需要太多预测未来，这样岂不是更加轻松。

纵向比较可以得出些什么？依然拿白酒行业举例，比如白酒行业中贵州茅台，扣非净利润每一个年度均实现同比正的增长，这表明不论企业经营的外部环境如何变化，市场竞争状况激烈程度如何，企业均能持续盈利，且连续 10 年均实现利润持续增长，这就表明企业具有可持续竞争优势和稳定盈利能力。而净资产在这期间没有发生突变，表明企业的盈利是纯内生增长的，不是依靠外部并购而获得的。两者结合起来，表明企业内生增长动力强劲，在行业内具有可持续竞争优势和稳定盈利能力。而有一些企业增长缓慢，甚至停滞不前，更糟糕的有一些还经常亏损，导致净资产萎缩。这些都可以从同一企业的纵向时间序列来查看企业的经营状况。

在分析的时候，尽量抓住经营的特性，以便于后面的动态分析。

在工具图中，扣非净利润和净资产栏背景颜色的意义：扣非净利润大于 5 亿元时为深绿色，小于 5 亿元为浅绿色；净资产大于 33.5 亿元为深绿色，小于 33.5 亿元为浅绿色。这样直观上从深绿色和浅绿色大概就能知道企业的规模。同时净资产如果存在季度的突变，比如突变 15% 以上，会存在浅黄色的线条，这样就可以表示企业存在定增或者并购。当然，也有可能因为产品提价导致业绩快速增长，也有可能是企业变卖了资产，还有就是企业的利润在年度时间上不连续，存在明显的季节性集中销售，或者集中结算的情况。设置净资产的突变阈值，可以引导我们思考企业成长的路径，以及利润增长的来源，是纯内生增长的，还是外部并购的。

2. 反映风险的资产负债率和销售现金流指标

资产负债率反映的是企业的资本结构，同时也表达了企业的经营特性。大周期类型的企业，尤其是房地产和金融行业，天然具有较高的资产负债率，而大消费类企业天然具有较低的资产负债率，所以资产负债率的高与低并不一定就表达了风险的高与低，但是却表达了企业的经营特性、企业的行业特性。另外，高资产负债率至少表达了企业对金融市场环境比较敏感，通常高资产负债率还可能表达了企业的所在行业的产业链条比较长，所以高资产负债率的企业通常市盈率不会太高，而且跟政策的关系也比较紧密，行业的发展跟信贷政策、产业政策息息相关。

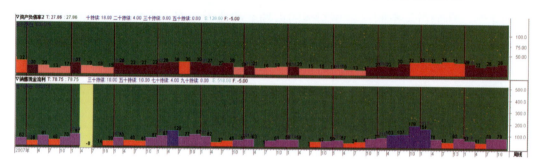

销售现金流指标采用的是销售现金流净额与营业利润之比。通常营业利润为正的企业，如果销售现金流指标平均在70%以上，表明这样的企业现金回笼比较顺畅，但是有些企业天然会存在季节性结算，比如房地产企业，还有一些工程类的企业，销售现金流也常常为负。那么在营业利润为负的情况下，怎么用这个指标来判断呢，会不会出现营业利润为负，而销售现金流净额为正的，这样的企业会不会是亚马逊这种类型的企业呢？尽管亚马逊的净利润有些年份为负，但是营业利润却早已经为正，且销售现金流净额也为正，所以不用担心会错过亚马逊这样的伟大企业。而如果营业利润为负，销售现金流也为负，扣非净利润为负，那么我们自然需要结合后面的盈利能力指标来考察这类企业，勾勒出企业的经营特性和大概轮廓。

销售现金流回笼指标没有采用销售现金流净额与净利润之比，主要出于两个原因：一是因为净利润波动比营业利润要大很多，导致这个比值波动巨大；二是因为一旦销售现金流净额为负，净利润也为负，那么这个比值会出现正数，这显然与我们的目的背道而驰。而通常企业的营业利润不会出现负值。所以，我们采用的是销售现金流净额与营业利润之比。

在工具图中，资产负债率和销售现金流背景颜色的意义：资产负债率大于50%，使用浅黄色表示，低于50%的，使用深绿色表示；销售现金流指标为正的，使用深绿色表示，为负的，使用浅黄色表示。再次强调，在使用的时候，更多找出特性，个能用单一指标评价好坏。

3. 反映企业盈利能力的指标：净资产收益率（ROE）、毛利率、净利率

净资产收益率表达了股东拥有的企业净资产会计期间获得的净利润，巴菲特非常看重这个指标。曾经有记者问巴菲特，如果只能用一种指标去投资，会选什么，巴菲特毫不犹豫地说出了 ROE。查理芒格说："从长期来看，一只股票的回报率与企业发展息息相关，如果一家企业 40 年来的盈利一直是资本的 6%（即 ROE6%），那 40 年后你的年均收益率不会和 6% 有什么区别，即使你当初买的是便宜货。如果该企业在 20~30 年的盈利都是资本的 18%，即使当初出价高，其回报依然会让你满意。"可见，净资产收益率，尤其是企业长期的净资产收益率高低情况，可以直接作为判别优秀公司和平庸公司的重要指标。同时还可以评估投资这类企业长期回报率的大小，切记是长期净资产收益率，这点怎么强调也不过分。

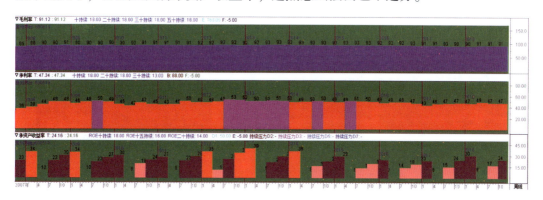

毛利率表达了企业生产的产品在市场中的成本加价以及经营特性，净利率和毛利率的结合还表达了企业在营销产品过程中耗费的"三费"情况。毛利率和净利率的结合能够很好地表达公司产品或服务在市场中的反馈情况，这是纯公司产品端在市场中的反馈信号，而净资产收益率更多地表达了公司净资产产出的净利润反馈情况。

把净资产收益率和净利率、资产负债率结合，就能够解读出企业净资产收益率的来源，是主要依靠公司的产品高盈利能力，还是总资产的高周转，还是利用高财务杠杆，同时也把握住了企业的经营特性。

在工具图中，净资产收益率一栏背景颜色的意义：净资产收益率大于 15%，用深绿色背景表达，净资产收益率在 10%~15% 之间用浅绿色背景表达，而净资产收益率在 5%~10% 之间不采用任何颜色，也就是白色背景。当净资产收益率低于 5%

时，统一采用了黄色。毛利率大于 30%，用深绿色背景表达，毛利率处于 20%～30%之间，用浅绿色表达，毛利率低于 20%的，白色背景。净利率大于 10%，用深绿色表达，净利率低于 10%，白色背景。

4.反映成长的净利润增速指标

用净利润增速来表达企业的成长是很自然的，但是也往往会误导投资者不假思索地追求高成长的企业。高成长、快速成长的企业，股价也会快速上涨，这是有一定道理的。彼得林奇就是按照企业的成长速度来划分企业类型的，它把企业类型分为缓慢增长型、稳定增长型、快速增长型、周期型、资产隐蔽型、困境反转型，但是，别忘记了，纯价值投资长期的回报不会超过企业的净资产收益率，这也是一条定律。一旦企业由快速增长型过渡到稳定增长型就会出现一个戴维斯双杀的现象，净利润增速放缓，而股价大幅杀跌，通常股价会快速打半折。所以，使用净利润增速指标，不是简单地用单一的净利润增速指标来得出与股价走势的关系，而是要进入更深层次的分析。

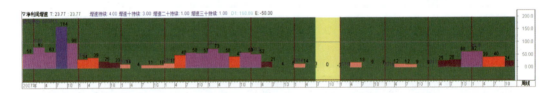

我认为至少有三点需要思考：一是找出企业成长的特性，通过净利润增速的时间序列，可以得出企业是持续稳定的正增长（持续性稳定型），或是一段持续正增长一段时间持续负增长（周期型），或是增长不稳定，波动性比较明显（不稳定型）。对于不稳定型企业，我们大致心里也有底了，可以不必过多分析，因为这不是我们重点关注的对象。二是分析企业成长路径，这需要考察净利润增速的来源，是并购而来的，或是盈利再投资，或是产品的毛利率提升、净利率提高。三是在前面两点的基础上，就可以再进一步思考，持续稳定增长型的深层次的业务方面的原因了，企业具有哪些核心竞争优势；周期型的企业目前运行在哪个阶段，未来可能往哪个方向走，外部环境配合现在继续往哪个方向走。

始终不要太急，这四个方面的八个核心财务指标，主要目的不是立马得出企业好与坏，而是得出企业的经营特性和综合的基本趋势。至于如何运用，我们会在接下来的部分，继续分享。

在工具图中，净利润增速一栏背景颜色的意义：净利润增速为正，用深绿色背景表达，净利润增速为负，用浅黄色背景表达。

在解读企业基本趋势的时候，需要把以上八大核心财务指标综合起来解读，它们之间存在彼此的联系。之所以列举这八大核心财务指标，是它们已经能够直观地帮助我们进行企业与企业间进行横向比较和同一企业纵向比较。比如，在净资产收益率相同的不同类型企业，还需要找出净利率、资产负债率、净利润增速、扣非净利润之间的差异。一方面我们需要从企业本身找出基本趋势和企业运行在基本趋势的哪个阶段；另一方面我们还需要进行更多的企业之间的横向比较，所以需要细分开来，但是又不必过分细分，只需要大致能够把不同企业类型的经营特性表达出来就可以了。事实上，我们的目的更多的不是在解读同一企业，甚至不是同一行业，而是全行业不同企业间经营特性都能通过这八大核心财务指标体现出来。所以，八大核心财务指标，既要抓住企业经营的核心要点，又要能够帮助我们便捷识别不同企业类型之间的差异，达到这两点目的，才是称之为核心财务指标的缘由。我们的目的不是评价企业的好坏，而是构建不同企业类型与股价在不同市场环境下的关系。所以，指标体现出来的差异性、特性与企业本身经营的质量在股票投资人眼里同样重要，因为选择股票，首先是能够简单地区分企业类型，区分企业的经营特性，找出不同经营特性下的企业与股价之间的关系。而工具图就是为了这个目的而建立的。

那么，工具图如何让投资者能够便捷地识别和抓住重点呢？因为，工具图中八大核心财务指标图包括三大要素：背景图、数据图和原始的财务数值。背景图只有深绿色、浅绿色和黄色背景，数据图是对应一系列的财务指标区间，比如毛利率处于0%~10%是绿色、10%~20%是淡红色、20%~30%是褐色、30%~50%是红色、50%~60%是艳红色、60%~80%是淡蓝色、80%以上是艳蓝色，同样的，可以将八个财务指标按照相对合理的区间进行划分，这样数据图就可以直接从颜色体现出大致的区间，由于相同区间是一个财务指标范围，同时同一区间连成一块，不同区间不同颜色，这样可以直观地从数据图找出同一企业的趋势和不同企业的明显差异。数值也进行了相应的简化，比如扣非净利润和净资产的单位已经是亿元，其他财务比率指标的单位都是百分比。当然，数值是最原始的财务指标，但是，由于需要工具图直观地体现我们的需求和找出明显的差异和特性，那么工具图，尤其是工具图中的背景图和数据图是独一无二的。

在工具图中既有背景颜色，又有数据图，还有具体的数值，这样使用的意义在哪呢？背景图可以直观地看出基本趋势的持续性、经营特性，还可以直观地帮助我们进行基本面选股，因为背景图使用个性化的标准，达到标准之后就会出现深绿色或者浅绿色背景，背景图是很直观的。而数据图可以在背景图的基础上查看趋势，结合具体数值就可以进一步分析内在逻辑。所以，背景图既是直观图，同时也是个性化的可视化图，背景图和数据图都是相对客观的，都有主观成分和客观成分，数值就是完全客观的。背景图主要运用在操作层面上，而数据图主要运用在分析层面上。需要说明的是，背景图的标准不是完全主观的设置，而是建立在投资理论、投资模型和过去成功实践基础上的高度结晶。我们的背景图的标准，正是来源于投资大师的投资精华和A股接近30年的历史回测的高度总结，有其理念价值和现实意义。

比如净资产收益率一栏显示全是深绿色的，那么就表明这家企业长期净资产收益率在15%以上，长期净资产收益率达到15%以上的企业是我们主观寻找的企业类型，代表着企业具有持续的获得高盈利能力，这是背景图给我们的直观感受。那么年化15%以上，到底是如何呈现的呢？是一直在20%左右，还是从15%逐年增加呢，还是呈现在15%~25%区间波动呢？这个可以用数据图来体现，因为数据图已经对某一个区间的颜色进行了标识。当然最原始的就是数值了，每一个年度的净资产收益率，甚至每一个季度的净资产收益率都可以从中找出确切的值，这是非常理想和客观的数值。再如果，净资产收益率一栏既有白色背景，又有浅黄色背景，表明企业的盈利能力差，且盈利不稳定。再比如净利润增速一栏一直显示深绿色，那么表明这家企业盈利持续增长。反之，如果净利润增速一栏是经常深绿色和浅黄色交替，那么可能这家企业的盈利很不稳定，如果浅黄色连续出现几年，深绿色连续出现几年，那么可能这就是一家周期性行业的企业。而数据图相对于背景图具有更加细分的价值，背景图可以看做是达标图，是一个大致划分，而数据图还可以进一步结合背景图看出里边的趋势。比如毛利率一栏已经全部显示深绿色（表明毛利率一直大于30%），那么从数据图还可以看出毛利率是持续走高，还是有所下降，还是在高位波动，而数值图，可以从股价深入角度理解财务指标的数据价值。

我们可以从背景图能够初步选择达标的企业，在这个基础之上，从数据图能够看出特性和趋势，从数值图能够找出内在联系。

很多投资者重在分析，拿一堆数据（信息）直接分析，评价好坏，这是不科学的，是片面的。中国有一句古话说得好，叫瑕不掩瑜，比喻缺点掩盖不了优点，缺点是次要的，优点是主要的，我想意思大家都明白。经过实证分析，最后也会发现，很多优质的企业，十年上涨几十倍的伟大公司，其实要是完全按照分析的视角来实操，很多时候会寸步难行。甚至，基本面一直保持优秀的公司，其股价走势在历史长河中也是波浪曲折的，历史上的贵州茅台、云南白药以及国外的苹果和可口可乐等都经历过很多次的 60% 以上的大幅回撤，所以，我们需要从大处着眼小处着手。而背景图就是大处，数据图和具体数值就是小处。我们会在背景图和数据图上辩证地解读股价走势、基本趋势和市场预期。所以，我们一开始会从背景图出发来解读，向下从数据图和具体数值解读。但是，能够构建起背景图的标准，其实已经经历过了反复的调试，背景图的标准已经兼顾了主观的（公认的、被实践检验过的、投资大师的）和客观的（A 股历史股价和财务指标数据）两方面筛选要求。

三、工具图：股价走势和八大核心财务指标

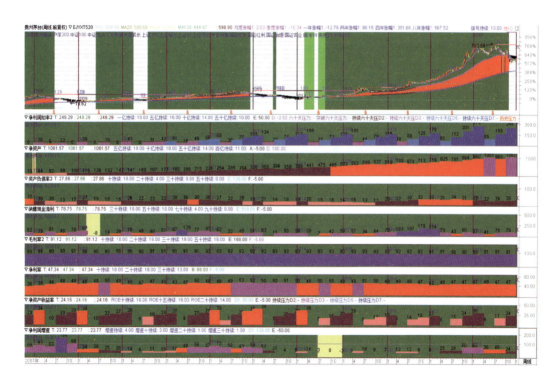

首先，股价走势图已经使用周线图，不是日线图、也不是月线图。对于建立股价走势和基本趋势的关系来说，使用周线图是比较好理解的，因为企业的基本趋势是相对长期的。事实上，说到不同周期的股价走势图，不同股价趋势的图，就不得不提到两个关键的词眼：过滤和趋势。这里的趋势和前面提到的基本趋势不同，这里是纯技术面的股价走势形成的现象：趋势。而过滤是一个技术性的工作，选择什么样的周期，使用什么样的股价走势均线，都需要结合投资理念和现实进行舍取。

其次，股价走势图也有背景图、数据图和"数值"，只不过这里边的数据图是两条均线之间的色块。我们大致可以知道股价持续多久运行在加强区域，偏离了长期均线多久。这种理解是很有意义的，因为这直接关系到投资组合净值走势。单个股价走势似乎跟组合净值没有多大关系，但是相同板块的、相同特性的组合形成的板块指数，就变成了市场组合的净值曲线了。其中还有很多有价值的"数值"，其中包括最原始的 K 线，对于标志性 K 线的运用，将会在第五部分优化长线交易系统章节中讲解。

在工具图中，股价走势背景颜色的意义。当股价走势的月线运行在年线上方且年线运行在 4 年线上方时，深绿色背景，表示股价处于自身加强区。当股价走势的月线运行在年线下方时，白色背景。当股价走势的月线运行在年线上方，且月线抬头，浅绿色。

工具图就是类似医学 CT 图，通过工具图，我们可以将 100 多个二级行业，3500 多家上市企业来一个全面的检查，而且只要是上市的，不论其上市时间多久，他们的历史状况，包括股价、财务以及当时的市场环境（牛熊）都可以通通一眼掌握，但在实际的演练之前，我们最好再做一件事情，就是摸清楚每个行业的特性。

第三部分

A股三大行业特性分析

苏格拉底说过"未经反思的人生是不值得过的",而我坚持认为,未经批判的理念是不值得运用的。不论这种理念来自多么伟大的投资大师,不论其过去被实践证明多么成功,如果找不到理论的局限性和可能的错误所在,如果不假思索地拿来就实践,甚至处处用理论来评价现实的对与错,那么我们一定找不到投资的真谛,自然也就与成功无缘,因为我们没有自己的独立思想,而是活在别人的影子下。所以,我将用大量篇幅进行实证分析,但是读者的重点应该不要放在证实,而是在证伪。因为,我们拥有了工具图,就可以进行历史的回测和实证分析了。但是,我们接下来将会发现现实与理论会存在很多差距,通过注意这些差距,正视价值投资在实际运用中的可能问题,才能够帮助我们更好地进行股票投资。

在用工具图对企业基本面分析的时候,我们把上市公司划分为三大类:大消费类行业、大周期类行业和科技类行业。做这样的区分一方面是从宏观视角出发,另一方面这三大类行业的财务特性也有非常清晰的特征。更有意思的是,A股在过去的十几年里有2007年的大周期行业牛市,也有2015年的科技类行业牛市,但怎么就没有一个独立的大消费类行业牛市呢,以及在2007年的牛市和2015年的牛市里大消费类行业分别都跑不赢大周期和科技类,未来是否会存在一个单独的大消费类牛市呢?可以在这里先给一个答案,大消费类的优质企业属于长牛特征。其基本面的波动性和股价的波动性均没有大周期和科技类短期的爆发力大,但是具有长期稳健向好的特征。所以,我们把100多个二级行业划分为三大类,然后分别从定量的财务视角去理清它们的基本面特性,同时从股价和基本趋势角度来梳理不同行业属性下的股价特性,将有助于我们进行实际操作。

第5章 大消费类行业特性分析

第1节 白酒行业特性分析

一、白酒行业的基本面特性

白酒行业，共有 19 家上市企业，截至目前，按照流通市值排序，贵州茅台排在第一位：8793.51 亿元；第二位是五粮液：2521.15 亿元；第三位是洋河股份：1552.58 亿元；第四位是泸州老窖：690.78 亿元；第五位是山西汾酒：394.39 亿元。白酒行业中市值突破 1000 亿元的只有三家上市公司，分别是贵州茅台、五粮液、洋河股份，其中贵州茅台在前三中的比重占了 70% 左右，处于遥遥领先的位置。这些前五的白酒企业，它们的行业地位（规模）、抗风险能力、盈利能力和成长前景从财务角度来看，又是怎样的呢？下面就从这四个方面对应的财务角度一一查看。

白酒（19）		涨幅%	现价	量比	涨速%	流通市值↓
1	贵州茅台	3.16	700.01	1.16	0.14	8793.51亿
2	五粮液	3.15	66.42	1.21	0.05	2521.15亿
3	洋河股份	6.39	124.80	1.12	0.11	1552.58亿
4	泸州老窖	5.46	47.31	1.12	0.02	690.78亿
5	山西汾酒	3.24	45.55	1.01	0.04	394.39亿
6	古井贡酒	2.23	80.10	1.16	0.11	307.26亿
7	口子窖	2.85	50.80	1.45	0.00	304.80亿
8	顺鑫农业	1.94	43.62	1.16	-0.06	248.89亿
9	今世缘	4.38	19.55	1.29	0.26	245.25亿
10	水井坊	2.19	38.31	1.29	-0.04	187.16亿
11	迎驾贡酒	3.16	15.67	1.42	0.45	125.36亿
12	舍得酒业	4.98	27.20	1.43	0.00	91.75亿
13	老白干酒	2.41	17.87	1.45	0.00	87.56亿
14	伊力特	2.28	18.39	1.12	0.16	81.10亿
15	酒鬼酒	2.49	19.74	0.83	0.20	64.14亿
16	青青稞酒	1.09	12.94	1.27	0.00	58.23亿
17	金种子酒	1.47	5.52	0.91	-0.17	30.68亿
18	金徽酒	0.99	15.26	1.07	-0.12	17.68亿
19	*ST皇台	0.55	5.52	1.32	0.00	9.79亿

1. 反映规模的扣非净利润和净资产指标

贵州茅台：从背景图来看，过去十年，扣非净利润和净资产两栏均一直呈现深绿色背景，净资产一栏存在一处突变信号，说明企业能实现连续盈利，且规模相对较大。从数据图的色块来看，贵州茅台在 2010 年扣非净利润突破 50 亿元，2012 年扣非净利润突破 100 亿元；净资产从 2008 年突破 100 亿元，2014 年突破 500 亿元。从具体数值来看，2007—2017 年期间，扣非净利润从 28.33 亿元增长到 272.24 亿元，净资产则从 2007 年的 84 亿元增长到 2017 年的 960 亿元。

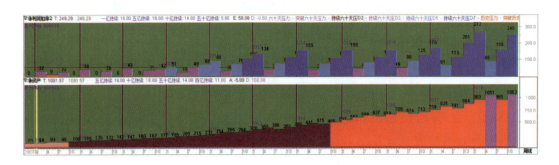

五粮液：从背景图来看，过去十年，扣非净利润和净资产两栏均一直呈现深绿色背景，净资产一栏没有突变信号，说明企业能实现连续盈利，且规模相对较大。从数据图的色块来看，五粮液在 2011 年扣非净利润也突破 50 亿元，截至目前扣非净利润还没有突破 100 亿元，在 2012 年存在一个扣非净利润高点；净资产从 2008 年突破 100 亿元，2017 年才突破 500 亿元，比贵州茅台晚了三年时间。从具体数值来看，2007—2017 年期间，扣非净利润从 14.46 亿元增长到 96.42 亿元；资产则从 2007 年的 96 亿元增长到 2017 年的 546.76 亿元。扣非净利润 10 年时间增长了 7 倍，年复增长 21.5%。

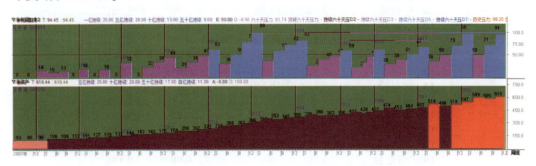

洋河股份：从背景图来看，扣非净利润和净资产两栏均一直呈现深绿色背景，净资产一栏存在多处突变信号，说明企业能实现连续盈利，且规模相对较大。从数据图的色块来看，洋河股份在 2012 年扣非净利润突破 50 亿元，比五粮液和贵州茅台晚一年，截至目前扣非净利润突破 100 亿元，在 2012 年存在扣非净利润高点；净资产从 2012 年突破 100 亿元，比五粮液和贵州茅台晚三年，截至目前净资产没有突破 500 亿元。从具体数值来看，2009—2017 年期间，扣非净利润从 12.44 亿元增长到 61.36 亿元，净资产则从 2009 年的 51 亿元增长到 2017 年的 295 亿元。扣非净利润 8 年时间增长了 5 倍，年复增长 22%。从净资产一栏来看，存在多处突变信号。这种突变信号通常表明企业进行定增。但是打开公司资本运作一栏，却没有发现。这是一个有意思的信号，仔细看 2010 年、2011 年和 2012 年的突变信号时间点，可以发现都是在每年的第一季度。一年的第一季度包含春节。所以，应该是春节的集中销售缘故，导致第一季度比第四季环比大增。

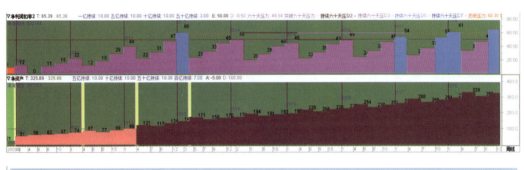

○ 募集资金来源

公告日期	发行类别	实际募集资金净额(万元)	发行起始日	证券名称	证券类别
2009-10-19	首发新股	260,032.95	2009-10-28	洋河股份	A股

○ 项目进度

项目名称	截止日期↓	计划投资(万元)	已投入募集资金(万元)	建设期(年)	收益率(税后)	投资回收期(年)
名优酒酿造技改二期工程项目	2015-04-29	115,966.50	118,294.69	--	--	--
购买经营用地	2015-04-29	18,000.00	17,486.66	--	--	--
竞购双沟酒业部分股权	2014-04-29	53,639.94	53,639.94	--	--	--
名优酒陈化老熟和包装技改项目	2014-04-29	38,539.91	39,522.02	2.00	34.30%	5.17
名优酒酿造技改项目	2014-04-29	26,959.57	26,831.19	2.00	28.60%	5.42
营销网络建设项目	2014-04-29	7,440.37	7,508.54	2.00		
白酒酿造副产物循环再利用项目	2014-04-23	9,724.50	--	2.00	24.70%	5.67
增资江苏洋河包装有限公司	2009-10-19	13,500.00				
增资江苏洋河酒业有限公司	2009-10-19	7,440.00				

泸州老窖：从背景图来看，扣非净利润和净资产两栏均呈现深绿色背景，净资产一栏存在多处突变信号，说明企业能实现连续盈利，且规模相对较大。从数据图

的色块来看，截至目前泸州老窖扣非净利润没有超过 50 亿元，在 2012 年存在扣非净利润高点，截至目前扣非净利润还没有超越这个高点；净资产从 2013 年突破 100 亿元，截至目前没有超过 500 亿元。从具体数值来看，2007—2017 年期间，扣非净利润从 6.83 亿元增长到 25.4 亿元，净资产则从 2007 年的 27 亿元增长到 2017 年的 153 亿元。扣非净利润 10 年时间增长了 4 倍不到，年复增长 15%。从净资产一栏来看，存在多处突变信号。这种突变信号通常表明企业进行定增。但是打开公司资本运作一栏，只有 2017 年进行过定增。仔细看其他年份的突变信号时间点，可以发现也是在每年的第一季度。一年的第一季度包含春节。所以，这种突变信号是白酒企业销售的行业特征决定的。

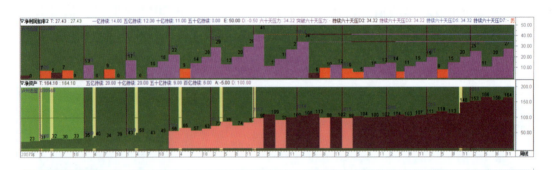

○ 募集资金来源

公告日期	发行类别	实际募集资金净额(万元)	发行起始日	证券名称	证券类别
2017-09-13	增发新股	295,541.04	2017-08-23	泸州老窖	A股
2006-12-01	增发新股	35,432.20	---	泸州老窖	A股
2002-11-02	配股	28,415.03	---	泸州老窖	A股
1997-12-19	配股	34,952.30	---	川老窖A	A股
1994-02-16	首发新股	12,449.72	---	川老窖A	A股

○ 项目进度

项目名称	截止日期↓	计划投资(万元)	已投入募集资金(万元)	建设期(年)	收益率(税后)	投资回收期(年)
酿酒工程技改项目(一期工程)	2018-04-11	295,541.04	59,314.60	4.00	14.83%	6.54
藏酒洞库打造项目	2018-04-11	6,500.00	264.01	---	---	---
泸州老窖"优质酒产能扩大及储存基地建设"项目	2006-12-01	34,258.00	40,000.55	1.00	11.19%	9.25
年产2.2万吨高纯度基酒建设工程	2002-11-02	4,980.00	4,979.22	1.00	15.80%	5.42
年产3.0万吨生物功能饮品工程	2002-11-02	4,907.30	---	1.58	22.50%	5.75
年产2.5万吨新型净化酒建设工程	2002-11-02	4,845.00	4,825.20	1.00	30.10%	3.25
年产2.5万吨新型生态白酒建设工程	2002-11-02	4,826.00	4,821.55	1.00	31.20%	3.25
年灌装2.5万吨新型白酒灌装线建设工程	2002-11-02	4,780.00	4,776.16	1.00	35.20%	2.75
年产3.0万吨茶发酵饮料工程	2002-11-02	4,770.03	---	1.58	27.80%	5.17
年产2.0万吨真菌饮料工程	2002-11-02	4,013.60	---	1.58	29.70%	4.83

　　山西汾酒：从背景图来看，扣非净利润和净资产两栏均呈现深绿色和浅绿色背景并存的模式，净资产一栏存在多处突变信号，说明企业能实现连续盈利，存在一

定波动性。从数据图的色块来看，山西汾酒 2012 年扣非净利润才超过 10 亿元，截至目前没有超过 50 亿元，在 2012 年存在扣非净利润高点，截至 2018 年扣非净利润才超越这个高点；净资产从 2017 年才突破 50 亿元，截至目前没有超过 100 亿元。从具体数值来看，2007—2017 年期间，扣非净利润从 3.39 亿元增长到 9.43 亿元，净资产则从 2007 年的 14 亿元增长到 2017 年的 53 亿元。扣非净利润 10 年时间增长了 3 倍不到，年复增长 11.5%。山西汾酒净资产突变信号跟洋河股份、泸州老窖一样，同样是白酒行业的行业特征决定的。那既然是行业特征决定的，为何贵州茅台和五粮液没有呢，这就与突变信号的阈值和企业的扣非净利润盈利规模有关系了。我们设置的阈值是季度环比 15%，如果企业的净资产规模基数，那么规模大的企业可能由净利润增加到的净资产数值的环比就不会大了。

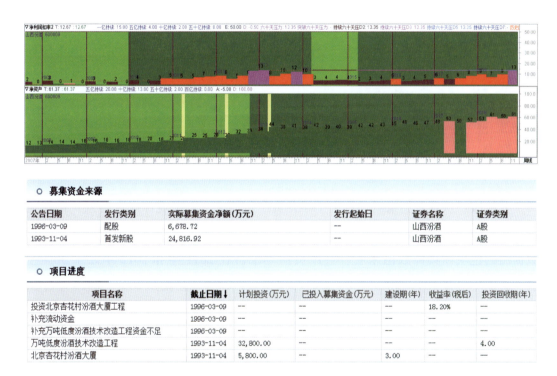

○ 募集资金来源

公告日期	发行类别	实际募集资金净额（万元）	发行起始日	证券名称	证券类别
1996-03-09	配股	6,678.72	--	山西汾酒	A股
1993-11-04	首发新股	24,816.92	--	山西汾酒	A股

○ 项目进度

项目名称	截止日期↓	计划投资（万元）	已投入募集资金（万元）	建设期（年）	收益率（税后）	投资回收期（年）
投资北京杏花村汾酒大厦工程	1996-03-09	--	--	--	18.20%	--
补充流动资金	1996-03-09	--	--	--	--	--
补充万吨低度汾酒技术改造工程资金不足	1996-03-09	--	--	--	--	--
万吨低度汾酒技术改造工程	1993-11-04	32,800.00	--	--	--	4.00
北京杏花村汾酒大厦	1993-11-04	5,800.00	--	3.00	--	--

　　从行业内扣非净利润和净资产规模指标来看，白酒行业过去十年的行业地位排名没有变化，但是行业前列的上市企业的规模差距在拉开。就拿第一名的贵州茅台和第二名的五粮液比，2007 年贵州茅台扣非净利润 28 亿元是五粮液扣非净利润 14 亿元的两倍。但那个时候贵州茅台的净资产规模还不如五粮液。十年过去了，2017 年贵州茅台扣非净利润是 272 亿元，而五粮液只有 96 亿元，相差了三倍。不仅如

此，第二名与第三名，第三名与第四名，第四名与第五名的差距都在拉开。事实上，从它们各自十年年复合增速也能理解这种差距的加大。

另外，从白酒行业的扣非净利润一栏，从白酒行业前五的企业扣非净利润一栏得出的信息，除了贵州茅台，其他白酒企业的扣非净利润在2012年存在一个明显的高点，很多企业在后续几年才突破这个高点，说明是个行业拐点。

2. 反映风险的资产负债率和销售现金流指标

贵州茅台：从背景图来看，过去十年，资产负债率一直呈现深绿色背景，销售现金流除了2009年存在单个季度的现金流流出现象（黄色背景），其他年份均呈现深绿色背景。从数据图的色块和具体数值来看，资产负债率维持在20%~30%区间，保持相对低位；销售现金流回笼相对稳定，在50%~100%区间居多。

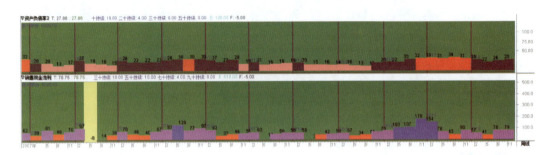

五粮液：从背景图来看，过去十年，资产负债率一直呈现深绿色背景，销售现金流除了个别年份现金流流出现象（黄色背景），其他年份均呈现深绿色背景。从数据图的色块和具体数值来看，资产负债率维持在2011年和2012年处于30%左右，其他年份在10%~30%区间，保持相对低位；销售现金流在2013—2015年存在明显的赊销现象，其他年份回笼比较顺畅。

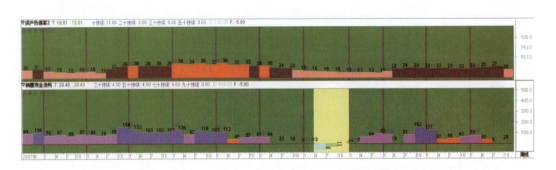

洋河股份：从背景图来看，上市以后，资产负债率和销售现金流两栏均一直呈现深绿色背景，表明企业保持较低的资产负债率和相对稳定的现金流回笼情况。从数据图的色块和具体数值来看，资产负债率维持在20%～40%区间，保持相对低位；销售现金流回笼比例也在50%～100%之间。

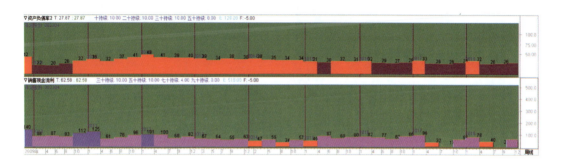

泸州老窖：从背景图来看，公司与五粮液比较相似，过去十年，资产负债率一直呈现深绿色，销售现金流除了2015年出现流出现象（黄色背景），其他年份均呈现深绿色背景。从数据图的色块和具体数值来看，资产负债率相对低位，但是区间波动幅度加大，在2009—2013年保持在20%～50%之间，在2014年至目前保持在10%～30%之间；销售现金流回笼相对流畅，但存在某些年份的低回笼状态。

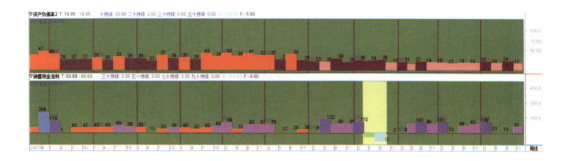

山西汾酒：从背景图来看，过去十年，资产负债率一直呈现深绿色背景，销售现金流存在明显流出现象（黄色背景）。从数据图的色块和具体数值来看，资产负债率相对低位，但是保持在20%～50%区间；销售现金流回笼呈现两个阶段的特征，在2008—2013年相对流畅，2013—2017年存在比较明显的波动特点。

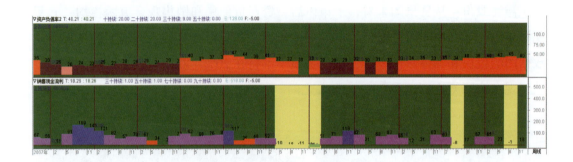

上述五家企业的资产负债率都算较低，事实上，如果仔细观察，可以发现白酒行业的前五企业的资产负债率也呈现两个阶段的特征。2008—2013年资产负债率有逐年走高的特点，而2013—2017年则呈现先下降后抬升的走势。销售现金流状况同样如此，存在阶段性变化。这些阶段性的变化特征，应该可以很好地反映企业的经营环境的变化。而这种两阶段的变化其实可以用盛极而衰四个字来概括。

需要强调的是，资产负债率不一定代表多大的风险，却能体现行业的资本结构。资产负债率的趋势性变化也与行业的经营环境相关。销售现金流指标也不一定代表多大的风险，但可以帮助在同行业中找到持续性和稳定性较好的企业，在一定程度上体现在行业内企业的竞争优劣。所以，资产负债率和销售现金流指标是比较好的连接企业与金融市场、企业与上下游关系的指标，在巴菲特的投资理念中，资产负债率较低、销售现金流回笼顺畅更符合价值投资者的选择标准。但是在索罗斯的反身性投资理念中，还不能就此得出优劣，不过可以从行业间的资产负债率和销售现金流特性中找出特性，以便于后续更好地把握行业间的差异。所以，在理解财务指标的时候，可以先不做优劣评价，目前阶段主要还是为了更好地把握特性。

3. 反映盈利能力的毛利率、净利率、净资产收益率指标

贵州茅台：从背景图来看，过去十年，毛利率、净利率和净资产收益率均一直呈现深绿色背景，表明公司产品盈利能力和净资产收益率均很高，年化净资产收益率超过15%。从数据图的色块和具体数值来看，毛利率一直保持在90%以上，且具有较高的稳定性，净利率一直保持在40%以上，年度净资产收益率一直保持在24%以上。盈利能力最高年份出现在2012—2013年，那时的净利率突破50%，净资产收益率超过30%。

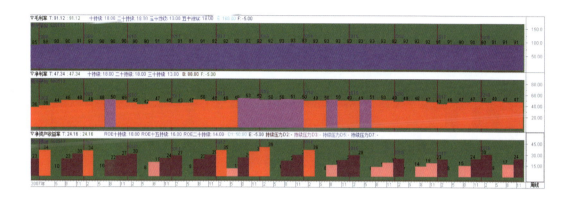

五粮液：从背景图来看，过去十年，毛利率、净利率均呈现深绿色背景，但是净资产收益率在2015—2016年呈现浅绿色背景，其他年份均呈现深绿色背景。一方面表明公司产品盈利能力和净资产收益率均很高，但在2015—2016年净资产收益率下滑到10%~15%区间，年化净资产收益率超过10%。从数据图的色块和具体数值来看，毛利率保持在50%~80%区间，净利率维持在20%~50%区间，年度净资产收益率有所波动，2007—2012年从15%一路增长到32%，但随后下滑到14.4%，2016—2017年恢复到15%~20%区间。

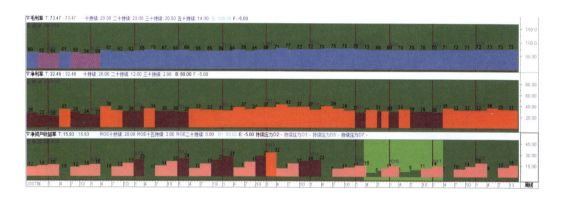

洋河股份：从背景图来看，过去十年，毛利率、净利率和净资产收益率均呈现深绿色背景，表明公司产品盈利能力和净资产收益率均很高，年化净资产收益率超过15%。从数据图的色块和具体数值来看，毛利率保持在50%~80%区间，净利率维持在20%~50%区间，年度净资产收益率保持在20%以上。净资产收益率在2009—2012年一直保持在30%以上，2013年至目前一直保持在20%~30%区间。

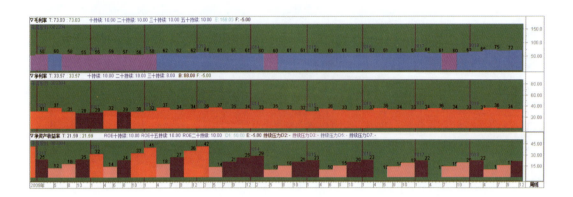

泸州老窖：从背景图来看，过去十年，毛利率、净利率均呈现深绿色背景，净资产收益率在2014—2015年呈现浅绿色背景，其他年份均呈现深绿色背景，一方面表明公司产品盈利能力和净资产收益率均很高，另一方面表明公司净资产收益率在2014—2016年下滑至10%～15%区间。从数据图的色块和具体数值来看，分两个阶段，在2012年之前，毛利率保持在65%左右，净利率维持在40%左右，净资产收益率从28%一路提升到45%；2012年后，毛利率最低下滑到47%，净利率最低触及17%，净资产收益率最低触及12.4%。在2015—2017年开始逐步提升盈利能力指标。2017年毛利率创出新高75%，净利率恢复到36%，净资产收益率恢复到17%。净利率和净资产收益率相比2012年前的高点还相距甚远。

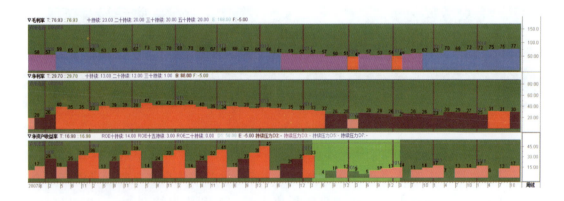

山西汾酒：从背景图来看，过去十年，毛利率一直呈现深绿色背景，净利率呈现白色背景和深绿色背景并存的模式，净资产收益率呈现深绿色、浅绿色和白色背景并存的模式，表明公司产品盈利能力较高，净资产收益率存在较大波动

性，年化净资产收益率超过 10%。从数据图的色块和具体数值来看，毛利率保持在 60%~80%区间，净利率维持在 10%~30%区间，净资产收益率波动幅度也比较大，2012 年最高达到 37%，2014 年最低只有 10%。

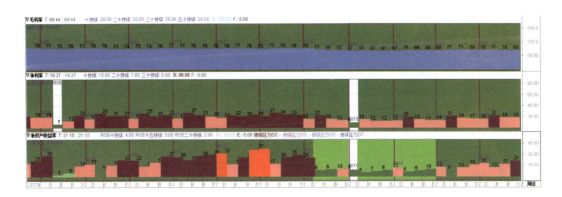

从反映盈利能力指标来看，贵州茅台的盈利能力最稳定，产品毛利率也能保持高位几乎不变。而像泸州老窖和山西汾酒，次高端白酒盈利能力不稳定性特性已经非常明显了，行业景气的时候和不景气的时候盈利能力可以相差一倍。

4. 反映成长的净利润增速指标

贵州茅台：从背景图来看，过去十年，存在单个季度的业绩下滑（黄色背景），其他年份均实现正增长（深绿色背景）。从数据图的色块和具体数值来看，整体呈现较强的成长性，尽管在行业不景气的时候出现单季度 3.4%的下滑，但是以 2014 年整年来看，2014 年净利润同比还是增长了 1.41%。其他年份均获得了正的增长。但是从增长的幅度来看，能够体现一定的周期性特征。

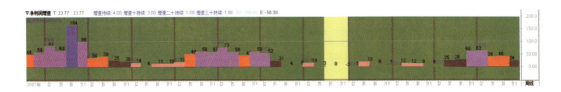

五粮液：从背景图来看，过去十年，存在个别年份的黄色背景（增速下滑），其他年份均实现正增长（深绿色背景）。从数据图的色块以及具体数值来看，行业景气的时候获得较高增长，在 20%~60%区间，在不景气的时候，2013—2015 年业绩明显下滑，会下滑 10%~30%区间。

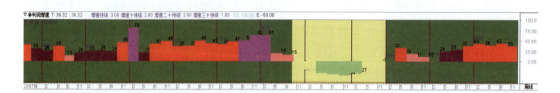

洋河股份：从背景图来看，存在个别年份的黄色背景（增速下滑），其他年份均实现正增长（深绿色背景）。从数据图的色块以及具体数值来看，在2009—2012年保持60%~80%的高速增长，在不景气的时候，在2013年底和2014年存在明显的业绩下滑，会下滑10%~20%。

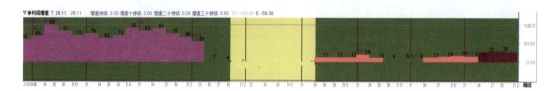

泸州老窖：从背景图来看，存在个别年份的黄色背景（增速下滑），其他年份均实现正增长（深绿色背景）。从数据图的色块以及具体数值来看，相比前三的白酒企业，在行业景气的时候也增长，但是增速相对要小，而在不景气的时候下滑，在2013—2014年明显的业绩下滑，甚至高达50%下滑速度。

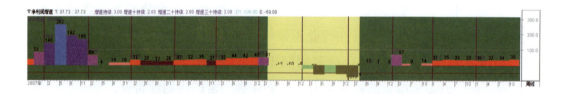

山西汾酒：从背景图来看，过去十年存在明显的业绩下滑（黄色背景）和正增长（深绿色背景）交替的现象。从数据图的色块以及具体数值来看，在稍微不景气的时候，比如2008年就出现下滑，在景气的时候增速也快。整体呈现业绩波动大特性。

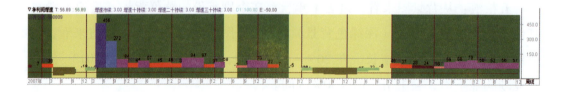

以上是从财务视角，八个核心财务指标，四个方面来考察白酒行业前五的企业基本面的特性。

综合以上，白酒行业过去十年的经营特性可以简单概括一下，白酒行业拥有极强的盈利能力，前五的企业净资产收益率均高于 10%，在 2008—2012 年中，净利润增速连续处于高位，但在 2013—2015 年净利润增速下滑明显。行业的整体资产负债率均不高，销售现金流相对流畅。除了贵州茅台外，其他企业的毛利率也会存在一定的波动，结合净利润增速的阶段性变化，那么白酒企业的消费属性还存在一定的价格周期性变化特征。从企业的成长路径来看，整个行业内的企业主要依靠内生增长。

二、白酒行业前五企业的股价特性

贵州茅台：从背景图、数据图的色块和具体数值来看，过去十年，股价阶段性比较明显，红色色块和黑色色块持续性都较强。从股价、基本趋势和市场预期综合来看，在过去十年处于下降阶段的 2013 年至 2014 年上半年，股价回落 56%，而期间的净资产收益率依然高达 36%，净利润增速依然维持年度个位数正

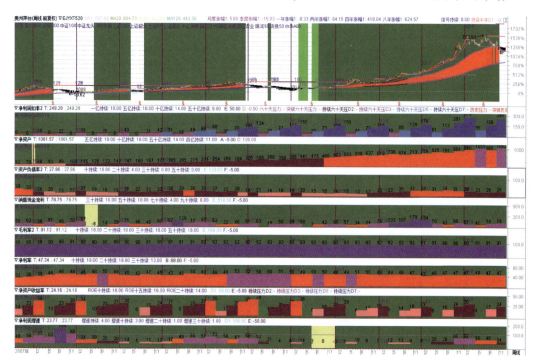

增长。在净利润增速继续回落到单个季度的负增长时，股价在 2014 年下半年牛市氛围带动下，已经走出了谷底。如果历史倒推到 2008 年，那么整个股价在 2008 年则是回落了 80%，而在 2008 年期间，贵州茅台的净利润增速则维持高位，反而在 2009—2010 年期间，净利润增速降了下来，而股价在 2009—2010 年上涨了 128%。所以，不能根据净利润增速的年度变化，简单建立起股价与它的关系。但是，在这里我们先看到两点，股价的阶段性变化和基本趋势的持续性、稳定性。

五粮液：从背景图、数据图的色块和具体数值来看，过去十年，五粮液股价的大致特征跟贵州茅台比较接近，但还是可以看出一些差异。从股价、基本趋势和市场预期综合来看，2013—2014 上半年股价回落幅度高达 70%，2008 年期间同样回落了 80%。比起贵州茅台，在相同的时间里回落的时候跌得多些，涨起来的时候涨得少些，贵州茅台在 2014—2017 年累积上涨了 10 倍，而五粮液只有 5 倍。导致的结果是，过去十年下来，贵州茅台累积上涨了 5 倍，而五粮液只有 1 倍。除此之外，还有一个特征，五粮液上涨阶段的稳定性比贵州茅台差了很多，而回撤的时候则比较凶狠，在图中存在比较明显的超过 15% 的单周回落，以及在

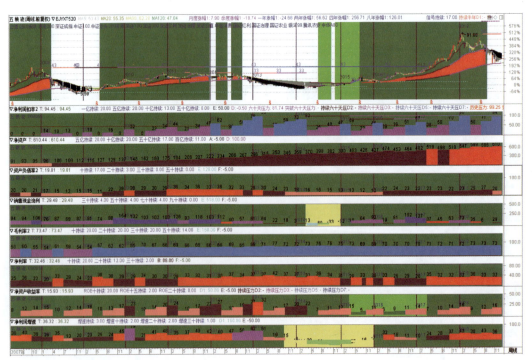

2014年至目前的上涨阶段，五粮液就两次中断了股价上涨趋势。这种原因简单归结为五粮液的基本趋势不如贵州茅台是很难解释得通的，但是，如果从市场预期的视角则可以很好地理解。毫无疑问，五粮液的基本趋势在2008—2013年是非常强劲的，在2016—2018年也是处于强劲之中的，但是五粮液的基本面抗风险能力在2013—2015年暴露出了脆弱性。而股价方面，由于五粮液的市值比贵州茅台差了一大截，再叠加两者基本面的稳定性，自然股价的稳定性差一些是能够理解的。

　　洋河股份：从背景图、数据图的色块和具体数值来看，上市后，股价存在比较明显的阶段性，红色色块和黑色色块持续均较强，股价呈现大起大落特征。从股价、基本趋势和市场预期综合来看，洋河股份第一个明显的特征就是在上市后表现得非常强劲，在2010—2012年累积上涨幅度达3倍，当时应该是白酒行业中，无论是时间持续性，还是波动稳定性，股价表现都属于最优者，这与洋河股份在2010—2012年强劲的基本趋势紧密相连。净利润增速年化60%以上，净资产收益率也是维持高位在30%~40%区间。但是在白酒行业不景气的时候，洋河股份的净利润增速迅速下滑，甚至为负增长，股价更是回落80%。2012—2017

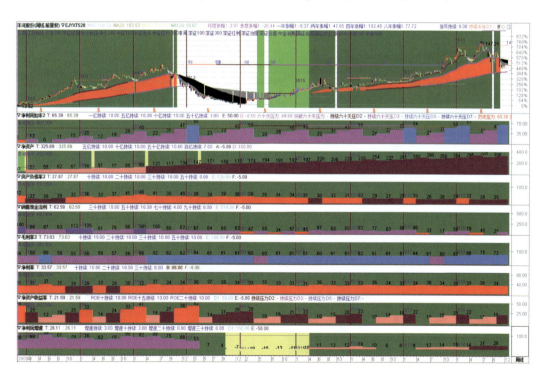

年，公司的净资产收益率每年都保持在22%以上，但是净利润增速表达了公司盈利的可持续性存疑，股价尽管在2014—2017年累积上涨5倍，但也只是比2012年的高点高一点点，因为之前跌得太多了。且公司的扣非净利润也是到2017年才刷新2012年的高点60亿元。另外，近三年公司的基本趋势在净利润增速的表达上，并不强劲，尽管有逐步走强的趋势。而股价在2014—2018年无论是持续性还是稳定性上都走得相对曲折。

泸州老窖：从背景图、数据图的色块和具体数值来看，过去十年，公司股价的阶段性相对特征明显，背景图的白色和深绿色背景交替频次要更加多些。从股价、基本趋势和市场预期综合来看，泸州老窖的股价呈现另一番特点，在2013—2014的下跌中，累积下跌只有60%，按理说，泸州老窖的基本面是不如洋河股份的，无论是从扣非净利润规模指标、盈利能力指标，还是净利润增速指标。但把洋河股份和泸州老窖的股价特性与基本趋势对应起来反而能更好地表达市场预期。正是因为2010—2012年洋河的基本面表现太强劲了，股价也得到市场预期的充分表达，而泸州老窖在这期间的基本面表现相对弱很多，所以股价在这期间也没有受到市场预期的特别青睐。所以，在行业不景气的时候，尽管泸州老窖的

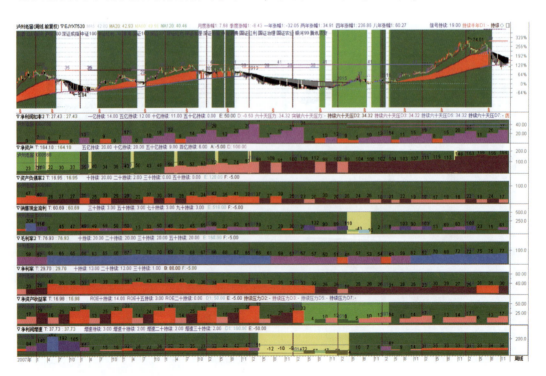

基本面趋势继续表现得弱，反而股价下跌的幅度没有洋河股份那么多。因为原本泸州老窖在行业景气的时候也没有被疯狂追捧，所以市场预期一直不高，自然在行业不景气的时候，也就跌一个行业平均水平。而洋河股份在行业景气的时候表现得太好了，股价得到疯狂追捧，最后也是重重的跌落。

　　山西汾酒：从背景图、数据图的色块和具体数值来看，过去十年，公司股价的阶段性相对复杂些，背景图的白色和深绿色背景交替频次要更加多些。从股价、基本趋势和市场预期综合来看，山西汾酒又是另外一番特点，在2009—2012区间，基本趋势得到强劲的表达，净利润增速甚至可以与洋河股份媲美，股价也创出了2007年的高点。但是在行业不景气的时候，基本面也是表现得相对脆弱，2014年净利润增速一度为-63%。但是在2017年表达了强劲的增长信号，股价也大幅上涨，但是整个历史过程，基本面增长的不稳定性和股价的大幅波动性，已经在图上表现得淋漓尽致了。

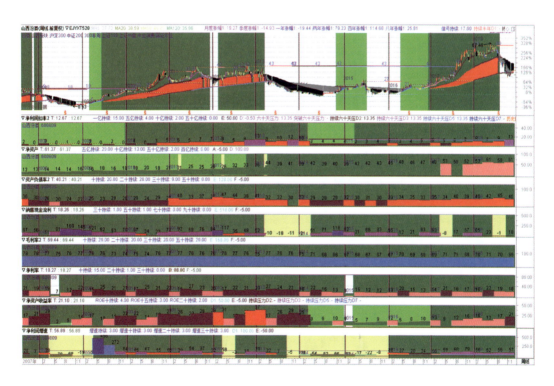

　　从白酒行业企业的基本面四个方面的八大核心财务指标以及综合行业前五企业的股价特性，我们可以很好地把握白酒行业企业纵向的财务指标反映出来的基本面特性，也能够通过行业内不同企业间的比较得出横向的基本面差异特征。最

后，通过股价特性和财务指标反映出来的基本面特性以及行业环境因素，可以间接引申出市场预期对股价的影响特点了。但是基本趋势对股价的影响暂时还没有得到很好说明，但不用急，后续会逐步展开。至少，可以感觉出，市场预期在股价特性上的直接表达了。

从白酒行业相对靠前的十家企业来看，我们用事实证实了几个观点，这几个观点是巴菲特和他的搭档查理芒格说的。

（1）"对投资人来说，买入价格太高将使优质公司未来10年的业绩增长的效果化为乌有"。如果在牛市的末期买入，不管公司多优秀，也有可能短期面临巨大亏损，且长期，几年甚至10年都回不了本。哪怕买入的是贵州茅台，但是只要在2007年后半段买入，那么要等到2011年下半年才能回本。四年时间不赚钱，还总是账面浮亏，正是因为时机不对导致的。而像其他白酒企业要等到2017年才能越过2007年的高点。事实上，我们并不一定知道2007年价格太高，但是哪怕是在2007年谁也明白那是牛市，所以牛市持续时间越久，如果后期还拿有更多的股票，拿的时间越长，哪怕是非常优质的企业，可能都要要经历很长时间的不盈利，甚至亏损。事实上，巴菲特在1988年买入可口可乐，到1998年，十年时间可口可乐涨了十倍，但是美国股市在1998年之前的几年可正是牛市。结果1998—2003年可口可乐股价也大幅回撤50%，可口可乐股价在2007年的牛市之中也没有超过1998年的高点，直到2011年才超过1998年的高点。巴菲特用经验换回来的教训，同时也在贵州茅台等优质白酒企业过去15年走势中得到了验

证。提醒我们，买入价格太高，或者牛市末期买入，哪怕是再优质的企业，也可能导致短期的大幅亏损，甚至 10 年不盈利。

（2）"如果一家企业 20 年的净资产收益率是 15%，那么 20 年下来公司股价年化收益也会是 15%"。那些经历过多轮牛熊还能取得累积不错涨幅的，是那些能够取得持续稳定盈利的企业，尽管可能面临短期的业绩增速下滑，只要一直保持高盈利水平，且能够恢复增长，利润重新刷新历史，如果买入价格也合理，那么持有时间越长，获得的收益会与长期净资产收益率相当。所以从过去十年白酒企业来看，累积涨幅最多的是年化净资产收益率最高的。我们知道在 2002 年的时候贵州茅台的体量比五粮液就要小接近一半，但是今天，无论是从扣非净利润，还是从净资产，贵州茅台均比五粮液要大。事实上，贵州茅台 15 年的净资产收益率比五粮液高 5 个百分点，贵州茅台大约是 25%，五粮液 20% 左右。

所以，选择什么样的公司对于投资股市实现长期盈利，具有重要意义。同时买卖时机也非常重要。所以巴菲特说，投资股票非常简单，只关注两点：价值和价格。

第 2 节　家电行业特性分析

一、家电行业基本面特性分析

家电行业有 43 家上市企业，截至目前，按照流通市场排序，美的集团排在第一位：2683.49 亿元；排在第二位的是格力电器：2336.49 亿元；第三位的是青岛海尔：924.37 亿元；第四位的是 TCL 集团：329.55 亿元；第五位的是苏泊尔：263.33 亿元；第六位的是老板电器：218.96 亿元。截至目前，家电行业中突破 1000 亿元有两家，分别是美的集团和格力电器。500 亿～1000 亿元的有一家，是青岛海尔。在 43 家家电行业上市公司中有两家企业的市值远超同行其他企业，行业集中度已经较高了，说明已经属于比较成熟稳定的行业了。那么，这些前六的家电行业上市公司，它们的行业地位（规模）、抗风险能力、盈利能力和成长前景从财务视角来看，我们又能得出什么呢？下面就从这四个方面的财务视角一一查看。

🏠家用电器(43) •	涨幅%	现价	量比	涨速%	流通市值↓
1 美的集团	-0.72	41.41	1.84	0.10	2683.49亿
2 格力电器	-0.36	39.14	1.68	0.15	2336.49亿
3 青岛海尔	-0.13	15.16	1.03	0.26	924.37亿
4 TCL集团	0.72	2.81	1.26	0.00	329.55亿
5 苏泊尔	0.08	48.41	1.13	0.10	263.66亿
6 老板电器	-5.06	23.43	8.91	0.60	218.96亿
7 小天鹅A	1.67	46.96	1.94	0.56	206.33亿
8 海信电器	-0.38	10.44	2.13	0.29	136.61亿
9 四川长虹	0.73	2.77	1.44	0.36	127.82亿
10 九阳股份	-0.90	16.47	2.34	0.06	125.49亿
11 莱克电气	0.04	25.16	0.53	0.20	100.89亿
12 兆驰股份	0.42	2.37	1.10	0.00	94.16亿
13 华帝股份	-2.09	11.23	3.65	0.36	87.75亿
14 奥马电器	–	–	0.00	–	77.14亿
15 创维数字	0.42	7.18	1.27	0.14	68.94亿
16 海信科龙	-0.78	7.62	2.36	-0.25	68.74亿
17 深康佳A	0.74	4.09	1.41	0.25	65.30亿
18 佛山照明	0.51	5.88	0.86	0.17	63.05亿
19 万和电气	-0.35	11.38	1.11	0.00	55.22亿
20 阳光照明	-0.79	3.79	1.89	-0.51	55.03亿
21 奋达科技	2.15	4.76	2.50	0.21	48.11亿
22 新宝股份	-0.57	8.78	1.06	0.34	40.29亿
23 浙江美大	1.73	14.15	2.08	0.50	40.04亿
24 德豪润达	0.32	3.09	3.94	0.00	39.13亿
25 日出东方	0.49	4.14	0.73	0.24	33.12亿
26 惠而浦	-0.37	5.40	2.67	0.93	28.77亿
27 金莱特	–	–	0.00	–	28.13亿
28 澳柯玛	0.26	3.81	0.70	0.00	27.90亿
29 长虹美菱	0.29	3.44	0.78	-0.28	27.61亿
30 爱仕达	-0.60	8.28	0.84	0.24	23.94亿

1. 反映规模的扣非净利润和净资产指标

美的集团：从背景图来看，扣非净利润和净资产均呈现浅深绿色背景，表明企业能实现连续盈利，规模相对较大，且全是靠内生增长的。从数据图的色块和具体数值来看，由于公司2013年换股吸收合并美的电器，2013—2017年扣非净利润从39亿元增长到156亿元，扣非净利润在2014年突破50亿元，2015年突破100亿元，净资产从391亿元增长到829亿元，净资产在2015年突破500亿元。从净资产图可以看出，净资产不存在突变信号。但是我们依然需要打开公司资本运作这一栏，以后不论净资产是否存在突变，都打开这一栏看看。我们可以得知公司在 2013 年换股吸收上市后，2015 年进一步募集资金补充了流动性。只是 2015 年募集的资金额度相比原有净资产比例较小罢了，所以才在图上没有显示。

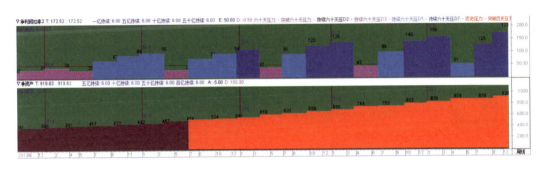

		募集资金来源	项目进度		

○ **募集资金来源**

公告日期	发行类别	实际募集资金净额(万元)	发行起始日	证券名称	证券类别
2015-06-25	增发新股	120,354.32	2015-06-15	美的集团	A股
2013-09-12	首发新股	3,051,049.02	--	美的集团	A股

○ **项目进度**

项目名称	截止日期↓	计划投资(万元)	已投入募集资金(万元)	建设期(年)	收益率(税后)	投资回收期(年)
补充流动资金	2015-06-25	120,354.32	--	--	--	--
换股吸收合并广东美的电器股份有限公司	2013-09-12	3,058,257.02	--	--	--	--

格力电器：从背景图来看，过去十年，扣非净利润和净资产均呈现深绿色背景，净资产存在两处突变信号，表明企业能实现连续盈利，规模相对较大。从数据图的色块和具体数值来看，2007—2017 年期间，扣非净利润从 11 亿元增长到 211.7 亿元，扣非净利润在 2007 年突破 10 亿元，在 2011 年突破 50 亿元，在 2014 年突破 100 亿元；净资产则从 2007 年的 58.6 亿元增长到 2017 年的 668 亿元，净资产在 2007 年突破 50 亿元，在 2009 年突破 100 亿元，在 2016 年突破 500 亿元。从净资产图可以看出，净资产在 2007 年、2012 年有两处突变信号，这种情况通常表明企业进行了定增。打开公司资本运作栏，可以得知公司在 2007 年 12 月募集了 11.35 亿元，2012 年 1 月募集了 31.95 亿元，但是从项目进度栏来看，公司不仅投资在原主业上，还计划投资汽车项目，目前还没有公布造车项目的已投入金额，但从公布的计划投资额度来看，高达 222 亿元。

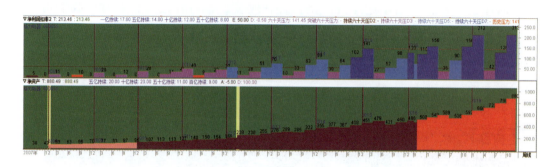

| 募集资金来源 | | 项目进度 | | | |

○ 募集资金来源

公告日期	发行类别	实际募集资金净额(万元)	发行起始日	证券名称	证券类别
2012-01-11	增发新股	319,528.70	2012-01-19	格力电器	A股
2007-12-06	增发新股	113,536.32	2007-12-14	格力电器	A股
2000-07-20	配股	44,959.58	--	格力电器	A股
1998-04-04	配股	27,089.00	--	格力电器	A股
1996-11-18	首发新股	0.00	--	格力电器	A股

○ 项目进度

项目名称	截止日期↓	计划投资(万元)	已投入募集资金(万元)	建设期(年)	收益率(税后)	投资回收期(年)
河北广通年产32,000辆纯电动专用车改装生产基地建设项目	2016-09-02	183,405.28	--	2.00	20.76%	8.07
收购珠海银隆100%股权	2016-08-19	1,300,000.00	--	--	--	--
河北银隆年产14.62亿安时锂电池生产线项目	2016-08-19	628,387.28	--		13.44%	7.82
石家庄中博汽车有限公司搬迁改造扩能项目(二期)	2016-08-19	113,467.64	--		24.62%	6.44
珠海银隆总部研发中心升级建设项目	2016-08-19	46,493.36	--		--	--
河北银隆年产200MWh储能模组生产基地建设项目	2016-08-19	32,344.64	--		24.77%	6.28
年产600万台新型节能环保家用空调压缩机项目	2015-08-31	118,000.00	90,000.00	2.00	18.85%	6.25
郑州家用空调建设项目	2015-08-31	76,295.00	70,000.00	1.00	28.02%	4.67
格力总部商用空调技术改造项目	2015-08-31	60,002.50	53,528.70	2.00	32.81%	5.00
武汉商用空调建设项目	2015-08-31	56,067.00	50,000.00	2.00	32.50%	4.67

青岛海尔：从背景图来看，过去十年，扣非净利润和净资产均呈现深绿色背景，净资产有一处突变信号，表明企业能实现连续盈利，规模相对较大。从数据图的色块和具体数值来看，2007—2017年，扣非净利润从6.48亿元增长到56亿元，扣非净利润在2009年突破10亿元，在2017年突破50亿元；净资产则从2007年的70.56亿元增长到2017年的467.5亿元，净资产从2011年突破100亿元，在2018年突破500亿元。从净资产和扣非净利润来看，2007年的时候青岛海尔的净资产规模超过格力电器，但是利润一直不如格力电器。从净资产图可以看出，净资产在2014年存在突变信号，这种突变信号通常表明企业进行了定增。打开公司资本运作栏，可以得知公司定增了32亿元，用在了补充流动性。

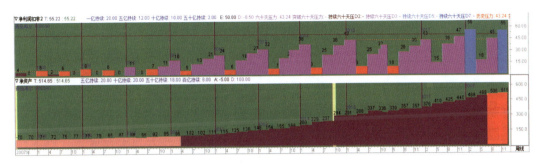

募集资金来源　　项目进度

○ 募集资金来源

公告日期	发行类别	实际募集资金净额(万元)	发行起始日	证券名称	证券类别
2014-07-22	增发新股	321,472.76	2014-07-11	青岛海尔	A股
2007-05-24	增发新股	70,597.03	--	青岛海尔	A股
2001-01-03	增发新股	174,819.74	--	青岛海尔	A股
1999-07-28	配股	55,623.00	--	青岛海尔	A股
1997-10-06	配股	27,766.69	--	青岛海尔	A股
1996-04-16	配股	19,067.17	--	青岛海尔	A股
1993-10-10	首发新股	0.00	--	青岛海尔	A股

○ 项目进度

项目名称	截止日期↓	计划投资(万元)	已投入募集资金(万元)	建设期(年)	收益率(税后)	投资回收期(年)
补充流动资金	2015-03-31	321,472.76	321,472.76	--	--	--
购买海尔集团公司资产	2007-05-24	70,597.03	70,597.03	--	--	--
将用于收购青岛海尔空调器有限总公司74.45%股权	2001-01-03	200,000.00	174,819.74	--	--	--
生产出口大型冰箱技改项目	1999-07-28	--	15,836.16			
引进洗碗机内胆精密成型线扩大出口技改项目	1999-07-28	--	15,000.00			
电脑板项目	1999-07-28	--	14,000.00			
建设国际物流中心项目	1999-07-28	--	3,461.75			
收购章丘电机厂项目	1999-07-28	--	4,235.00			
补充流动资金	1999-07-28	--	3,090.09			
青岛海尔电冰箱(国际)有限公司二期工程	1997-10-06	12,000.00	12,000.00			

　　TCL集团：从背景图来看，过去十年，扣非净利润呈现浅绿色、黄色（亏损）、深绿色背景并存的模式，净资产存在多处突变信号，表明企业盈利波动较大，甚至亏损，企业还在不断通过并购重组进行业务重整。从数据图的色块和具体数值来看，2007—2017年期间，扣非净利润从1.36亿元增长到11.91亿元，其中2013年扣非净利润突破5亿元，2014年扣非净利润突破10亿元，但是截至目前扣非净利润还没有突破2014年的高点；净资产则从2007年的56.51亿元增长到2017年的541.43亿元，净资产在2010年突破100亿元，2017年突破500亿元。从净资产图可以看出，净资产在2009年、2010年、2014年和2015年存在多处突变信号，这种突变信号通常表明企业进行了定增。打开公司资本运作栏，可以得

知公司定增了多次，募集资金用在了公司主业上级收购华星光电项目上。

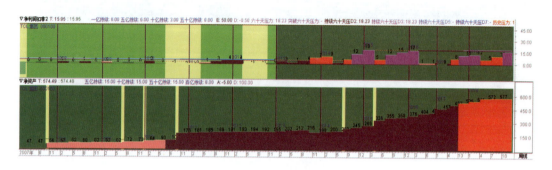

○ 募集资金来源

公告日期	发行类别	实际募集资金净额(万元)	发行起始日	证券名称	证券类别
2017-12-22	增发新股	403,400.00	2017-12-11	TCL集团	A股
2015-02-25	增发新股	561,800.92	2015-02-12	TCL集团	A股
2014-04-29	增发新股	197,064.98	2014-04-21	TCL集团	A股
2010-08-02	增发新股	440,366.98	2010-07-28	TCL集团	A股
2009-04-24	增发新股	87,593.86	2009-04-20	TCL集团	A股
2004-01-05	首发新股	241,990.51	---	TCL集团	A股

○ 项目进度

项目名称	截止日期↓	计划投资(万元)	已投入募集资金(万元)	建设期(年)	收益率(税后)	投资回收期(年)
发行股份购买华星光电10.04%股权	2017-12-22	403,400.01	---	---	---	---
华星光电第8.5代TFT-LCD(含氧化物半导体及AMOLED)生产线建设项目(t2项目)	2015-08-14	2,440,000.00	400,000.00	1.42	13.69%	8.58
补充流动资金	2015-08-14	170,066.00	161,800.92	---	---	---
收购深超公司持有的华星光电30亿元注册资本出资额所对应的股权	2015-03-03	318,153.42	154,076.71	---	---	---
补充流动资金	2015-03-03	45,900.00	42,988.27	---	---	---
建设第8.5代液晶面板生产线项目	2014-08-15	440,366.98	440,366.98	1.67	9.82%	8.15
投资大尺寸高清晰液晶电视模组一体化制造项目,用于56英寸以下全高清液晶电视模组	2014-08-15	45,000.00	30,000.00	1.00	---	5.17
投资中小尺寸高清晰液晶电视模组一体化制造项目,用于42英寸以下液晶电视模组	2014-08-15	42,593.86	27,593.87	---	---	---
液晶电视整机一体化项目	2014-08-15	30,000.00	30,000.00	---	23.92%	4.75
物流平台技术改造	2004-01-05	18,500.00	18,500.00	---	---	---

苏泊尔：从背景图来看，过去十年，扣非净利润和净资产均呈现浅绿色和深绿色背景并存的模式，表明企业能实现连续盈利，规模在逐步扩大。从数据图的色块和具体数值来看，2007—2017 年，扣非净利润从 1.69 亿元增长到 11.89 亿元，扣非净利润在 2013 年突破 5 亿元，在 2017 年突破 10 亿元；净资产则从

2007 年的 18.07 亿元增长到 2017 年的 51.98 亿元。从净资产图可以看出，净资产在 2007 年存在突变信号，这种突变信号通常表明企业进行了定增。打开公司资本运作栏，可以得知公司 2007 年 9 月募集了 7 亿元。

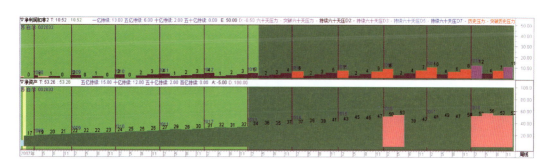

募集资金来源　　项目进度

○ **募集资金来源**

公告日期	发行类别	实际募集资金净额(万元)	发行起始日	证券名称	证券类别
2007-09-03	增发新股	70,463.20	2007-08-28	苏泊尔	A股
2004-07-29	首发新股	39,428.18	--	苏泊尔	A股

○ **项目进度**

项目名称	截止日期↓	计划投资(万元)	已投入募集资金(万元)	建设期(年)	收益率(税后)	投资回收期(年)
绍兴苏泊尔年产925万台电器产品生产基地建设项目	2015-03-26	45,000.00	40,686.68	--	--	--
武汉炊具年产800万口不锈钢、铝制品及不粘锅生产线技改项目	2015-03-26	15,000.00	16,026.68	--	21.77%	6.00
越南年产790万口炊具生产基地建设项目	2015-03-26	12,000.00	10,288.31	--	24.50%	5.75
永久补充流动资金	2015-03-26	6,102.21	6,102.21	--	--	--
智能整体厨房系统技术改造项目	2011-03-26	21,173.00	21,847.10	--	24.60%	--
年产50万台智能电磁灶技术改造	2011-03-26	4,775.00	4,805.02	--	25.00%	--
苏泊尔国际营销网络建设项目	2011-03-26	2,812.00	2,323.50	--	21.40%	--
增资控股子公司武汉苏泊尔压力锅有限公司,用于武汉基地压力锅、铝制品及不粘锅生产线移地技术改造项目	2004-07-29	6,753.00	6,753.00	--	21.77%	--
年产3000吨不锈钢一铝高档复合片材技术改造	2004-07-29	5,240.00	--	--	24.60%	--
年产450万口铝制品生产线技术改造项目	2004-07-29	4,807.00	4,807.00	--	24.50%	--

老板电器：从背景图来看，公司 2010 年上市后，扣非净利润和净资产均呈现浅绿色和深绿色背景并存的模式，表明企业能实现连续盈利，规模逐步扩大。从数据图的色块和具体数值来看，2010—2017 年期间，扣非净利润从 1.3 亿元增长到 14.06 亿元，扣非净利润在 2014 年突破 5 亿元，在 2016 年突破 10 亿元；净

资产则从 2010 年的 13.71 亿增长到 2017 年的 52.57 亿元，净资产在 2017 年突破
50 亿元。从净资产图可以看出，净资产只存在上市突变信号，这种突变信号表明
企业进行了首次上市融资。打开公司资本运作栏，公司首次上市融资 9 亿元，后
续投资在公司相关主业上。

○ 募集资金来源

公告日期	发行类别	实际募集资金净额(万元)	发行起始日	证券名称	证券类别
2010-11-02	首发新股	90,267.00	2010-11-10	老板电器	A股

○ 项目进度

项目名称	截止日期↓	计划投资(万元)	已投入募集资金(万元)	建设期(年)	收益率(税后)	投资回收期(年)
年产100万台厨房电器生产建设项目	2016-04-08	40,000.00	37,513.73	2.00	24.94%	5.67
年新增15万台吸烟机技改项目	2016-04-08	7,990.00	8,139.69	2.00	20.09%	6.42
研发中心建设项目	2015-07-23	3,900.00	3,218.26	2.00	——	——
节余超募资金永久性补充流动资金	2015-04-24	38,377.00	——		——	——
使用部分超募资金设立全资子公司	2014-07-25	5,000.00	5,000.00		——	——
使用部分超募资金永久性补充流动资金	2014-04-10	20,000.00	20,000.00		——	——

2. 反映风险的资产负债率和销售现金流指标

　　美的集团：从背景图来看，资产负债率一直呈现黄色背景，销售现金流则一
直呈现深绿色背景。从数据图的色块和具体数值来看，资产负债率处于高位，维
持在 60% ~ 68% 之间；销售现金流回笼比较顺畅。

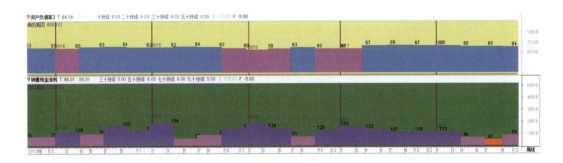

格力电器：从背景图来看，资产负债率一直呈现黄色背景，销售现金流则一直呈现深绿色背景。从数据图的色块和具体数值来看，资产负债率处于高位，维持在 70%~80% 之间；销售现金流存在季节性波动，但整体回笼顺畅。

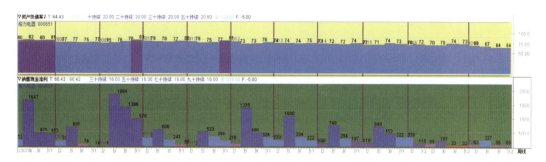

青岛海尔：从背景图来看，资产负债率呈现深绿色和黄色并存的背景模式，销售现金流则一直呈现深绿色背景。从数据图的色块和具体数值来看，资产负债率 2007—2011 年呈现逐年抬高态势，2011 年后处于高位，维持在 55%~70% 之间；销售现金流呈现周期性波动，但整体回笼顺畅。

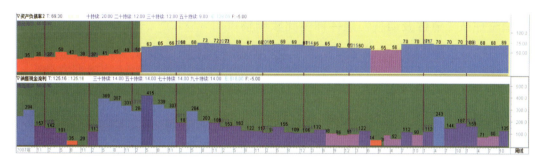

TCL 集团：从背景图来看，资产负债率一直呈现黄色背景，销售现金流存在明显的现金流流出现象（黄色背景）。从数据图的色块和具体数值来看，资产负债率处于高位，维持在 65%~75% 之间；销售现金流波动比较明显，而且回笼不是很顺畅。

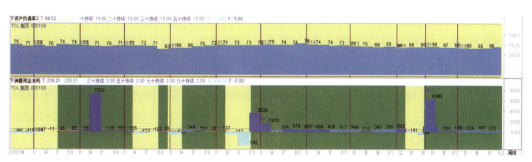

苏泊尔：从背景图来看，资产负债率一直呈现深绿色背景，销售现金流存在现金流流出现象（黄色背景）。从数据图的色块和具体数值来看，资产负债率处于低位，但呈现逐年抬高的走势；销售现金流在2011年之间波动比较明显，而且回笼不是很顺畅，2011年后销售现金流回笼比较顺畅。

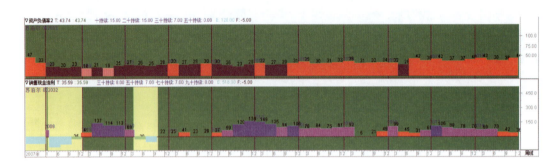

老板电器：从背景图来看，资产负债率一直呈现深绿色背景，销售现金流除了单个季度呈现黄色背景（现金流流出），其他时候均呈现深绿色背景。从数据图的色块和具体数值来看，资产负债率处于低位，但呈现逐年抬高的走势；销售现金流存在季节性波动，但整体回笼比较顺畅。

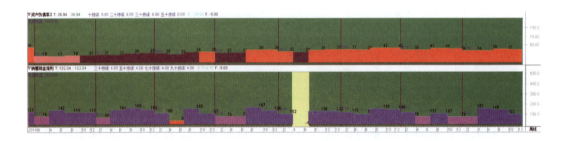

3．反映盈利能力的毛利率、净利率、净资产收益率指标

美的集团：从背景图来看，过去十年，毛利率一直呈现浅绿色背景，净利率呈现白色和深绿色背景并存的模式，净资产收益率则一直呈现深绿色背景，表明公司产品盈利能力一般，但是净资产收益率年化超过15%。从数据图的色块和具体数值来看，毛利率维持在23%～30%之间，2013—2016年呈现逐步走高的趋势，2016年至今有降低的趋势，但是整体波动不大。净利率并不高，很多年份只有个位数，净资产收益率比较高，维持在16%～26%之间。较低的净利率和较高的净资产收益率形成明显反差，需要进一步结合资产负债率和周转率考察高净资

产收益率的来源。由于资产负债率较高，说明其中有一部分来源于占用上下游资源或者银行信贷。

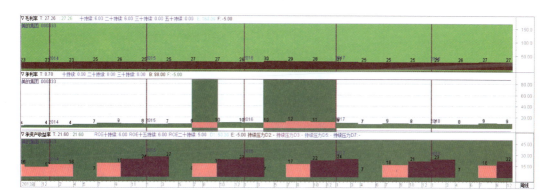

格力电器：从背景图来看，过去十年，毛利率呈现白色、浅绿色和深绿色背景并存的模式，净利率呈现白色和深绿色背景并存的模式，而净资产收益率则一直呈现深绿色背景，表明公司产品盈利能力一般，但是净资产收益率年化超过15%。从数据图的色块和具体数值来看，毛利率和净利率并不高，但呈现逐年走高的趋势，净资产收益率比较高，维持在22%～34%之间。同样存在明显的低净利率和高净资产收益率的反差，同样是高资产负债率，这点与美的集团很相似。

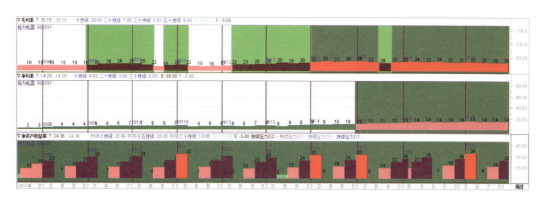

青岛海尔：从背景图来看，过去十年，毛利率呈现白色、浅绿色和深绿色背景并存的模式，净利率一直呈现白色背景，而净资产收益率呈现浅绿色和深绿色背景并存的模式，表明公司产品盈利一般，但是净资产收益率年化超过15%。从数据图的色块和具体数值来看，毛利率和净利率比较稳定，但是一直都不高，尽管近年有抬高的苗头，但不明显。同样是较低的净利率和较高的净资产收益率以及较高的资产负债率。但是净资产收益率波动范围加大，在10%～32%之间。

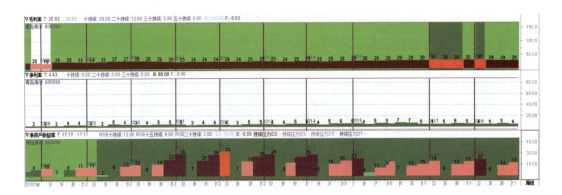

TCL 集团：从背景图来看，过去十年，毛利率呈现白色和浅绿色背景并存的模式，净利率一直呈现白色背景，而净资产收益率则呈现浅绿色、黄色、白色和深绿色背景并存的模式，表明公司产品盈利能力较低，净资产收益率波动性幅度较大。从数据图的色块和具体数值来看，较低的毛利率、净利率和净资产收益率，而且同样净利率低于净资产收益率，存在高资产负债率对净资产收益率的贡献。且净资产收益率波动非常明显。说明公司产品的可持续竞争优势和持续盈利能力不强。

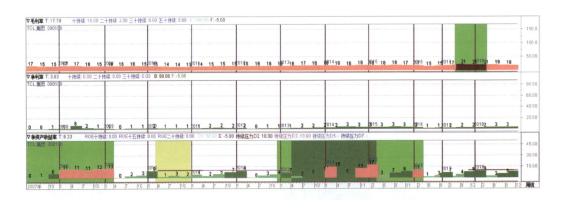

苏泊尔：从背景图来看，过去十年，毛利率呈现深绿色和浅绿色交替的背景模式，净利率一直呈现白色背景，而净资产收益率呈现浅绿色和深绿色背景并存的模式，表明公司产品盈利能力一般，但是净资产收益率年化超过10%，最近8年数值超过15%。从数据图的色块和具体数值来看，比较稳定的毛利率、净利率并不高，但是净资产收益率呈现逐年走高的趋势。同样净利率低于净资产收益率，但是资产负债率也不算太高，只有逐年走高的趋势。那么可能是公司存在高周转率。

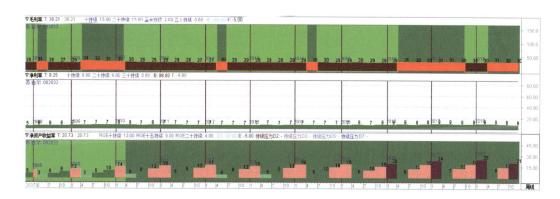

老板电器：从背景图来看，上市后毛利率、净利率均一直呈现深绿色背景，净资产收益率呈现浅绿色和深绿色背景并存的模式，表明公司产品盈利能力较高，且相对稳定，而净资产收益率年化超过10%，最近6年甚至超过15%。从数据图的色块和具体数值来看，在家电行业中属于很高的毛利率和很高的净利率了，净资产收益率也呈现逐年走高的趋势。而且公司资产负债率也不算太高，但有逐年走高的趋势。

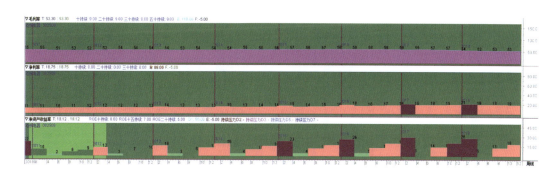

4. 反映成长的净利润增速指标

美的集团：从背景图来看，一直呈现深绿色背景，表明企业持续增长。从数据图的色块以及具体数值来看，吸收换股后净利润增速高增长，这是会计原因。结合之后的走势，增速比较稳定，在14%~20%之间。

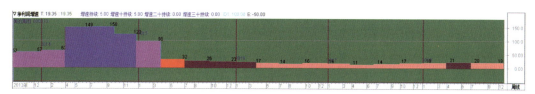

格力电器：从背景图来看，过去十年，除了个别季度呈现黄色（增速下滑）背景，其他时候均呈现深绿色背景，表明业绩有所波动，但是企业整体持续增长。从数据图的色块以及具体数值来看，2007年、2008年公司业绩增速较快，结合扣非净利率和净资产指标，可以得知公司在2007年募集了资金，加大了投入。在2009年后公司维持了一段较长时间的相对稳定增长。在2015年存在一个年度的下滑，之后又恢复了正增长。

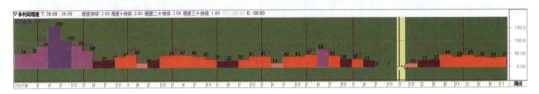

青岛海尔：从背景图来看，过去十年，除了个别季度黄色（增速下滑）背景，其他时候均呈现深绿色背景，表明业绩增速有所波动，但是企业整体持续增长。从数据图的色块以及具体数值来看，公司增速业绩相对波动比较明显。但整体还算正增长多。

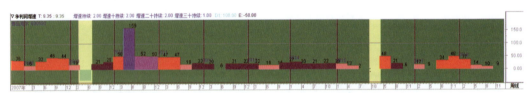

TCL集团：从背景图来看，过去十年，呈现深绿色和黄色背景交替的模式，表明业绩增速波动很大。从数据图的色块以及具体数值来看，公司增速波动非常明显。

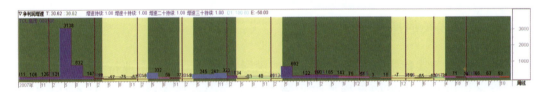

苏泊尔：从背景图来看，过去十年，除了单个年份呈现黄色背景，其他时候均呈现深绿色背景，表明业绩增长有所波动，但是企业整体持续增长。从数据图的色块以及具体数值来看，公司在2007—2012年增速比较稳定且比较快，但在2012年增速下滑，之后又恢复到了增长，尽管增速没有之前那么快，但是依然保持在20%左右的增长。

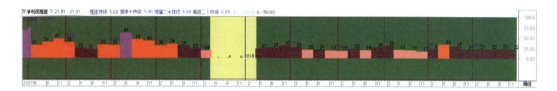

老板电器：从背景图来看，上市以后，一直呈现深绿色背景，表明企业持续增长。从数据图的色块以及具体数值来看，公司上市以来增速稳定且维持比较高的增长，但是2017年四季度开始增速放缓明显。

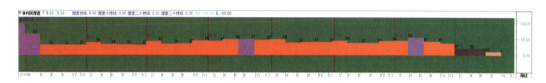

以上是从财务视角，八个核心财务指标，四个方面来考察家电行业前六企业的基本面的特性。

综合以上，我们可以从财务视角得知：①家电行业已经存在较强的龙头企业，美的集团和格力电器的市值和扣非净利润、净资产规模比第三名的青岛海尔都高出2倍，与第四名及以后的差距更加明显，当然也与各自经营的产品不同有关系。②家电行业的企业资产负债率差异明显，做空调和彩电的企业资产负债率普遍较高，跟产业链长短不无关系，所以毛利率和净利率并不高。③小家电中苏泊尔和老板电器的资产负债率不高，但是产品的毛利率和净利率差异依然明显，整体的净资产收益率则还不如做空调的龙头企业。这点同样值得反思，为何毛利率和净利率较高，但是净资产收益率却不如呢？这是由家电行业更加细分的子行业特性决定的，事实上资产负债率和销售现金流回笼的特性也主要是由行业特性决定的。④家电行业除了TCL集团外，整体盈利能力（净资产收益率）均比较强，尽管资产负债率和产品毛利率等差异较大。⑤家电企业前六的企业除了TCL集团业绩增速不稳定外，其他企业业绩增速尽管存在某些年份的为负，但是整体呈现相对稳定的正增长。

但是，除了老板电器外，其他五家企业均进行了股权再融资，所以投资的资金来源不仅是企业盈利，而且老板电器也是运用了首次上市募集的资金，换句话说，投资很大程度上还是依靠扩大股本。另外，即使像苏泊尔和老板电器资产负债率不高，但是它们的资产负债率也在逐年提高，它们也在加大借助上下游资源或者银行信贷来投资。纯盈利再投资的特性，在家电行业前六来看，不存在。

所以，外部融资（股权的、信贷的或者依靠占用上下游的）的可获得性，在行业处于前景好的时候，会助推企业快速发展。如果企业在扩大规模的同时，盈利能力指标和成长性指标比较良好，那么这个良性循环就会运行顺畅。但是，同样应该看到的是，这个良性循环实质上少不了股票市场这个关键环节。毕竟依靠了股票增发来募集资金，股票市场的股价对基本面的影响就不是可以忽略的。二级市场股价的高低直接会影响到股权融资的多少以及再融资的时机，这些是上市公司董事会不得不考虑的。

二、家电行业前六企业的股价特性

美的集团：从背景图、数据图的色块和具体数值来看，过去十年，公司股价的阶段性非常清晰，深绿色背景持续性很强，红色色块非常明显。从股价、基本趋势和市场预期综合来看，股价和业绩呈现较强的方向一致性，但是也应该看到股价走势的周期性比较明显。

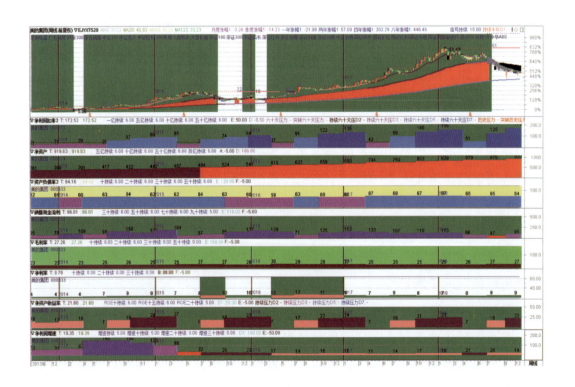

格力电器：从背景图、数据图的色块和具体数值来看，过去十年，公司股价的阶段性相对清晰，深绿色背景持续性很强，红色色块非常明显。从股价、基本趋势和市场预期综合来看，企业的基本趋势近10年来一直处于良性循环之中，只存在个别季度增速为负的情况，而且公司毛利率和净利率还在逐年提升。股价长期呈现向上的走势，但是周期性也比较明显。

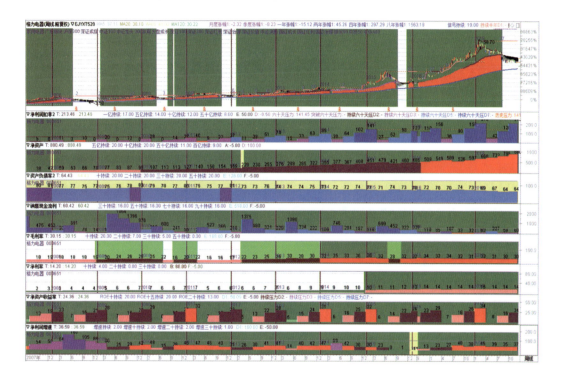

青岛海尔：从背景图、数据图的色块和具体数值来看，过去十年，公司股价的阶段性相对清晰，深绿色背景持续性较强，红色色块比较明显。从股价、基本趋势和市场预期综合来看，青岛海尔股价和基本趋势几乎是格力电器的翻版，但是基本趋势要弱于格力电器，股价也弱很多。

TCL集团：从背景图、数据图的色块和具体数值来看，过去十年，公司股价的阶段性相对复杂些，背景图的白色和深绿色背景交替频次要更加多些，红色色块和黑色色块都比较明显。从股价、基本趋势和市场预期综合来看，股价的趋势性不是很明显，在市场行情好的时候同时配合基本趋势好转的时候，涨得多些，但是由于基本趋势比较弱，市场行情也不会一直好，所以股价几乎有回到了原点，结果呈现着大幅震荡的走势。

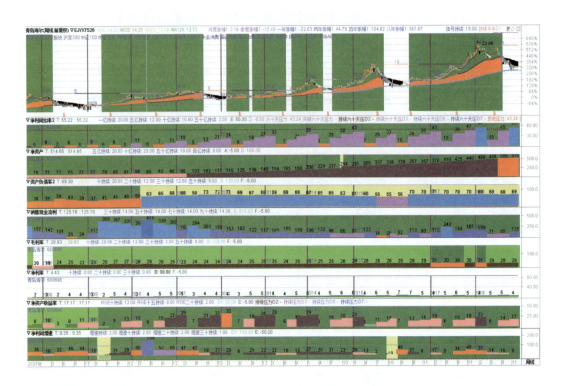

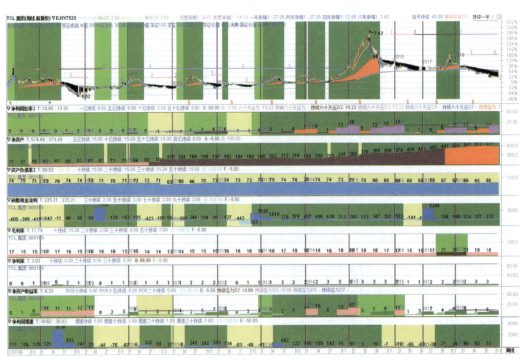

苏泊尔：从背景图、数据图的色块和具体数值来看，过去十年，公司股价的阶段性相对清晰，深绿色背景持续性较强，红色色块非常明显。从股价、基本趋势和市场预期综合来看，由于公司具有极强的基本趋势，在2007—2011年净资产收益率持续提升，净利润增速保持高位，在2013—2017年净利润增速保持稳定，净资产收益率还在高位继续改善。并且在2012年业绩还增速为负。所以整个2007—2017年，基本趋势的走势非常明显，而股价同样走得比较明显。

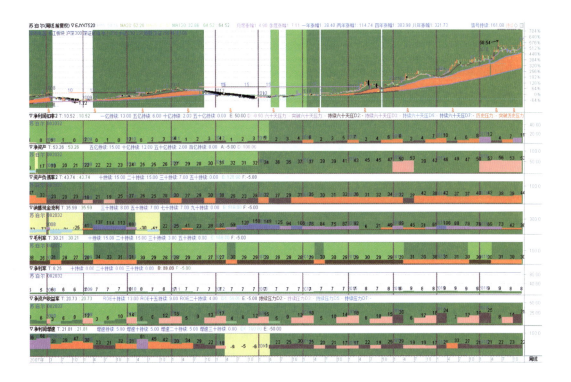

老板电器：从背景图、数据图的色块和具体数值来看，过去十年，公司股价的阶段性相对清晰，深绿色背景持续较强，红色色块非常明显。从股价、基本趋势和市场预期综合来看，老板电器在2010年至2017年上半年非常符合模型，2010—2012年尽管基本趋势处于良性循环之中，但是市场预期为负，股价一路回落。但是股市的周期迟早会到来，而在2012—2017年基本趋势继续保持良性循环，自然股价稳步上升。但是在2017年底，基本趋势有放缓的迹象，而市场预期一旦转向，股价快速下跌，在2018年基本趋势进一步放缓，股价继续下跌，至今还保持着市场预期、股价走势为负的格局，但是基本趋势并不是完全转为负，如果后续基本趋势停止放缓甚至加速，同时叠加股市环境股市，市场预期为正，那么是否会继续走好，拭目以待，但目前还没有看到转好的迹象。

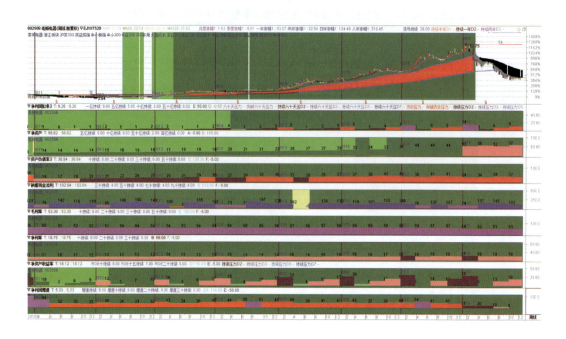

从家电企业前六的企业股价走势特征和基本面特征综合来看，依然有力证实了股价长期与企业的利润正相关，获得持续稳定盈利的企业，能够给予股价长期的支撑。但是，熊市的时候，股价也是回撤巨大的，这点同样得到证实。

另外，我们还能够从盈利能力一般和业绩增速不稳定的企业的长期股价走势特征得出：不稳定的业绩，哪怕在牛市的时候，其股价走势不稳定性特征也同样明显。这给予我们一条评估市场预期的方法，股价的稳定性体现着市场预期的一致性，如果没有强劲的基本趋势，那么市场预期也难以获得一致，所以，尽管市场环境向好的时候，股价走势也是一波三折。而熊市的时候，股价还会快速回落，因为原本企业的基本趋势就很弱。

所以，在选择股票的时候，应该始终坚持选择基本面强劲的企业，而不论市场牛熊。但是应该同时注意买卖时机。那种牛市的时候认为什么股票都可以买，是没有考虑到如何退出的短视投资者，因为可一旦潮水退去，熊市来临，股价跌得比拥有持续盈利能力公司更快更深。

第3节　化学制药行业特性分析

一、化学制药行业基本面特性分析

化学制药行业有88家上市企业，截至目前，按照流通市值排序，恒瑞医药排在第一位：2375.87亿元；排在第二位的是复星医药：585.36亿元；第三位的是华东医药：536.50亿元；第四位的是信立泰：316.73亿元；第五位的是新和成：286.57亿元。截至目前，化学制药行业中突破1000亿元的只有恒瑞医药一家。500亿~1000亿元的有两家，分别是复星医药和华东医药。化学制药行业上市公司高达88家，粗略可以得知这个行业呈现散的格局。那么，这些前五的化学制药行业上市公司，它们的行业地位（规模）、抗风险能力、盈利能力和成长前景从财务角度，我们又能得出什么呢？下面就从这四个方面的财务角度来一一查看。

化学制药(88)	涨幅%	现价	量比	涨速%	流通市值↓
1 恒瑞医药	-3.50	64.88	1.74	-0.10	2375.87亿
2 复星医药	-6.73	30.65	2.89	0.36	585.36亿
3 华东医药	-3.45	41.20	1.85	-0.33	536.50亿
4 信立泰	-1.01	30.28	0.84	0.03	316.73亿
5 新和成	-2.24	15.71	0.77	-0.12	286.57亿
6 科伦药业	-5.26	26.30	3.22	0.19	270.88亿
7 华海药业	-6.86	19.41	1.40	-0.14	239.20亿
8 海普瑞	-1.53	16.76	0.81	-0.23	209.03亿
9 健康元	-4.51	10.59	1.73	-0.37	166.49亿
10 人福医药	-2.91	12.01	0.64	-0.24	154.45亿
11 华润双鹤	-3.61	17.37	2.03	-1.13	143.00亿
12 恩华药业	-3.96	15.99	1.40	-0.67	141.42亿
13 浙江医药	-3.10	11.26	0.70	0.00	106.59亿
14 海正药业	-1.89	10.93	1.24	0.00	105.53亿
15 誉衡药业	9.29	4.59	2.32	1.10	99.47亿
16 亿帆医药	-0.59	13.44	0.73	-0.36	95.10亿
17 哈药股份	-0.79	3.79	0.96	0.00	94.47亿
18 德展健康	0.12	8.05	3.56	2.03	86.99亿
19 华邦健康	-1.76	5.01	1.24	0.60	86.56亿
20 必康股份	–	–	0.00	–	83.14亿
21 冠福股份	–	–	0.00	–	80.06亿
22 普洛药业	-3.14	6.78	1.70	0.30	77.75亿
23 海翔药业	-0.84	4.75	0.66	-0.20	75.61亿
24 药明康德	-4.60	71.91	1.28	-0.14	74.93亿
25 XD华北制	-3.02	4.49	0.74	0.00	73.22亿
26 海南海药	-5.45	6.25	0.78	-0.15	68.95亿
27 安迪苏	-1.35	11.72	0.57	-0.25	67.34亿
28 贝达药业	-9.11	39.00	3.19	0.00	66.18亿
29 健友股份	-2.37	22.68	0.77	0.00	64.55亿
30 翰宇药业	-9.96	11.39	2.34	0.00	62.19亿

1. 反映规模的扣非净利润和净资产指标

恒瑞医药：从背景图来看，过去十年，扣非净利润和净资产均呈现浅绿色和深绿色并存的背景模式，表明企业能实现连续盈利，且规模逐渐扩大。从数据图的色块和具体数值来看，2007—2017 年，扣非净利润从 4.1 亿元增长到 30.01 亿元，扣非净利润在 2012 年突破 10 亿元，净资产则从 2007 年的 16.33 亿元增长到 2017 年的 159.43 亿元，净资产在 2012 年突破 50 亿元，在 2016 年突破 100 亿元。从净资产图可以看出，净资产不存在突变，这种情况通常表明企业的成长模式是纯内生增长的，不需要依靠股权再融资，而是通过盈利再投资。当然也要结合下面的资产负债率情况一起来看，如果资产负债率还保持不变或降低，那么就基本确定了盈利再投资这条成长路线，如果资产负债率提高，那么说明还利用了贷款或占用上下游资源来获得成长。

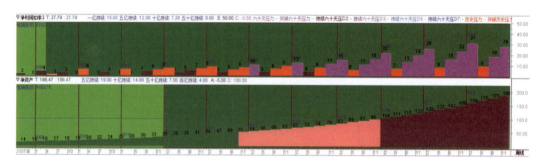

复星医药：从背景图来看，过去十年，扣非净利润呈现浅绿色和深绿色背景并存的模式，净资产则一直呈现深绿色背景，净资产存在两处突变信号，表明企业能实现连续盈利，规模也在逐渐扩大，且有通过定增实现快速增长的可能。从数据图的色块和具体数值来看，2007—2017 年，扣非净利润从 3.6 亿元增长到 23.46 亿元，扣非净利润在 2011 年突破 5 亿元，在 2013 年突破 10 亿元；净资产则从 2007 年的 43.16 亿增长到 2017 年的 297.41 亿元，净资产在 2009 年突破 50 亿元，在 2011 年突破 100 亿元，净资产突破 100 亿元比恒瑞医药早了 5 年时间，而扣非净利润却不如恒瑞医药多。从净资产图可以看出，净资产在 2009 年、2013 年有两处突变信号，这种情况通常表明企业进行了定增。打开公司资本运作一栏，却发现公司是在 2010 年 5 月 6 日和 2016 年 11 月 10 进行增发募集资金 6.35 亿元和 22.75 亿元。这其中怎么解释呢？我在设置净资产突变的信号是按照当季净资产比前一个净资产超过 15% 为信号触发点，如果周期性行业业绩大爆发或者净资产基数比较低，那么也可能导致信号触发，这是技术性问题。为什么要设置这个一个净资产突变信号，主要是为了通过净资产突变信号来进一步理解企业的成长特性，是属于定增并购成长模式，还是纯内生增长模式。就复星医药来说，尽管触发的时间点不对，但还是阴差阳错地得出公司进行了两次增发。从资本运作栏可以得出复星医药募集资金主要用在了胰岛素项目和降低资产负债率。

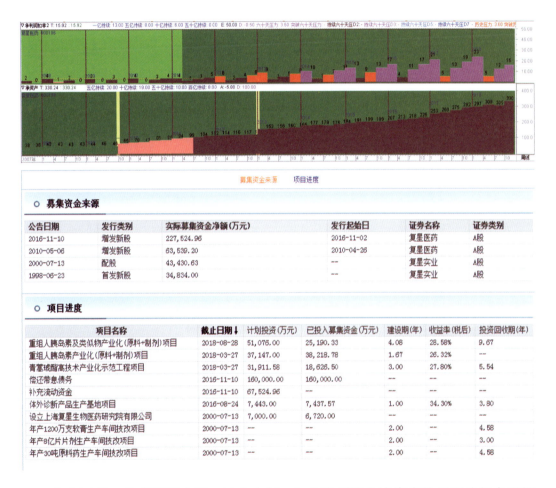

募集资金来源

公告日期	发行类别	实际募集资金净额(万元)	发行起始日	证券名称	证券类别
2016-11-10	增发新股	227,524.96	2016-11-02	复星医药	A股
2010-05-06	增发新股	63,539.20	2010-04-26	复星医药	A股
2000-07-13	配股	43,430.63	--	复星实业	A股
1998-06-23	首发新股	34,834.00	--	复星实业	A股

项目进度

项目名称	截止日期↓	计划投资(万元)	已投入募集资金(万元)	建设期(年)	收益率(税后)	投资回收期(年)
重组人胰岛素及类似物产业化(原料+制剂)项目	2018-08-28	51,076.00	25,190.33	4.08	28.58%	9.67
重组人胰岛素产业化(原料+制剂)项目	2018-03-27	37,147.00	38,218.78	1.67	26.32%	--
青蒿琥酯高技术产业化示范工程项目	2018-03-27	31,911.58	18,626.50	3.00	27.80%	5.54
偿还带息债务	2016-11-10	160,000.00	160,000.00	--	--	--
补充流动资金	2016-11-10	67,524.96	--	--	--	--
体外诊断产品生产基地项目	2016-08-24	7,443.00	7,437.57	1.00	34.30%	3.80
设立上海复星生物医药研究院有限公司	2000-07-13	7,000.00	6,720.00	--	--	--
年产1200万支软膏生产车间技改项目	2000-07-13	--	--	2.00	--	4.58
年产8亿片片剂生产车间技改项目	2000-07-13	--	--	2.00	--	3.00
年产30吨原料药生产车间技改项目	2000-07-13	--	--	2.00	--	4.58

华东医药：从背景图来看，过去十年，扣非净利润和净资产均呈现浅绿色和深绿色背景并存的模式，净资产存在两处突变信号，表明企业能实现连续盈利，规模在逐步扩大，且有通过定增实现快速增长的可能。从数据图的色块和具体数值来看，2007—2017 年，扣非净利润从 1.76 亿元增长到 17.40 亿元，扣非净利润在 2013 年突破 5 亿元，在 2015 年突破 10 亿元，净资产则从 2007 年的 6.84 亿元增长

到 2017 年的 88.09 亿元，净资产在 2016 年突破 50 亿元。从净资产图可以看出，净资产在 2016 年存在突变，这种情况通常表明企业进行了定增。打开公司资本运作栏，可以发现公司募集了 34.68 亿元，主要运用在补充公司流动性资金。换句话说，就是用在原有主业经营上。

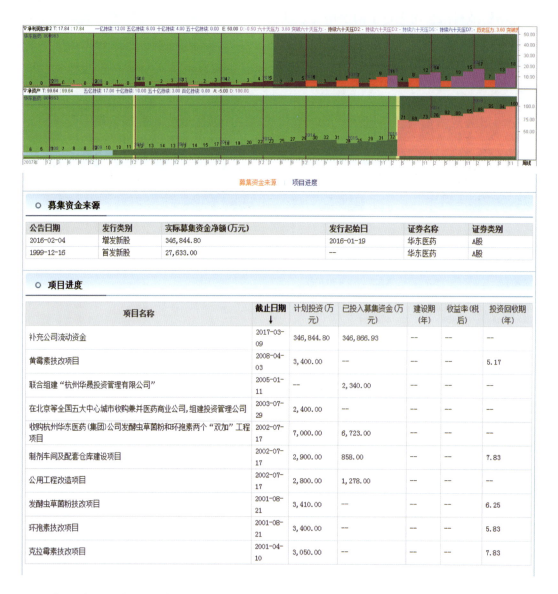

信立泰：从背景图来看，公司 2009 年上市后，扣非净利润和净资产均呈现浅绿色和深绿色并存的背景模式，表明企业能实现连续盈利，规模在逐步扩大。从数据图的色块和具体数值来看，2009—2017 年，扣非净利润从 2.13 亿元增长到 13.95

亿元，扣非净利润在 2012 年突破 5 亿元，在 2014 年突破 10 亿元；净资产则从 2007 年的 16.23 亿元增长到 2017 年的 61.59 亿元，净资产在 2016 年突破 50 亿元。从净资产图可以看出，净资产在 2009 年存在突变，但这是上市首次融资。

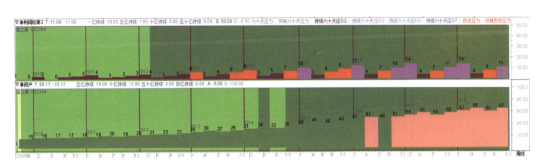

募集资金来源　　项目进度

○ 募集资金来源

公告日期	发行类别	实际募集资金净额(万元)	发行起始日	证券名称	证券类别
2009-08-25	首发新股	114,067.37	2009-09-03	信立泰	A股

○ 项目进度

项目名称	截止日期↓	计划投资(万元)	已投入募集资金(万元)	建设(年)	收益率(税后)	投资回收期(年)
补充募集资金项目流动资金	2015-03-25	23,260.82	22,530.31	---	---	---
硫酸氢氯吡格雷原料药及其制剂产业化项目	2015-03-25	16,520.00	16,520.00	2.00	20.74%	6.42
盐酸头孢吡肟、头孢西丁钠高新技术产业化项目	2015-03-25	9,660.00	9,616.29	2.00	20.51%	6.42
营销网络扩建工程项目	2015-03-25	8,425.00	5,500.00	---	19.61%	7.08
建设生物医疗产研楼及其配套设施	2015-03-25	7,700.00	6,218.14	---	---	---
向山东信立泰增资	2015-03-25	7,000.00	7,000.00	---	---	---
帕米磷酸二钠其制剂、比伐芦定制剂高新技术产业化项目	2015-03-25	5,646.00	5,646.00	2.00	19.80%	6.58
技术中心建设项目	2015-03-25	4,261.70	4,261.70	---	---	---
头孢呋辛钠舒巴坦钠研发项目	2015-03-25	3,688.00	3,688.00	---	---	---
增资山东信立泰药业有限公司项目	2015-03-25	1,800.00	1,800.00	---	---	---

　　新和成：从背景图来看，过去十年，扣非净利润和净资产均呈现浅绿色和深绿色背景并存的模式，净资产存在多处突变信号，表明企业能实现连续盈利，公司还有通过定增实现快速增长的可能。从数据图的色块和具体数值来看，2007—2017 年，扣非净利润从 0.71 亿元增长到 16.16 亿元，扣非净利润在 2008 年突破 10 亿元，但是 2008 年也是扣非净利润的明显高点，直到 2017 年才突破；净资产则从 2007 年的 8.61 亿元增长到 2017 年的 139.96 亿元，净资产在 2011 年突破 50 亿元。从净资产图可以看出，净资产在 2008 年存在多处突变，2010 年和 2017 年还存在突变信号。打开公司资本运作栏，公司只在 2010 年和 2017 年定增募集资金投资主业。2008 年的多处突变怎么解释呢？这得需要结合公司盈利指标在 2008 年的变化

了，查看公司 2008 年盈利指标，公司业绩在 2008 年大爆发，是公司产品价格涨价带来的短期高盈利。正是短期的高盈利导致了净资产的快速上升，所以才触发了信号。同样也说明了公司产品带有很强的周期属性。

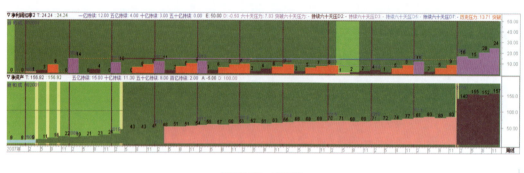

募集资金来源　项目进度

○ 募集资金来源

公告日期	发行类别	实际募集资金净额(万元)	发行起始日	证券名称	证券类别
2017-12-20	增发新股	486,707.55	--	新和成	A股
2010-02-23	增发新股	109,445.63	2010-02-08	新和成	A股
2004-05-28	首发新股	38,358.88	--	新和成	A股

○ 项目进度

项目名称	截止日期↓	计划投资(万元)	已投入募集资金(万元)	建设期(年)	收益率(税后)	投资回收期(年)
年产25万吨蛋氨酸项目	2018-08-23	536,984.22	8,813.41	4.00	14.76%	9.64
年产12000吨维生素E生产线易地改造工程项目	2015-04-14	47,110.37	44,130.69	2.00	127.92%	2.58
年产5000吨复合聚苯硫醚新材料项目	2015-04-14	35,412.30	19,909.56	1.00	35.83%	5.83
用于年产6000吨异丁醛项目	2015-04-14	10,098.12	9,887.53	1.00	16.92%	6.11
用于年产3000吨二氢茉莉酮酸甲酯项目	2014-03-29	17,401.88	17,401.88	1.00	22.13%	6.12
用于年产900吨叶醇(酯)项目	2014-03-29	10,746.98	10,746.98	1.00	34.98%	4.11
用于年产600吨覆盆子酮项目	2014-03-29	5,745.44	5,745.44	1.00	20.53%	5.47
将节余募集资金永久性补充流动资金	2014-03-29	3,273.11	--	--	--	--
用于年产6000吨氨基葡萄糖食品添加剂项目	2012-10-29	19,300.00	--	1.00	22.94%	5.67
年产80吨β胡萝卜素项目	2004-05-28	15,200.00	15,200.00	--	29.63%	4.92

　　以上是从扣非净利润和净资产的规模指标来看化学制药前五的企业，可以得出恒瑞医药的扣非净利润十年来就一直排第一位，而复星医药的净资产规模十年来一直排第一位。从资本运作栏来看，化学制药行业前五的企业只有两家是纯内生增长的，分别是恒瑞医药和信立泰。复星医药、华东医药和新和成均进行了股权再融资来加速企业发展。另外，从净资产是否存在突变信号来看，我在这篇也详细介绍了设置净资产突变的目的、阈值触发值（净资产连续两个季度变化幅度超过15%）以及触发突变信号需要从哪几个方面去解读。最后，从新和成的 2008 年连续触发净资产突变信号，我们还可以进一步通过新和成的产品特性，甚至通过后面的盈利

能力指标、净利润增速指标来反思其产品是否具有周期属性。事实上，消费类企业不乏有周期性特征。

2. 反映风险的资产负债率和销售现金流指标

恒瑞医药：从背景图来看，过去十年，资产负债率和销售现金流均一直呈现深绿色背景，表明企业相对较低的资产负债率和拥有相对较好的销售现金流回笼情况。从数据图的色块和具体数值来看，资产负债率极低，不超过 20%，销售现金流状况相对良好，50%~100% 区间。

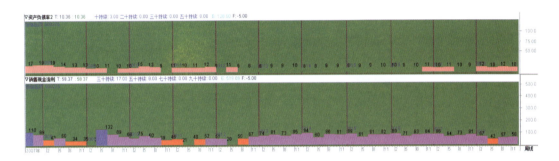

复星医药：从背景图来看，资产负债率呈现深绿色和黄色背景并存的模式，销售现金流存在单个季度的现金流流出现象（黄色背景），其他时候均呈现深绿色背景，资产负债率的黄色背景出现在最近一年，销售现金流的黄色背景只有一个季度，说明了近几年来公司的资产负债率在提高，而且相对较高了（超过50%），而销售现金流整体还是不错的。从数据图的色块和具体数值来看，资产负债率有逐年抬高的态势，但整体不算抬高，2018 年上升到了 50%，是一个值得进一步反思的信号。现金流状况只存在一个季度的为负，整体状况良好。

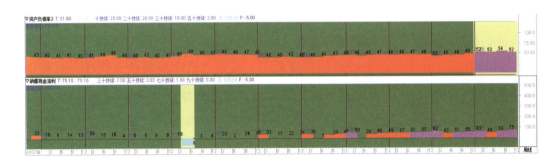

　　华东医药：从背景图来看，资产负债率呈现深绿色和黄色背景并存的模式，销售现金流存在明显的现金流流出现象（黄色背景）。从数据图的色块和具体数值来看，资产负债率呈现两个阶段。并购前，资产负债率高企，达到 70% 左右，并购后，资产负债率降低到 40%；现金流状况存在季节性波动，某些年度还为负，存在现金流回笼问题。

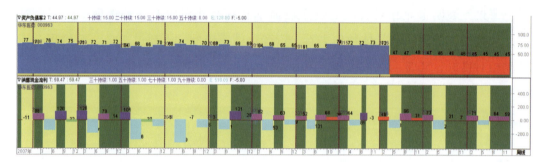

　　信立泰：从背景图来看，资产负债率和销售现金流均一直呈现深绿色背景，表明企业拥有相对较低的资产负债率和相对较好的销售现金流回笼情况。从数据图的色块和具体数值来看，极低的资产负债率，不超过 20%，销售现金流状况也非常良好。

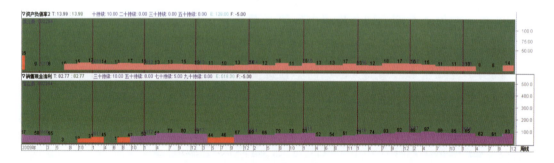

　　新和成：从背景图来看，资产负债率呈现深绿色和黄色背景并存的模式，销售现金流存在单个季度的现金流流出现象（黄色背景），资产负债率的深绿色背景出现在 2008 年后，说明后续资产负债率降低了，而销售现金流的状况同样在后续得到明显好转。从数据图的色块和具体数值来看，资产负债率在 2007 年、2008 年还在 50% 以上，呈现逐年降低的走势，然后维持 20%~30% 区间。结合销售现金流情况来看，2008 年的现金流状况也不太理想，但是后续均表现极佳的现金流回笼状况。

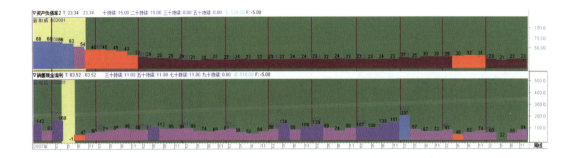

3. 反映盈利能力的毛利率、净利率、净资产收益率指标

恒瑞医药：从背景图来看，过去十年，毛利率、净利率和净资产收益率均一直呈现深绿色背景，表明公司产品盈利能力较高，且相对稳定，净资产收益率年化超过15%。从数据图的色块和具体数值来看，毛利率维持在80%～87%区间，净利率在20%左右，净资产收益率在19%～25%区间。毛利率、净利率和净资产收益率稳定性良好。

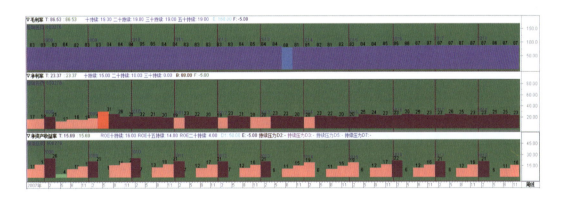

复星医药：从背景图来看，过去十年，毛利率和净资产收益率呈现深绿色和浅绿色背景并存的模式，净利率则一直呈现深绿色背景，表明公司产品盈利能力相对较高，存在一定波动性，但是年化净资产收益率超过10%。从数据图的色块和具体数值来看，毛利率呈现逐年提高的走势，净利率存在某些年份的高企，但只有在2009年才这样，可能是那一年卖掉一部分资产收回部分投资收益。从其他年份来看，净利率、净资产收益率比较稳定，净资产收益率维持在12%左右。

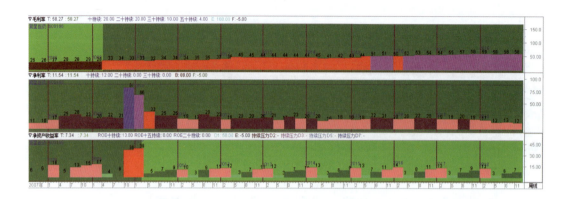

　　华东医药：从背景图来看，过去十年，毛利率呈现浅绿色和白色背景并存的模式，净利率则一直呈现白色背景，而净资产收益率则一直呈现深绿色背景，表明公司产品盈利能力一般，但是净资产收益率却相对较高，年化净资产收益超过15%。从数据图的色块和具体数值来看，毛利率、净利率整体不高，毛利率还呈现逐年抬高的走势。但是净资产收益率却极高，与净利率形成明显的反差。净资产收益率2016年最低也有19.88%，其他年份均超过20%，甚至高达30%。那么如此高的净资产收益率从何而来的呢？不是产品的高盈利，那么就是利用了高负债或者极高的周转率。结合华东医药资产负债率那部分，可以得知华东医药的资产负债率在化学制药前五中的确很高，最高达到了75%。但是资产负债率在2016年通过股权融资降低了一部分，继续翻看华东医药的扣非净利润和净资产那一部分，华东医药募集的34.68亿元全部用在了补充流动性，而当时的净资产只有32.4亿元，相当于股本扩大了一倍。资产负债率降低了一半，由于是从73%降低到47%，说明随着净资产扩大，负债率降低了，总负债额度可能还增加了，进一步说明募集资金全部用在了经营了。由于募集了资金，扩大了股本和净资产，导致2016年的净资产收益率间接降低了。这是从纯财务指标角度，来解读高净资产收益率的来源，是利用了财务杠杆，还应该看到另外一个积极的变化是，毛利率和净利率也在提高，说明主业是向好的。但是华东医药2017年的净资产收益率又回到了20%以上，而资产负债率已经降低到了50%以下，净利率尽管有所提高，但是整体还是只有个位数，所以还有高周转率一直在发挥作用。这里应该指引，其实低毛利率、低净利率、高资产负债率和高净资产收益率就指引我们需要进一步查看华东医药的业务板块结构。打开华东医药业务板块结构一栏，可以得知华东医药占主业营收76%是医药商业板块，这部分业务毛利率只有 7.43%，贡献的利润只占总利润的 21.65%。高毛利率 85.76% 的这部分医药制药业务，主业营收比例不高，只有 23.86%，但是净利润比例高达 78.35%。换句话说，产品的毛利率、净利率被占比高达 76.14% 的医药商业板块拉低了，可能这部分也是利用了高负债，同时可以推测，公司募集的 34.68 亿元补充流动性可能用在了高盈利的医药制药板块。

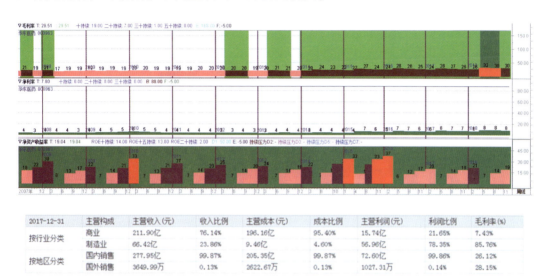

2017-12-31	主营构成	主营收入（元）	收入比例	主营成本（元）	成本比例	主营利润（元）	利润比例	毛利率（%）
按行业分类	商业	211.90亿	76.14%	196.16亿	95.40%	15.74亿	21.65%	7.43%
	制造业	66.42亿	23.86%	9.46亿	4.60%	56.96亿	78.35%	85.76%
按地区分类	国内销售	277.95亿	99.87%	205.35亿	99.87%	72.60亿	99.86%	26.12%
	国外销售	3649.99万	0.13%	2622.67万	0.13%	1027.31万	0.14%	28.15%

信立泰：从背景图来看，上市后，毛利率和净利率一直呈现深绿色背景，净资产收益率呈现浅绿色和深绿色背景并存的模式，表明公司产品盈利能力较强，年化净资产收益率超过 15%，净资产收益率上市之初只有 10% 可能是受到上次首次融资的影响导致的。从数据图的色块和具体数值来看，毛利率在 50% 以上，并逐年提高，净利率在 25% 以上，并逐年提高到 37% 平台，净资产收益率在 13% 以上，并逐年提高到 24% 平台。

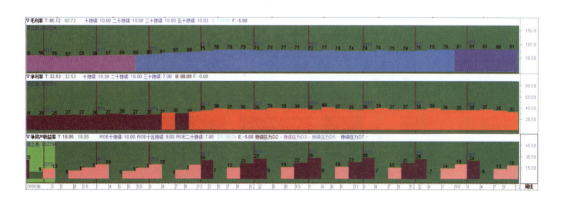

新和成：从背景图来看，上市后，毛利率和净资产收益率一直呈现深绿色、白色和浅绿色背景并存的模式，净利率呈现深绿色和白色交替的模式，表明公司产品盈利能力较强，存在明显波动，且净资产收益率不稳定，但年化净资产收益率不低。从数据图的色块和具体数值来看，毛利率、净利率和净资产收益率呈现明显的波动性，2008年盈利能力指标超过，随后逐年下滑，2016年后又有所好转。

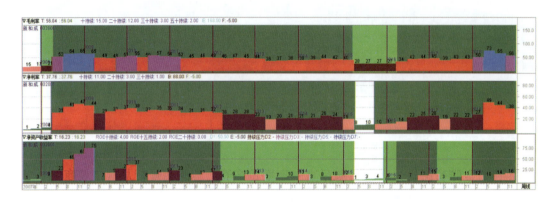

4. 反映成长的净利润增速指标

恒瑞医药：从背景图来看，存在一个季度黄色背景（增速下滑），但其他时候均是深绿色背景，表明企业能够实现相对稳定的增长。从数据图的色块以及具体数值来看，2009年前业绩有所波动，2009年后业绩增速平稳。整体增速稳定，在20%左右。

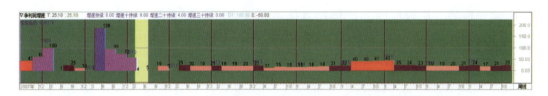

复星医药：从背景图来看，呈现明显的深绿色和黄色背景（增速下滑）并存的模式，表明企业业绩增速不稳定，但整体增长。从数据图的色块以及具体数值来看，业绩呈现一定的波动性。

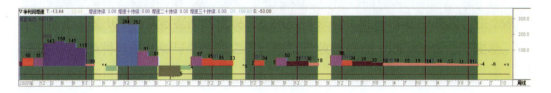

华东医药：从背景图来看，呈现深绿色和黄色背景（增速下滑）并存的模式。从数据图的色块以及具体数值来看，业绩整体平稳，但呈现一定的波动性。

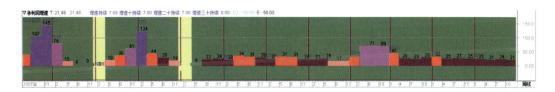

信立泰：从背景图来看，上市后，一直呈现深绿色背景，表明企业持续增长。从数据图的色块以及具体数值来看，业绩持续增长，但是有增速放缓的态势。

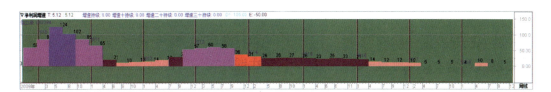

新和成：从背景图来看，呈现非常明显的深绿色和黄色交替的背景模式。从数据图的色块以及具体数值来看，业绩呈现明显的周期性，低的时候可以负增长50%～60%，高的时候可以达到几倍，甚至几十倍的增长，毛利率也呈现这种周期性变化，可以得知公司产品在市场上属于同质化竞争，差异化竞争不明显。同质化产品，不论是周期品，还是消费品均具有明显的周期特性。

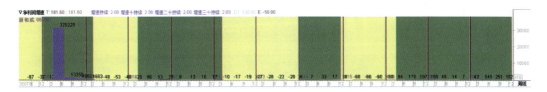

以上是从财务视角，八个核心财务指标，四个方面来考察化学制药行业前五的企业基本面的特性。

综合以上，我们可以从财务视角得知，依靠纯内生增长的恒瑞医药，不论是利润规模还是盈利能力指标和业绩增长指标以及抗风险性指标均保持了在行业前五的企业中领先的位置，可持续竞争优势明显。而复星医药，尽管净资产规模比恒瑞医药大，在盈利能力和成长特性以及业绩增长稳定性方面就差了一截。华东医药由于受医药商业板块的影响，拉低了公司整体毛利率和净利率指标，是一个从财务反思业务的案例。要是财务解读多了，也能够快速地进行财务和业务循环分析了，在华东医药那部分已经适当加大了这方面的分析篇幅。信立泰也是依靠纯内生增长的企业，盈利能力和业绩成长稳定性以及抗风险能力指标均属于优的级别。但是利润和净资产规模从行业横向来看相对较小，而且业绩增速有放缓的态势。这是一个值得反思的现象，信立泰规模小，还可以维持高盈利，说明信立泰的业务应该是一个更加细分的子行业，结合业绩增速放缓，说明信立泰在这个子行业里可能已经处于龙头，且在这个市场空间有限的业务里，增长可能到了尽头。为什么这样说，如果是一个空间大的行业，从信立泰的高毛利率、高净利率和高净资产收益率以及较小的净资产投入就可以获得这高回报，那么一定会有更大的资本进入这一领域，或者这一领域可以产生更大的企业，而信立泰的毛利率指标不降反升，而净利润增速放缓，只能表明信立泰本身就是这个领域的龙头，且这个领域市场空间不大。新和成，从财务指标来看存在明显的周期特性。

二、化学制药行业前五企业的股价特性

恒瑞医药：从背景图、数据图的色块和具体数值来看，过去十年，公司股价的阶段性非常清晰，背景图的深绿色背景持续时间较强，红色色块非常明显。从股

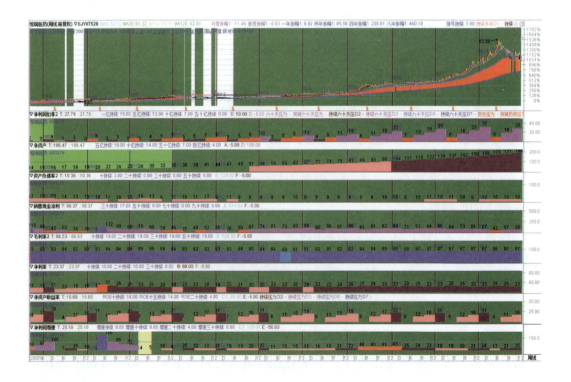

价、基本趋势和市场预期综合来看，恒瑞医药的十年净资产收益率年化20%，且相对稳定，净利润增速年化20%左右，且相对稳定，细分行业龙头。股价方面，在2008年的时候也会下跌，2011年至2012年上半年也会下跌。但这两段时间公司的基本趋势依然保持原有趋势。股价走势的阶段性特征依然明显。但是，排除股价走势本身受股市行情的周期性影响因素外，企业的基本趋势的持续性、稳定性也体现在股价上，股价走势的持续性也非常明显。这点对选择投资标的很有借鉴意义，由于，股价本身天然具有周期性和不稳定特征，那么选择标的最好从企业的基本面出发。选择基本趋势持续性较强，且稳定性较好的标的，不失为一种明智的选择。这样对于这类标的的组合择时也比较好处理。

复星医药：从背景图、数据图的色块和具体数值来看，过去十年，公司股价的阶段性相对清晰，存在比较明显的深绿色和白色背景交替的现象，红色色块比较明显，但黑色色块也非常明显，呈现大起大落的阶段性上涨走势特征。从股价、基本趋势和市场预期综合来看，复星医药的股价走势，相对恒瑞医药的波动性就大了很多。一方面复星医药的盈利能力相对弱些，净利润增速的波动性也比较明显；另一方面企业的成长路径也与恒瑞医药有所不同，恒瑞医药主要还是依靠盈利再投资，

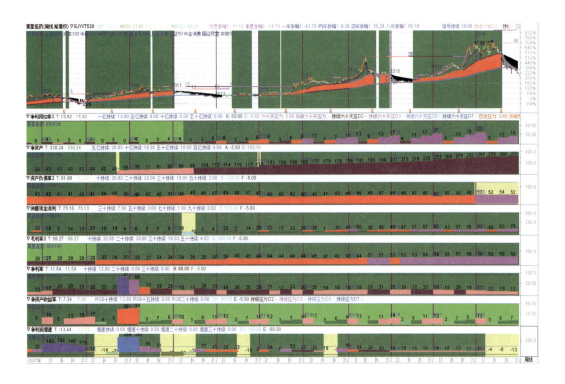

而复星医药则进行了两次定增。由于进行了定增，就得考虑到定增后企业的盈利指标的变化。事实上，复星医药在定增后的两年盈利指标变化不明显，但是其毛利率在逐年走高，尽管其净利率和净资产收益率不明显。净利润增速反映出来的不稳定性已经非常明显了。所以股价呈现比较明显的波动性特征，又由于公司十年来净资产收益率在10%以上，所以股价长期还是向上。结合净利润增速和净资产收益率特征，以及股价本身的周期性属性，复星医药的股价特性呈现的就是周期向上的走势。

华东医药：从背景图、数据图和具体数值来看，公司股价的阶段性相对清晰，深绿色背景持续时间明显大于白色背景，红色色块非常明显。从股价、基本趋势和市场预期综合来看，华东医药也进行了定增，但是定增后企业的毛利率和净利率以及净资产收益率指标得到了改善，且企业的净利润增速反映出来的基本趋势比较稳定，所以股价相对复星医药的持续性要明显很多，波动性要小很多。但是比起恒瑞医药还是差一些。

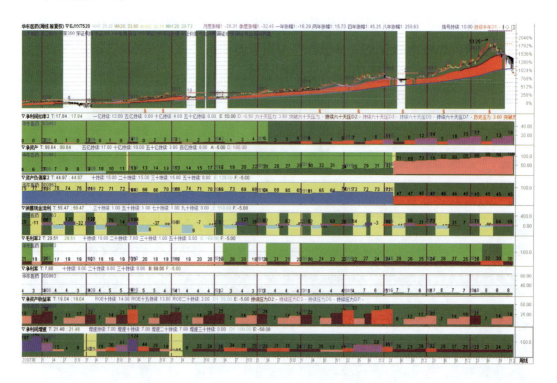

信立泰：从背景图、数据图的色块和具体数值来看，过去十年，公司股价的阶段性相对复杂些，背景图的白色和深绿色背景交替频次要更加多些，红色色块比较

明显，但是也存在相对明显的黑色色块。从股价、基本趋势和市场预期综合来看，如果仅从盈利指标和净利润增速指标来看，企业的基本趋势比较稳定，但是从企业的扣非净利润和净资产体量以及净利润增速的放缓情况来看，表明基本趋势有放缓态势。而股价则依然呈现非常明显的波动性，尽管公司的盈利能力超强，净利润增速也不错。但是，市场预期没有给予一个相对稳定的市场预期。一方面应该是企业的净利润增速放缓和公司体量相对小，市场空间有限；另一方面得从市场预期本身来解释了。对于市场预期本身的解释，将在本节做小结。

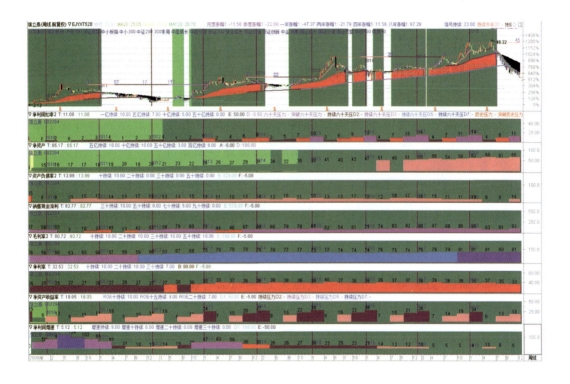

新和成：从背景图、数据图的色块和具体数值来看，过去十年，公司股价的阶段性相对复杂些，背景图的白色和深绿色背景交替频次要更加多些，红色色块比较明显，但是黑色色块也明显。从股价、基本趋势和市场预期综合来看，新和成的基本趋势本身就呈现比较明显的周期性，所以股价的周期性就比较自然了。另外，企业的盈利能力和净利润增速最近 5 年相对 2012 年前整体下降了一个台阶，这种信号表达了基本趋势放缓的态势，所以股价在呈现周期性的同时还给予了一个区间震荡的走势特征。

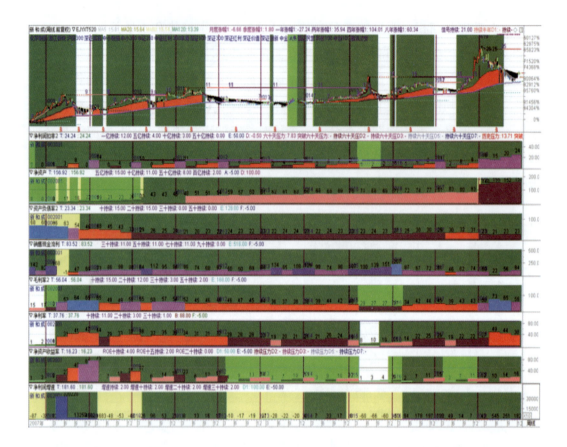

　　从化学制药的基本趋势和股价走势特征，还是比较好理解基本趋势和股价走势以及市场预期之间的关系。但是在华东医药、信立泰与恒瑞医药这组比较里，有必要把市场预期进行展开说明。

　　市场预期本身是一个思维层面的问题，但是又不是空洞的抽象思维，它拥有现实的基础。在恒瑞医药里，市场预期可以将恒瑞医药归结为：化学制药龙头企业，超强的盈利能力和稳定的增长，拥有广阔的市场空间和发展前景，是 A 股上市公司中的独一无二的研发药龙头企业。而在华东医药和信立泰中，尽管这类盈利能力也强，业绩增速也相对稳定，但是其实这类企业在 A 股中是数量相对恒瑞医药要多得多。所以，就单纯的盈利指标和成长指标，还无法看出差异，但是如果结合到扣非净利润和净资产规模指标以及在行业中的地位，那么就存在大和小、稀缺和普遍的哲学关系。恒瑞医药就在主观观念里给予独占性、稀缺性、大而稳定的印象，而信立泰和华东医药在主观观念里只会给予，尽管当前的盈利能力不错，但是这样的企业应该数量也会比较多。那么市场预期反映在股价走势上，就会存在更大的波动性。

这是因为在市场预期里，会存在先把所有基本面的共性抽象出来的需求，这种基本面就不仅仅包括财务指标反映出来的单个企业的独有的特征了。比如，它还包括地域特征、行业特征、市值大小特征等。这是一种比较粗糙的处理需求，甚至会忽略掉企业自身反映出来的基本趋势特征，但确实是存在的现象。不然就不会存在着牛市来的时候股票普遍上涨，而不论企业的基本趋势优劣，熊市来的时候股票普遍下跌，同样不论企业的基本趋势优劣了。

同时，股价本身又直接会受市场预期影响，而市场预期首先来自于人的思维观念，所以股价走势也必然反映人思维模式的特征，比如二分法、归纳法等。而基本面由于还存在着人的思维无法触及的真实世界部分，尽管已经经过人的思维改造过了，但是毕竟有限，所以在强基本趋势面前，股价会呈现相对弱的稳定性，但是在弱的基本趋势面前，由于市场预期还带有基本面的共性，所以股价会反而要稳定些，这也难怪在牛市的时候，业绩不稳定的公司股价也能持续较长的时间呈现稳定的股价趋势，而一旦市场预期转向，由于没有基本趋势的支撑，又回落到原地。

在此，应该承认，财务指标所反映出来的基本趋势绝对不是完整的基本面。但是也应该承认，真实的、完整的基本面永远无法触及。不论是二级市场的投资者，还是企业经营主体，也不可能是监管者。所以，我们依然会选择可定量的财务指标来反映基本趋势。就像政府机构在制度宏观资产和行业政策会使用经济数据和行业数据一样。

市场预期既然来自人的思维对现实抽象出来的共性，那么在对单个企业的股价走势时，就不得不考虑到整个股市，尤其是同行业、同规模、同盈利特性等因素，对单个企业股价走势的影响了。所以，那种看大盘指数、看行业指数做个股是有一定道理的，至少在思维层面是合符逻辑的。如果把这一点考察进来，对恒瑞医药和华东医药、信立泰股价走势的相同点和差异性就可以理解得更深一些。尽管它们同属于一个行业，就盈利指标和成长指标反映出来的基本趋势相同，但是它们的差异性还是存在无限多，比如规模因素就是一个明显的差异。而且是很重要的指标差异。就相同的盈利指标和净利润增速指标，在规模指标上可以打破医药行业细分的界限，直接跨到大医院行业作同类比较，还可以直接打破医药行业界限，跨到大消费行业的同规模比较，要明白所有的划分其实都是人为的，只要符合一个"大同"

的前提，就可以在"大同"中比较差异性特征。

这样甚至能明白上证50里的大消费类企业，它们的股价走势呈现比较明显的正相关性了，也能够明显大消费类企业的行业龙头正相关性也会比较明显。

但是，市场预期中最核心的因素还是在于企业本身，尽管一家医药企业的股价会受到医药板块走势的影响。如果这家公司是指标股，还会受指数的影响。但是最核心的还是企业的基本趋势决定参与者的偏见，这也是决定同一行业、同一地区、同一指数之间的差异。共性的和差异性的影响因素其实都影响了股价走势了。所以，在观念里可以分开来分析，但是在实际中却无法分离更无法量化。那么既然如此，何不干脆依旧用市场预期这个强大的概念来笼统处理，这样多因素就依旧变成三个因素了。

另外，后面会讲到组合投资。事实上组合的标的来自各个行业、各个板块，是否在构建组合的时候需要直接参考对应的行业指数和板块指数走势来做买卖时机的抉择呢？我认为，既需要又不需要，需要是因为，前面已经提到了，指数的作用可以提醒我们当前市场运行的阶段，可以帮助我们仓位上谨慎些。不需要，是因为投资决策不能完全依靠第三者因素，指数就是市场预期、基本趋势和股价之外的第三者因素，这种因素会影响在单个企业走势里，但不是核心因素，我们应该始终坚持核心因素。而第三者因素，不应该考察太多，否则就会乱。所以，在一定程度上可以辅助我们构建仓位的大小，但是买卖时机最好直接依据单个企业的股价走势来决定。

那么，我们通过恒瑞医药和华东医药、信立泰的市场预期可以得出财务指标反映出来的基本趋势的共性和差异性，同时通过市场预期的共性部分反推到相应指数这个共性。在实际操作中则始终选择基本趋势为正的标的和买卖市场预期为正的股票。但是在仓位管理上，需要结合净值曲线的控制需求和股票市场运行的阶段来做仓位管理。而对股票市场运行阶段的考察，其实有必要时常考察个股对于的相关指数的运行阶段，而不仅仅是个股走势的运行阶段。而两者考核权重的大小，需要结合自身的目的来权衡。

第6章　大周期行业特性分析

第1节　房地产行业特性分析

一、房地产行业基本面特性分析

全国地产行业，A股共有 37 家上市企业，截至目前，按照流通市值排序，万科 A 排在第一位：2273.35 亿元；第二位的是保利地产：1310.95 亿元；第三位的是绿地控股：741.04 亿元；第四位的是金地集团：387.80 亿元；第五位的是招商蛇口：323.32 亿元。截至目前，全国地产行业市值突破 1000 亿元的有两家，分别是万科 A 和保利地产。500 亿~1000 亿元之间的有一家，是绿地控股。A 股全国地产行业上市公司有 37 家，粗略得知这个行业市场竞争格局有点散，但是从第一名跟第二名、第三名的市值差距来看，行业内企业的差距已经比较明显。那么，从 A 股前五的全国地产行业上市公司，它们的行业地位、抗风险能力、盈利能力和成长前景，从财务角度我们又能得出什么呢？下面就从这四个方面的财务角度一一查看。

	全国地产（37）	涨幅%	现价	量比	涨速%	流通市值↓
1	万科A	0.21	23.40	1.75	-0.12	2273.35亿
2	保利地产	-0.71	11.17	1.51	-0.17	1310.95亿
3	绿地控股	0.00	6.09	1.07	0.16	741.04亿
4	金地集团	-0.35	8.59	1.24	0.00	387.80亿
5	招商蛇口	-0.76	17.02	1.49	-0.11	323.32亿
6	荣盛发展	-0.50	8.02	1.40	-0.61	312.26亿
7	泛海控股	0.89	5.65	0.98	0.36	287.88亿
8	新湖中宝	0.00	3.14	0.72	0.32	269.98亿
9	金融街	0.57	7.01	1.55	-0.13	209.44亿
10	世茂股份	0.75	4.02	1.38	0.00	150.80亿
11	华业资本	-1.15	7.76	0.65	-0.12	110.52亿
12	新华联	0.00	5.35	0.33	-0.18	101.47亿
13	嘉凯城	-0.36	5.55	0.78	-0.53	100.13亿
14	中粮地产	-0.18	5.52	1.03	0.00	100.12亿
15	海航基础	-1.49	5.95	2.04	0.17	98.67亿
16	中洲控股	-2.08	17.39	1.33	-0.05	84.42亿
17	迪马股份	0.35	2.90	0.93	0.35	68.69亿
18	上实发展	0.42	4.73	0.86	0.00	66.62亿
19	中国武夷	0.00	4.80	1.37	0.00	62.37亿
20	美好置业	0.44	2.29	1.14	0.88	58.16亿
21	华联控股	0.20	5.10	1.40	0.00	57.95亿
22	冠城大通	-0.52	3.86	2.10	0.26	57.60亿
23	信达地产	0.00	3.76	1.16	0.27	57.31亿
24	香江控股	0.00	2.34	0.84	0.00	55.56亿
25	光明地产	0.25	3.95	0.83	0.25	50.78亿
26	中交地产	-0.10	10.15	1.03	0.59	45.25亿
27	黑牡丹	-1.05	5.65	1.58	-0.17	44.95亿
28	宋都股份	-0.97	3.05	0.72	-0.32	40.87亿
29	珠江实业	0.22	4.52	0.70	0.22	38.58亿

1. 反映规模的扣非净利润和净资产指标

万科 A：从背景图来看，过去十年，扣非净利润和净资产均一直呈现深绿色背景，净资产存在突变信号，表明企业能实现连续盈利，规模相对较大。从数据图的色块和具体数值来看，2007—2017 年期间扣非净利润从 47.91 亿元增长到 272.80 亿元，扣非净利润在 2009 年突破 50 亿元，在 2012 年突破 100 亿元，净资产则从 2007 年的 339.20 亿增长到 2017 年的 1866.14 亿元，净资产在 2010 年突破 500 亿元，在 2013 年突破 1000 亿元。从净资产图可以看出，2007 净资产存在突变信号，打开公司资本运作一栏，公司定向增发了 99.366 亿元，投资在主业。如果再往前看十年，可以得知公司在 1993 年上市后通过配股以及定增方式募集了 150 亿元左右的资金，进行主业投资。

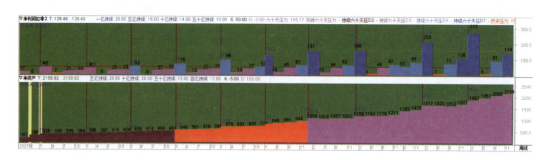

公告日期	发行类别	实际募集资金净额(万元)	发行起始日	证券名称	证券类别
2007-08-22	增发新股	993,660.17	2007-08-30	万科A	A股
2006-12-25	增发新股	419,670.00	2006-12-19	万科A	A股
1999-12-22	配股	62,538.49	—	深万科A	A股
1997-06-26	配股	29,586.05	—	深万科A	A股
1997-06-26	配股	29,586.05	—	深万科A	A股
1993-04-06	首发新股	45,128.00	—	深万科A	A股
1988-12-28	首发新股	0.00	—	深万科A	A股

○ 项目进度

项目名称	截止日期↓	计划投资(万元)	已投入募集资金(万元)	建设期(年)	收益率(税后)	投资回收期(年)
南京白下区安品街项目	2017-03-27	65,000.00	65,000.00	—	—	—
杭州余杭区良渚项目	2016-08-22	170,000.00	170,000.00	—	—	—
宁波鄞州区金色水岸项目	2016-08-22	163,660.00	163,660.00	—	—	—
上海浦东五街坊项目	2016-08-22	120,000.00	120,000.00	—	—	—
广州金域蓝湾(原沙洲项目)	2016-08-22	80,000.00	80,000.00	—	—	—
上海金色雅筑(原中林项目)	2016-08-22	70,000.00	70,000.00	—	—	—
珠海香洲区珠海宾馆项目	2016-08-22	65,000.00	65,000.00	—	—	—
广州新里程(原科学城B3项目)	2016-08-22	60,000.00	60,000.00	—	—	—
南京红郡(原黄家圩项目)	2016-08-22	40,000.00	40,000.00	—	—	—
购买前海国际100%股权	2016-06-18	4,561,300.00	—	—	—	—

　　保利地产：从背景图来看，过去十年，扣非净利润和净资产均呈现深绿色背景，净资产存在多处突变信号，表明企业能实现连续盈利，规模相对较大，企业有通过定增实现快速增长的可能。从数据图的色块和具体数值来看，2007—2017 年期间扣非净利润从 12.35 亿元增长到 154.39 亿元，扣非净利润在 2011 年突破 50 亿元，在 2013 年突破 100 亿元，净资产则从 2007 年的 128.34 亿元增长到 2017 年的 1582.40 亿元，净资产在 2012 年突破 500 亿元，在 2016 年突破 1000 亿元。从净资产图可以看出，公司净资产在 2007 年、2009 年以及 2013 和 2018 年存在三处突变信号，但打开资本运作图则只发现公司在 2007 年、2009 年和 2016 年进行了三次定增。以公司公告为主来确定资本运作。企业净资产十年时间增长了 12 倍。

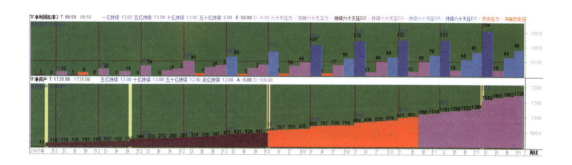

募集资金来源　　项目进度

◇ **募集资金来源**

公告日期	发行类别	实际募集资金净额(万元)	发行起始日	证券名称	证券类别
2016-06-24	增发新股	890,789.07	2016-06-16	保利地产	A股
2009-07-16	增发新股	781,535.00	2009-07-10	保利地产	A股
2007-07-27	增发新股	681,469.38	2007-08-07	保利地产	A股
2006-07-05	首发新股	201,856.00	2006-07-14	保利地产	A股

◇ **项目进度**

项目名称	截止日期↓	计划投资(万元)	已投入募集资金(万元)	建设期(年)	收益率(税后)	投资回收期(年)
珠海保利国际广场	2018-08-14	398,261.00	130,000.00	--	--	--
合肥保利西山林语	2018-04-17	385,905.00	87,000.00	--	--	--
福州保利西江林语	2018-04-17	300,014.00	95,000.00	--	--	--
成都保利玫瑰花语	2018-04-17	223,540.00	30,500.00	--	--	--
成都保利叶语	2018-04-17	211,710.00	38,500.00	--	--	--
天津保利罗兰公馆	2018-04-17	187,934.00	44,500.00	--	--	--
成都保利紫薇花语	2018-04-17	164,116.00	45,500.00	--	--	--
南京保利中央公园	2017-08-30	524,415.00	82,000.00	--	--	--
南京保利堂悦	2017-08-30	453,455.00	50,000.00	--	--	--
合肥保利海上五月花	2017-04-18	491,618.00	90,789.07	--	--	--

　　绿地控股：从背景图来看，2015 年借壳上市后，扣非净利润和净资产均呈现深绿色背景，表明企业能实现连续盈利，规模相对较大。从数据图的色块和具体数值来看，2015—2017 年期间扣非净利润从 56 亿元增长到 91 亿元；净资产则从 2015 年的 718 亿元增长到 2017 年的 934.5 亿元，2018 年净资产突破 1000 亿元。从净资产突变情况来看，公司在 2015 年存在明显的突变信号，是公司借壳上市的缘故，2015 年至今没有再进行股权再融资。

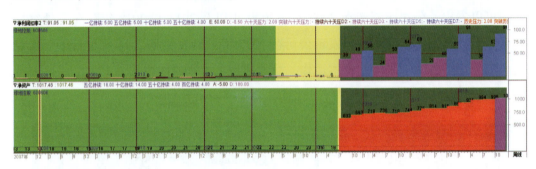

募集资金来源　|　项目进度

募集资金来源

公告日期	发行类别	实际募集资金净额(万元)	发行起始日	证券名称	证券类别
2015-07-03	增发新股	6,454,008.20	2015-06-29	金丰投资	A股
2002-04-03	增发新股	62,921.54	--	金丰投资	A股
1993-06-12	配股	2,054.34	--	嘉丰股份	A股
1992-02-19	首发新股	0.00	--	嘉丰股份	A股

项目进度

项目名称	截止日期↓	计划投资(万元)	已投入募集资金(万元)	建设期(年)	收益率(税后)	投资回收期(年)
购买绿地集团的股权	2016-04-26	6,673,205.00	6,673,205.00	--	--	--
武汉绿地国际金融城建设项目	2015-12-09	1,179,747.05	--	--	--	--
合肥绿地新都会项目	2015-12-09	359,714.18	--	--	--	--
合肥紫峰绿地中央广场项目一期	2015-12-09	288,083.72	--	--	--	--
收购上海龙宁房地产开发有限公司50%股权	2009-12-08	17,000.00	5,500.00	--	--	--
金丰易居中国房屋置换流通服务体系	2004-11-24	30,000.00	4,780.00	2.00	14.00%	7.00
松江九亭小城镇开发项目	2004-11-24	27,000.00	27,000.00	1.50	15.00%	--
向"上海房地产住宅消费服务有限公司"增资5980万元项目	2004-11-24	13,440.00	1,020.00	2.00	22.72%	5.08
投资2亿元用于上海松江大学城学生公寓工程项目	2002-10-18	104,600.00	--	3.00	11.24%	11.08
收购上海房屋置换股份有限公司27%股权	2002-04-03	2,025.00	2,025.00	--	--	--

　　金地集团：从背景图来看，过去十年，扣非净利润和净资产均呈现深绿色背景，净资产存在多处突变信号，表明企业能实现连续盈利，规模相对较大，企业有通过定增实现快速增长的可能。从数据图的色块和具体数值来看，2007—2017 年期间扣非净利润从 9.56 亿元增长到 58 亿元，2016 年扣非净利润突破 50 亿元，净资产则从 2007 年的 92 亿元增长到 2017 年的 531 亿元，净资产在 2016 年突破 500 亿

元。从净资产图可以看出，净资产存在多处突变信号，打开资本运作栏，可以得知公司在 2007 年和 2009 年进行了两次定增，但是公司在 2010 年底、2013 年底也存在净资产突然增加 15%（净资产突变信号的阈值就设在 15% 门槛）的现象。这点怎么解释呢？净资产的增加来源，不是股权融资就是企业内部净利润增加，那么既然没有进行股权再融资，就是企业的净利润增加导致的。而恰恰房地产企业存在很明显的年底结算模式。净利润大多在年底反映，前面上个季度结算很少，所以会导致净资产的突变信号触发，因为触发的原理就是单季净资产比上一个季度净资产是否超过 15%，而房地产存在明显的年底集中结算情况，这正好导致年底可能触发信号，尤其对于净资产规模小的房地产企业会出现这种现象。毫无疑问，这既是技术性的问题，同时也反映了房地产行业资金回笼的特性。

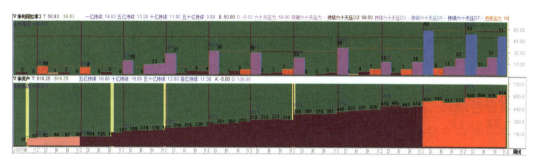

募集资金来源　　项目进度

○ 募集资金来源

公告日期	发行类别	实际募集资金净额(万元)	发行起始日	证券名称	证券类别
2009-08-19	增发新股	409,738.54	--	金地集团	A股
2007-07-07	增发新股	445,658.78	2007-07-02	金地集团	A股
2004-12-20	增发新股	86,997.32	--	金地集团	A股
2001-01-11	首发新股	82,694.22	--	金地集团	A股

○ 项目进度

项目名称	截止日期	计划投资(万元)	已投入募集资金(万元)	建设期(年)	收益率(税后)	投资回收期(年)
西安南湖及曲江池项目	2011-08-20	120,000.00	120,000.00	3.75	17.11%	--
沈阳长青	2011-03-18	733,255.00	99,739.00	8.58	15.02%	--
天津格林世界三期	2011-03-18	189,657.00	70,000.00	5.00	16.54%	--
武汉金银湖	2011-03-18	95,847.00	40,000.00	4.00	13.57%	--
上海格林世界四期	2011-03-18	80,000.00	80,000.00	4.08	19.59%	--
深圳梅陇镇项目	2007-07-07	174,229.00	23,200.00	--	--	--
武汉金地格林小城项目	2007-07-07	167,791.00	36,336.00	--	--	--
北京金地中心项目	2007-07-07	117,889.00	28,276.00	--	--	--
上海格林郡项目	2007-07-07	107,105.00	11,753.00	--	--	--
深圳渔农村旧改项目	2007-07-07	9,600.00	9,600.00	--	--	--

招商蛇口：从背景图来看，公司 2015 年重组后，扣非净利润和净资产均呈现深绿色背景，净资产存在突变信号，表明企业能实现连续盈利，规模相对较大，企业有通过定增实现快速增长的可能。从数据图的色块和具体数值来看，2015—2017 年期间扣非净利润从 44 亿元增长到 119 亿元，2016 年扣非净利润突破 50 亿元，2017 年突破 100 亿元，净资产则从 2015 年的 621 亿元增长到 2017 年的 928 亿元。从净资产突变情况来看，存在一个净资产突变信号，打开资本运作栏，可以得知公司在 2016 年再次定向增发募集了 118 亿元。

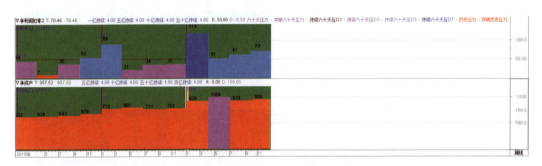

2. 反映风险的资产负债率和销售现金流指标

万科 A：从背景图来看，资产负债率一直呈现黄色背景，销售现金流存在明显的现金流流出现象（黄色背景）。从数据图的色块和具体数值来看，资产负债率从 2007 年的 66% 逐年增长到 2017 年的 84%，销售现金流存在明显的季节性波动，且资金回笼多在年底，而且有些年份还为负。

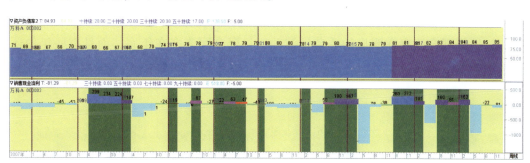

保利地产：从背景图来看，资产负债率一直呈现黄色背景，销售现金流存在明显的现金流流出现象（黄色背景）。从数据图的色块和具体数值来看，资产负债率维持在72%~80%区间，销售现金流存在明显的季节性波动，且资金回笼多在年底，而且有些年份还为负。

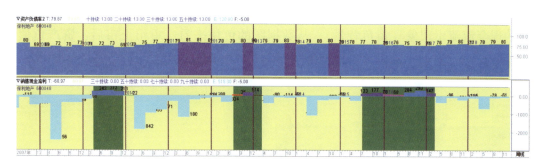

绿地控股：从背景图来看，资产负债率一直呈现黄色背景，销售现金流存在明显的现金流流出现象（黄色背景）。从数据图的色块和具体数值来看，借壳上市后，资产负债率维持在高位88%左右，销售现金流波动明显，不是季节性波动，而是要么持续地流进，要么持续地流入，与万科A和保利地产资金回笼还不一样。这是一个值得进一步反推到它们之间业务差异的好时机。

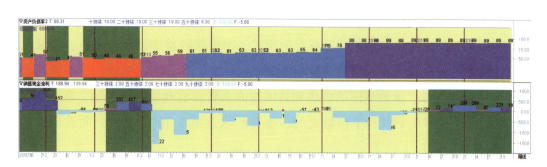

金地集团：从背景图来看，资产负债率一直呈现黄色背景，销售现金流存在明显的现金流流出现象（黄色背景）。从数据图的色块来看，资产负债率维持在72%左右，销售现金流存在明显的季节性波动，且资金回笼多在年底，而且有些年份还为负。

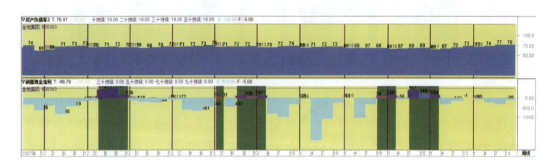

招商蛇口：从背景图来看，资产负债率一直呈现黄色背景，销售现金流存在明显的现金流流出现象（黄色背景）。从数据图的色块来看，重组上市后，资产负债率维持在72%左右，销售现金流持续为负。

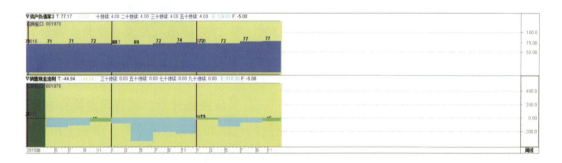

3. 反映盈利能力的毛利率、净利率、净资产收益率指标

万科A：从背景图来看，过去十年，毛利率呈现深绿色和浅绿色背景并存的模式，净利率呈现深绿色和白色背景并存的模式，净资产收益率呈现深绿色、浅绿色和白色背景并存的模式，表明公司盈利能力相对较高，存在一定波动性，净资产收益率年化超过10%。从数据图的色块和具体数值来看，毛利率有所波动，在26%～40%之间，净利率在19%与个位数之间，净资产收益率在10%～20%之间波动。整体盈利能力还可以。

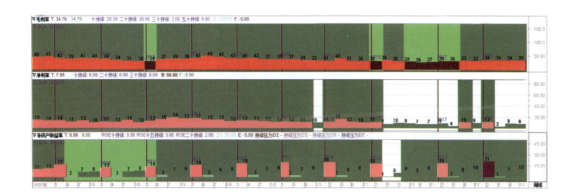

保利地产：从背景图来看，过去十年，毛利率呈现深绿色和浅绿色背景并存的模式，净利率呈现深绿色和白色背景并存的模式，净资产收益率呈现深绿色和浅绿色背景并存的模式，表明公司盈利能力相对较高，存在一定波动性，净资产收益率年化超过10%。从数据图的色块和具体数值来看，毛利率和净利率以及净资产收益率指标与万科A特性比较相近。

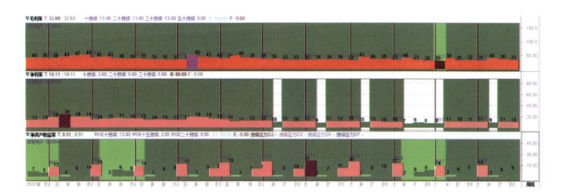

绿地控股：从背景图来看，借壳上市后，毛利率和净利率均呈现白色背景，净资产收益率呈现浅绿色和深绿色背景并存的模式，表明公司盈利能力较低，但是净资产收益率年化依然超过10%。从数据图的色块和具体数值来看，借壳后的绿地控股主体毛利率和净利率比较低，净资产收益率维持在13%左右。结合其资产负债率情况，可以得知该企业利用了极高的资产负债率来获取净资产收益率，因为它的毛利率只有不到5个百分点。这点与万科A、保利地产具有更加明显的差异。

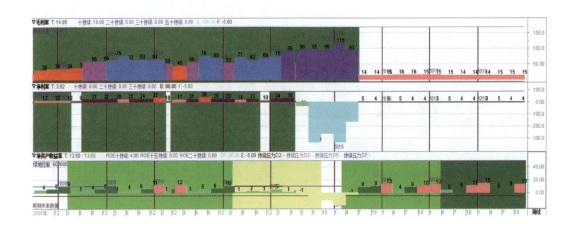

　　金地集团：从背景图来看，过去十年，毛利率呈现深绿色和浅绿色背景并存的模式，净利率呈现深绿色和白色背景并存的模式，净资产收益率呈现深绿色、浅绿色和白色背景并存的模式，表明公司盈利能力一般，存在明显的波动性，但净资产收益率年化依然超过10%。从数据图的色块和具体数值来看，毛利率和净利率以及净资产收益率波动明显，整体盈利能力还可以。

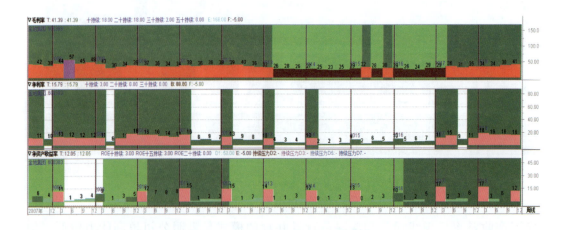

　　招商蛇口：从背景图来看，重组上市后，毛利率和净资产收益率均呈现深绿色和浅绿色背景并存的模式，净利率呈现白色和深绿色背景并存的模式，表明公司盈利能力较高，年化净资产收益率超过15%。从数据图的色块和具体数值来看，毛利率和净利率以及净资产收益率还可以。

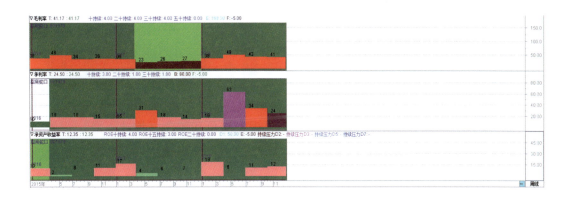

4. 反映成长的净利润增速指标

万科 A：从背景图来看，过去十年，呈现深绿色和黄色（增速下滑）背景并存的模式，表明业绩增速波动较大，但企业整体持续增长。从数据图的色块以及具体数值来看，净利润增速波动明显。

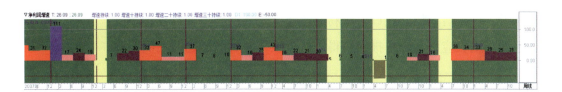

保利地产：从背景图来看，过去十年，除了单个季度呈现黄色（增速下滑）背景，其他时候均呈现深绿色背景，表明业绩存在一定波动，但企业整体持续增长。从数据图的色块以及具体数值来看，净利润增速波动明显。

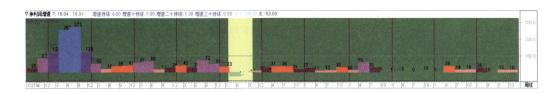

绿地控股：从背景图来看，借壳上市后，一直呈现深绿色背景，表明企业持续增长。从数据图的色块以及具体数值来看，借壳后的绿地控股净利润增速比较稳定，维持在 20% 左右。

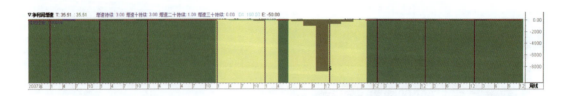

金地集团：从背景图来看，过去十年，呈现深绿色和黄色（增速下滑）背景并存的模式，表明业绩波动明显。从数据图的色块以及具体数值来看，净利润增速波动明显。

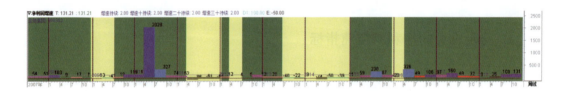

招商蛇口：从背景图来看，重组上市后，呈现深绿色和黄色（增速下滑）背景并存的模式，表明业绩波动明显，但是整体能够增长。从数据图的色块以及具体数值来看，重组后的招商蛇口，净利润增速先是高增长，而后增速下滑，再加速。重组后的高增长应该是合并报表所得。所以整体净利润增速波动明显。

以上是从财务视角，八个核心财务指标，四个方面来考察全国地产行业前五企业的基本面特性。

综合以上，A股全国地产行业前五的企业从财务上表现的特征是：①行业发展需要股权再融资，同时还需要银行的信贷，因为资产负债率均在70%以上。②销售现金流回笼不是很顺畅，既有结算的原因，还与行业特性有关，因为不仅表现年度集中结算，同时还表现持续年度为负的特征。③净利润增速波动明显，而企业发展主要靠举债和股权再融资，那么融资的可得性会直接影响到净利润的增速情况。如果不投资，那么净利润增速会大大受限，这是显而易见的。而且客户购房也需要靠银行的信贷来取得，那么从以上的财务特性可以非常明显地得出房地产的发展与证券市场的股权再融资政策和银行对房地产的信贷政策联系的非常紧密。

二、全国地产行业前五企业的股价特性

万科 A：从背景图、数据图的色块和具体数值来看，过去十年，公司股价的阶段性相对清晰，深绿色背景持续性较强，但红色色块和黑色色块一样明显。从股价、基本趋势和市场预期综合来看，仅从净利润增速还无法看出其周期性特征，但是个股极高的资产负债率和整个房地产行业的高资产负债率足以表明周期性特征。另外，由于其高资产负债率以及购房者也大多是通过银行的住房按揭获得，所以房地产行业与信贷政策息息相关。所以，影响市场预期的因素，觉得基本趋势的因素一方面与企业本身的竞争优势挂钩，更重要的是市场环境和政府政策联系非常紧密。从下面的股价走势和企业的基本趋势来看，正相关性尤其是净利润增速与股价的正相关性非常脆弱。而股价与市场环境联

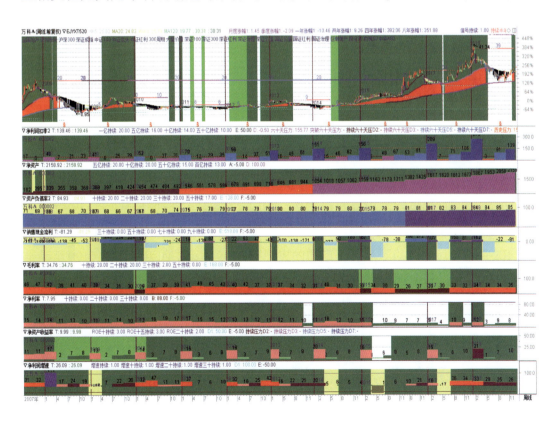

系非常紧密，由于房地产行业属于周期比较长的行业，结果市场环境也是联系很多年。比如在 2010—2013 年，市场环境就连续三年偏弱。尽管企业的利润每年都保持较高的增速，但是股价却连续多年保持低位徘徊。反倒是，在市场环境向好的 2014—2017 年，股价连续上涨，而在 2014—2017 年净利润增速的稳定性还没有 2010—2013 年好，盈利能力也是如此。如果完全忽略企业的基本趋势，光重视市场环境，同样是错误的。那样就无法理解在 2007 年前企业的高速增长，以及整个行业甚至是整个周期性行业的高速增长，所共同引起的市场环境以及市场预期正向发展了。所以对于周期性行业，固定 10 年的时间框架并不完整。

把时间框架再往前倒 5 年，如果看 2003—2013 这段时间，就可以看到一个清晰的盛衰循环。高速在 2003—2007 年处于超高速发展阶段，股价也是快速上涨，事实上 2003—2005 年整个市场比较偏弱，但是万科 A 的超高速发展，足以引起市场预期的正向反馈。而在整个市场处于牛市的时候，叠加企业不是强劲的基本趋

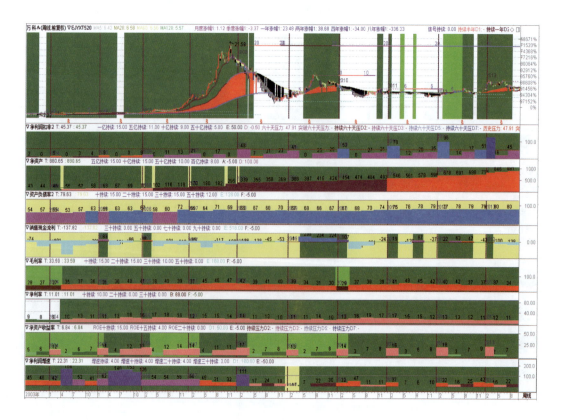

势，自然股价在 2006—2007 年中获得市场追捧。但由于 2006—2007 年企业股价的快速上涨，结果是随后的下跌，叠加企业基本趋势的放缓，所以，也不难理解 2010—2013 年期间股价的停滞。所以，尽管房地产属于政策敏感性行业，也是典型的周期性行业，但是如果将时间拉长，依然可以建立股价走势和基本趋势、市场预期三者的关系。

保利地产：从背景图、数据图的色块和具体数值来看，过去十年，公司股价的阶段性相对复杂些，背景图的白色和深绿色背景交替频次要更加多些，红色色块和黑色色块都比较明显。从股价、基本趋势和市场预期综合来看，从保利地产可以进一步验证超强劲的基本趋势，是能够得到市场预期的认可的，是能够抵御一部分负面的市场环境影响的，比如 2009 年的强劲反弹。但是，市场环境的影响依然足够强大，比如 2008 年的大幅下挫，而企业在 2008 年很多季度的增速均是历史最高值。再比如 2013 年股价的持续走高，而公司基本趋势却存在连续两个季度的负增长。而在 2013 年下半年至 2014 年公司业绩恢复

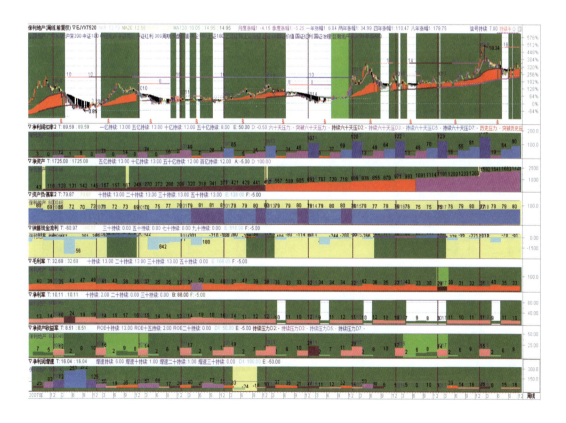

增长的时候，股价却在市场环境影响下，持续回落。所以，单个公司股价和其基本趋势之间的关系在周期性行业，要弱很多，但是如果把周期性行业上涨阶段的涨幅考虑进去，就会使你大吃一惊，2009 年保利地产的居然强劲反弹了1.6 倍。万科 A 也反弹了 1.5 倍，而同期的贵州茅台还不到 1 倍，这也是大消费类企业在短期内无法达到的爆发力。周期股的大起大落和优质消费类企业的长牛特征差异还是比较明显的。

绿地控股：从背景图、数据图的色块和具体数值来看，借壳上市后，公司股价的阶段性相对清晰，白色背景持续性很强，黑色色块比较明显。从股价、基本趋势和市场预期综合来看，由于公司 2015 年借壳上市，所以还无法建立起长期的股价和基本趋势、市场预期的关系。但能够看到借壳后，企业的基本趋势处于良性循环之中，前面已经提到，由于是周期性行业，所以 20% 的增速并没有带来强劲的市场预期。整个股价在 3 年内基本按照市场环境的方向在运行，2017 年在市场环境向好的时候，股价也出现快速的反弹，而在 2018 年市场环境转为负的时候，股价同样回落。

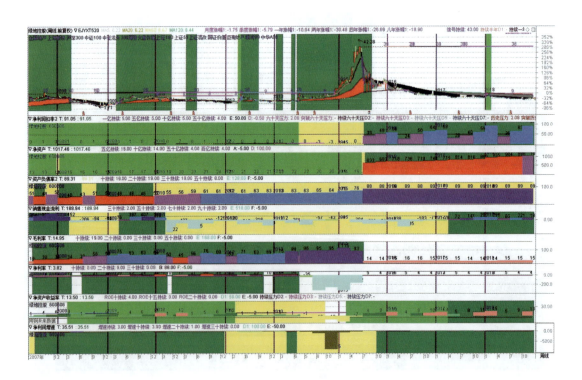

金地集团：从背景图、数据图的色块和具体数值来看，过去十年，公司股价的阶段性相对复杂些，背景图的白色和深绿色背景交替频次要更加多些，红色色块和黑色色块都比较明显。从股价、基本趋势和市场预期综合来看，由于金地集团的基本趋势不是特别强劲，且表现一定的不稳定性，所以股价表现随大流的特征，跟随整个板块和市场的走势特征比较明显。

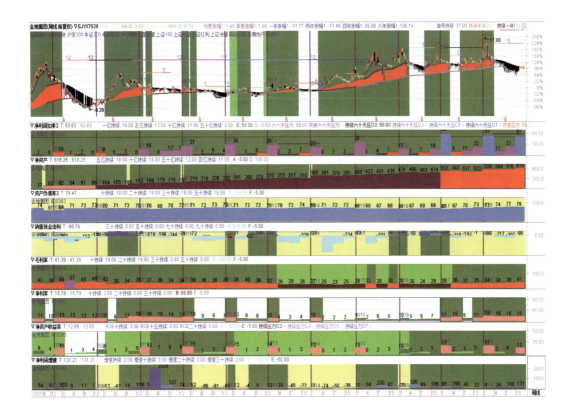

招商蛇口：从背景图、数据图的色块和具体数值来看，重组上市后，公司股价的阶段性相对复杂些，背景图的白色和深绿色背景交替频次要更加多些，黑色色块比较明显。从股价、基本趋势和市场预期综合来看，由于招商蛇口在2015年重组，从重组后两年的时间框架来看，首先跟随板块和市场的走势比较明显，2017年股价持续上涨，而在2018年持续回落。与此同时，业绩增速呈现一定的不稳定性特征，但季节性的增速也呈现较高的现象，盈利能力在不断提升，整体上基本趋势处于良性循环之中。

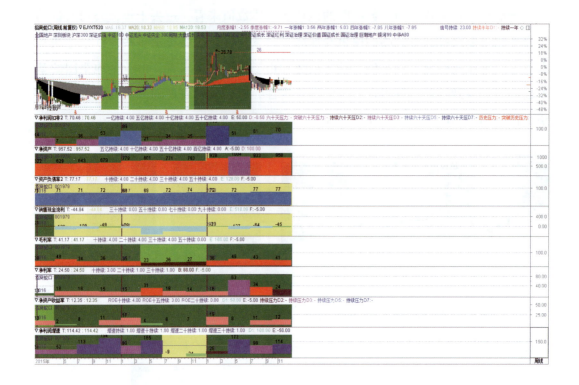

第 2 节　银行业特性分析

一、银行业基本面特性分析

银行业，共有 28 家上市企业，截至目前，按照流通市值排序，工商银行排在第一位：14397.29 亿元；第二位是农业银行：10703.61 亿元；第三位是中国银行：7587.56 亿元；第四位是招商银行：5850.37 亿元；第五位是浦发银行：3029.59 亿元。事实上，四大行中建设银行的总市值也很高，但是由于其流通市值只有 640.86 亿元，由于这次分析按照流通市值来排序，所以暂时没有把建设银行纳入分析，但不妨碍我们对整个银行的基本面特性分析。截至目前，银行行市值突破 10000 亿元的有两家，分别是工商银行和农业银行。5000~10000 亿元之间的有两家，是中国银行和招商银行。A 股前五的银行业上市公司，它们的行业地位（规模）、抗风险能力、盈利能力和成长前景，从财务角度我们又能得出什么呢？下面就从这四个方面的财务角度一一查看。

银行(28)	涨幅%	现价	量比	涨速%	流通市值↓
1　工商银行	-0.19	5.34	1.12	0.00	14397.29亿
2　农业银行	-0.27	3.64	1.32	0.28	10703.61亿
3　中国银行	0.28	3.60	0.85	-0.27	7587.56亿
4　招商银行	-0.84	28.36	1.14	0.00	5850.37亿
5　浦发银行	0.28	10.78	1.50	-0.08	3029.59亿
6　兴业银行	0.06	15.69	1.21	0.00	2989.31亿
7　交通银行	0.86	5.85	0.89	0.00	2296.18亿
8　民生银行	0.16	6.19	1.08	-0.31	2195.11亿
9　中信银行	0.18	5.70	1.19	0.00	1818.59亿
10　平安银行	-0.57	10.49	0.98	-0.09	1801.16亿
11　光大银行	-0.26	3.83	1.04	0.00	1524.74亿
12　北京银行	0.67	6.04	0.86	0.00	1102.18亿
13　华夏银行	1.03	7.83	0.87	0.00	1004.02亿
14　宁波银行	-0.82	17.02	1.24	0.24	788.13亿
15　建设银行	-0.60	6.68	1.09	0.00	640.86亿
16　上海银行	1.22	11.66	1.08	0.09	605.80亿
17　南京银行	0.43	7.06	0.59	0.00	598.84亿
18　江苏银行	0.94	6.45	0.78	0.00	387.53亿
19　杭州银行	0.52	7.77	0.71	0.13	161.74亿
20　贵阳银行	0.61	11.49	0.83	-0.16	142.36亿
21　常熟银行	0.63	6.42	1.09	0.16	64.02亿
22　张家港行	0.34	5.89	0.62	-0.16	49.86亿
23　无锡银行	1.42	5.70	0.65	0.00	45.85亿
24　江阴银行	0.18	5.56	0.57	-0.35	39.94亿
25　吴江银行	1.44	6.32	0.73	0.32	38.36亿
26　郑州银行	0.73	5.49	0.52	0.00	32.94亿
27　长沙银行	0.21	9.34	0.56	-0.20	31.96亿
28　成都银行	0.47	8.50	0.70	0.00	30.70亿

1. 反映规模的扣非净利润和净资产指标

工商银行：从背景图来看，过去十年，扣非净利润和净资产均呈现深绿色背景，表明企业能实现连续盈利，且规模很大。从数据图的色块和具体数值来看，2007—2017 年，扣非净利润从 800 亿元增长到 2839.63 亿元，净资产从 5260.37 亿元增长到 21410.56 亿元，净资产在 2012 年突破 10000 亿元。10 年时间，扣非净利润增长了 2.55 倍，净资产增长了 3.07 倍。尽管在净资产一栏没有突变信号，但打开公司资本运作一栏，可以发现公司还是进行了再融资，主要用来补充资本金。

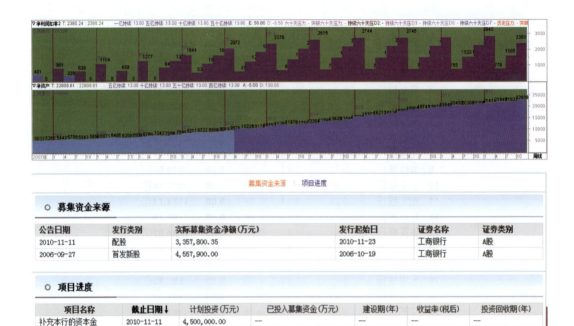

	募集资金来源	项目进度			

○ 募集资金来源

公告日期	发行类别	实际募集资金净额(万元)	发行起始日	证券名称	证券类别
2010-11-11	配股	3,357,800.35	2010-11-23	工商银行	A股
2006-09-27	首发新股	4,557,900.00	2006-10-19	工商银行	A股

○ 项目进度

项目名称	截止日期↓	计划投资(万元)	已投入募集资金(万元)	建设期(年)	收益率(税后)	投资回收期(年)
补充本行的资本金	2010-11-11	4,500,000.00	---	---	---	---
补充本行资本金	2006-09-27	4,557,897.68	4,557,897.68	---	---	---

农业银行：从背景图来看，公司 2010 年上市，扣非净利润和净资产均呈现深绿色背景，表明企业能实现连续盈利，且规模很大。从数据图的色块和具体数值来看，2010—2017 年，扣非净利润从 937.57 亿元增长到 1926.95 亿元，净资产从 5422.36 亿元增长到 14293.97 亿元，净资产在 2014 年突破 10000 亿元。7 年时间，扣非净利润增长了 1.05 倍，净资产增长了 1.636 倍。尽管在净资产一栏没有突变信号，但打开公司资本运作一栏，可以发现公司还是进行了再融资，主要用来补充资本金。

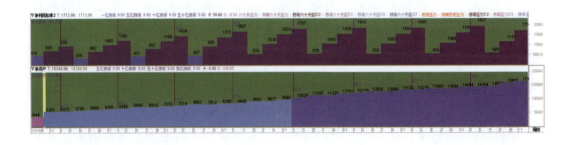

募集资金来源　项目进度

○ 募集资金来源

公告日期	发行类别	实际募集资金净额(万元)	发行起始日	证券名称	证券类别
2018-07-04	增发新股	9,998,919.88	2018-06-29	农业银行	A股
2010-06-17	首发新股	6,755,800.00	2010-07-07	农业银行	A股

○ 项目进度

项目名称	截止日期↓	计划投资(万元)	已投入募集资金(万元)	建设期(年)	收益率(税后)	投资回收期(年)
补充本行核心一级资本	2018-08-29	10,000,000.00	9,998,919.88	--	--	--
充实本行资本金	2014-03-26	2,763,167.10	--	--	--	--

中国银行：从背景图来看，过去十年，扣非净利润和净资产均呈现深绿色背景，表明企业能实现连续盈利，且规模较大。从数据图的色块和具体数值来看，2007—2017年，扣非净利润从559.09亿元增长到1700.95亿元，净资产从4549.93亿元增长到15766.79亿元，净资产在2014年突破10000亿元。10年时间，扣非净利润增长了2.04倍，净资产增长了2.465倍。尽管在净资产一栏没有突变信号，但打开公司资本运作一栏，可以发现公司还是进行了再融资，主要用来补充资本金。

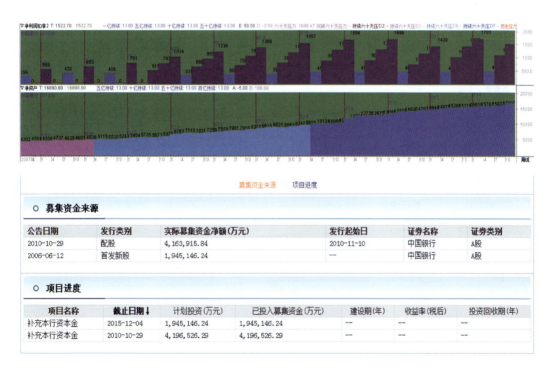

募集资金来源　项目进度

○ 募集资金来源

公告日期	发行类别	实际募集资金净额(万元)	发行起始日	证券名称	证券类别
2010-10-29	配股	4,163,915.84	2010-11-10	中国银行	A股
2006-06-12	首发新股	1,945,146.24	--	中国银行	A股

○ 项目进度

项目名称	截止日期↓	计划投资(万元)	已投入募集资金(万元)	建设期(年)	收益率(税后)	投资回收期(年)
补充本行资本金	2015-12-04	1,945,146.24	1,945,146.24	--	--	--
补充本行资本金	2010-10-29	4,196,526.29	4,196,526.29	--	--	--

招商银行：从背景图来看，过去十年，扣非净利润和净资产均呈现深绿色背景，净资产存在多处突变信号，表明企业能实现连续盈利，且规模相对较大，公司有通过定增实现快速增长的可能。从数据图的色块和具体数值来看，2007—2017年，扣非净利润从151.35亿元增长到697.69亿元，2013年扣非净利润突破500亿元，净资产从679.84亿元增长到4833.92亿元，净资产在2010年突破1000亿元，在2018年突破5000亿元。10年时间，扣非净利润增长了3.61倍，净资产增长了6.11倍。从净资产的突变情况来看，可以发现在2008年、2010年、2013年存在三处突变信号，打开资本运作一栏，公司只在2010年和2013年做了配股。公司募集资金主要用在补充资本金。所以公司的扣非净利润和净资产取得的快速增长，有一部分原因是利用了股权再融资的缘故。

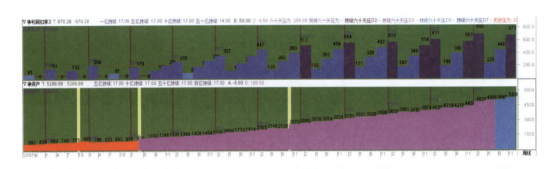

募集资金来源 | 项目进度

募集资金来源

公告日期	发行类别	实际募集资金净额（万元）	发行起始日	证券名称	证券类别
2013-08-23	配股	2,744,305.66	--	招商银行	A股
2010-03-02	配股	1,768,142.74	2010-03-12	招商银行	A股
2002-03-19	首发新股	1,074,289.00	--	招商银行	A股

项目进度

项目名称	截止日期↓	计划投资（万元）	已投入募集资金（万元）	建设期（年）	收益率（税后）	投资回收期（年）
补充本公司的资本	2018-03-24	2,752,453.78	274.68	--	--	--
补充公司核心一级资本	2015-04-11	600,000.00	---	--	--	--
补充资本金	2010-03-02	1,801,555.30	1,768,142.74	--	--	--
资金运营	2002-03-19	376,900.00	376,900.00	--	--	--
机构网点建设	2002-03-19	350,000.00	350,000.00	--	--	--
电子化建设	2002-03-19	230,000.00	230,000.00	--	--	--
购建固定资产	2002-03-19	100,000.00	100,000.00	--	--	--
人才培训	2002-03-19	20,000.00	20,000.00	--	--	--

浦发银行：从背景图来看，过去十年，扣非净利润和净资产均呈现深绿色背景，净资产存在多处突变信号，表明企业能实现连续盈利，规模相对较大，且公司有通过定增实现快速增长的可能。从数据图的色块和具体数值来看2007—2017年，扣非净利润从65.55亿元增长到540.46亿元，扣非净利润在2016年突破500亿元，净资产从282.98亿元增长到4309.85亿元，净资产在2010年突破1000亿元。10年时间，扣非净利润增长了7.24倍，净资产增长了3.74倍。从净资产的突变信号来看，只存在两处。打开公司资本运作一栏，发现公司在过去10年时间里进行了四次增发，分别是2009年、2010年、2016年和2017年，与招商银行不同的是，浦发银行再融资不仅是用来补充资本金，还有收购上海信托的股权，相信这也是公司扣非净利润增速在行业前五中最快的原因之一。

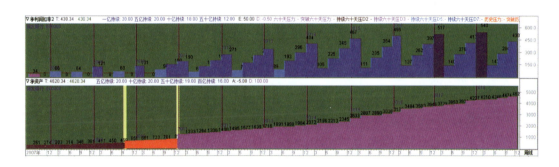

募集资金来源　项目进度

○ 募集资金来源

公告日期	发行类别	实际募集资金净额(万元)	发行起始日	证券名称	证券类别
2017-09-06	增发新股	1,481,655.20	2017-08-30	浦发银行	A股
2016-03-22	增发新股	1,635,198.90	2016-03-16	浦发银行	A股
2010-10-16	增发新股	3,919,946.42	2010-10-12	浦发银行	A股
2009-09-30	增发新股	1,482,665.96	2009-09-27	浦发银行	A股
2006-11-14	增发新股	590,800.00	2006-11-22	浦发银行	A股
2002-12-28	增发新股	249,421.63	—	浦发银行	A股
1999-09-21	首发新股	395,503.64	—	浦发银行	A股

○ 项目进度

项目名称	截止日期↓	计划投资(万元)	已投入募集资金(万元)	建设期(年)	收益率(税后)	投资回收期(年)
补充公司的核心一级资本	2017-10-30	1,483,000.00	1,481,655.20	—	—	—
购买上海信托97.33%的股权	2017-06-13	1,635,198.90	1,635,198.90	—	—	—
补充公司的核心资本金	2011-08-16	3,919,946.42	3,919,900.00	—	—	—
用于补充公司的资本金	2009-09-30	1,482,665.96	1,482,665.96	—	—	—
补充核心资本	2006-11-14	590,800.00	590,800.00	—	—	—
充实资本金	2002-12-28	249,421.60	249,421.60	—	—	—
作为增设营业网点	1999-09-23	—	157,500.00	—	—	—
支付购买上海市中山东一路12号大楼款项的一部分	1999-09-23	—	153,000.00	—	—	—
金融电子化投入	1999-09-23	—	35,000.00	—	—	—
收购兼并	1999-09-23	—	—	—	—	—

从 A 股银行业流通市值前五的企业扣非净利润和净资产规模来看，银行业不愧是所有行业中利润和净资产规模最大的行业，消费类行业中的龙头贵州茅台 2017年的扣非净利润也不过 272 亿元，而工商银行的扣非净利润达到 2840 亿元。从扣非净利润来看工商银行是贵州茅台的 10.44 倍。浦发银行 2017 年扣非净利润也有 540 亿元，差不多也是贵州茅台的 2 倍。这是大消费类龙头企业的利润和银行业相比，可以看到银行业在大消费类企业面前就是大象。银行业和房地产企业来比较，A 股房地产企业龙头万科 A 2017 年的扣非净利润是 272.80 亿元，万科 A 的扣非净利润和贵州茅台相当。所以银行业在房地产企业面前同样是大象。从最初的流通市值来看，银行业的流通市值同样惊人，万亿元以上的就有两家，5000 亿元以上的有4 家。从利润和市值两个方面的数量级来看，我们各行业的利润和 A 股各板块的市值就不可能忽视银行业的存在，沪深 300 的权重板块正是金融行业，A 股其他行业的利润总和加起来可能也不及银行业的零头。

另外，从银行业企业自身的发展来看，银行业都进行过股权再融资，再融资主要用在补充资本金。

2. 反映风险的资产负债率和销售现金流指标

工商银行：从背景图来看，资产负债率一直呈现黄色背景，销售现金流存在现金流流出现象（黄色背景）。从数据图的色块和具体数值来看，资产负债率很高，在 92%~95%之间。销售现金流回笼比较顺畅，只存在某些季节性的流出，其他时候均保持超高比例的净流入。

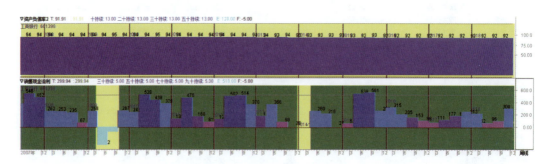

农业银行：从背景图来看，资产负债率一直呈现黄色背景，销售现金流存在现金流流出现象（黄色背景）。从数据图的色块和具体数值来看，资产负债率很高，在 93%~95%之间。销售现金流回笼比较顺畅，只存在某些季节性的流出，其他时候均保持超高比例的净流入。

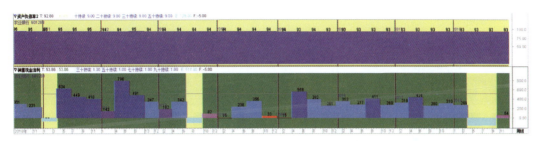

中国银行：从背景图来看，资产负债率一直呈现黄色背景，销售现金流存在明显的现金流流出现象（黄色背景）。从数据图的色块和具体数值来看，资产负债率很高，在92%~94%之间。销售现金流回笼相对顺畅，但比工商银行和农业银行要差一些。

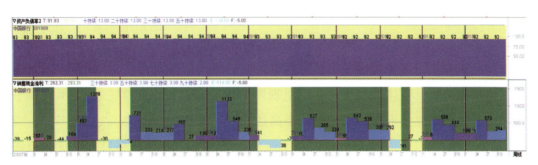

招商银行：从背景图来看，资产负债率一直呈现黄色背景，销售现金流存在明显的现金流流出现象（黄色背景）。从数据图的色块和具体数值来看，资产负债率很高，在92%~95%之间。销售现金流回笼一般，在2016年之前只存在某些季节性的流出，但是在2016年后销售现金流持续的净流出。

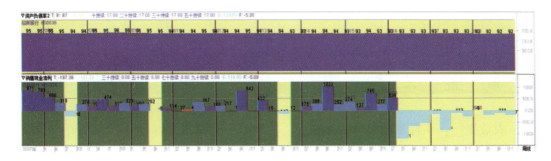

浦发银行：从背景图来看，资产负债率一直呈现黄色背景，销售现金流存在明显的现金流流出现象（黄色背景）。从数据图的色块和具体数值来看，资产负债率

很高，在92%～95%之间。销售现金流回笼情况跟招商银行非常相似，但比招商银行还要差一些。

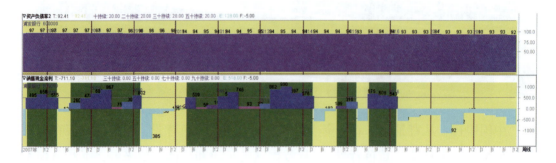

3. 反映盈利能力的毛利率、净利率、净资产收益率指标

工商银行：从背景图来看，过去十年，一直呈现深绿色背景，净资产收益率呈现深绿色和浅绿色背景并存的模式，表明公司盈利能力较高，净资产收益率年化超过10%（金融行业没有净利率，这是金融行业独特的财务特征）。从数据图的色块和具体数值来看，整体保持平稳，但呈现两阶段的特征。在2007—2012年毛利率和净资产收益率逐年走高，最高毛利率高达62%，净资产收益率高达21.77%。而在2013—2017年毛利率和净资产收益率逐年走低，2017年毛利率只有50%，净资产收益率只有13.44%。但是整体净资产收益率均保持在13%以上。

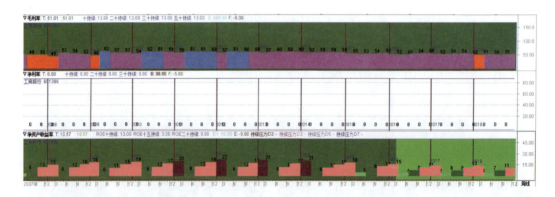

农业银行：从背景图来看，上市后，毛利率一直呈现深绿色背景，净资产收益率呈现深绿色和浅绿色背景并存的模式，表明公司盈利能力较高，年化净资产收益率超过10%（金融行业没有净利率，这是金融行业独特的财务特征）。从数据图的色块和具体数值来看，与工商银行很相似，整体保持平稳，但呈现两阶段的特征。

在 2010—2012 年毛利率和净资产收益率逐年走高，最高毛利率高达 53%，净资产收益率高达 19.73%。而在 2013—2017 年毛利率和净资产收益率逐年走低，2017 年毛利率只有 44%，净资产收益率只有 13.53%。但是整体净资产收益率均保持在 13% 以上。

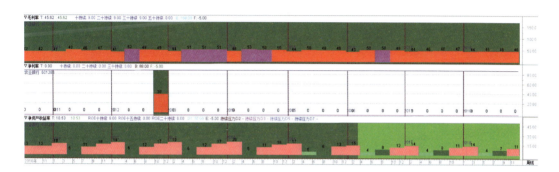

中国银行：从背景图来看，过去十年，毛利率一直呈现深绿色背景，净资产收益率呈现深绿色和浅绿色背景并存的模式，表明公司盈利能力较高，年化净资产收益率超过 10%（金融行业没有净利率，这是金融行业独特的财务特征）。从数据图的色块和具体数值来看，与工商银行和农业银行相似，整体保持平稳，但呈现两阶段的特征。在 2007—2012 年毛利率和净资产收益率逐年走高，最高毛利率高达 55%，净资产收益率高达 16.98%。而在 2013—2017 年毛利率和净资产收益率逐年走低，2017 年毛利率只有 46%，净资产收益率只有 11.52%。但是整体净资产收益率均保持在 11.52% 以上。

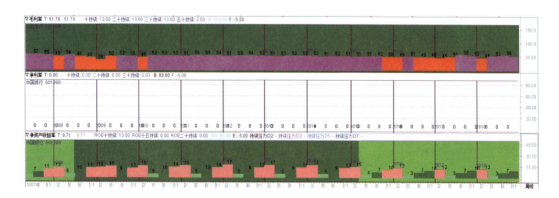

招商银行：从背景图来看，过去十年，毛利率和净资产收益率一直呈现深绿色背景，表明公司盈利能力较高，年化净资产收益率超过 15%（金融行业没有净利

率，这是金融行业独特的财务特征）。从数据图的色块和具体数值来看，招商银行与前面的三大行少有不同，但依然保持平稳。公司在 2008 年的净资产收益率最高，达到 27%，而在 2009 年和 2010 年有所回落，回落到 19%，在 2012 年又创了阶段性的高点 22.59%，之后的走势和前面的三大行一样，净资产收益率逐年走低，2017 年只有 14.61%。但整体净资产收益率均保持在 14.61% 以上。就目前来看，招商银行的净资产收益率是银行业前五中最高的。

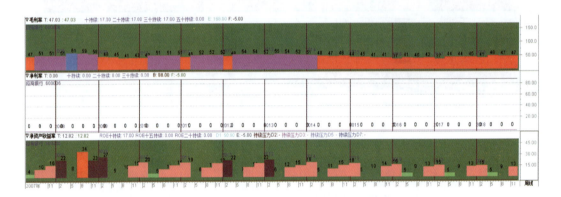

浦发银行：从背景图来看，过去十年，毛利率一直呈现深绿色背景，净资产收益率呈现深绿色和浅绿色背景并存的模式，表明公司盈利能力较高，年化净资产收益率超过 10%（金融行业没有净利率，这是金融行业独特的财务特征）。从数据图的色块和具体数值来看，与招商银行有点类似，但弹性更大些，依然整体保持平稳。公司在 2008 年的净资产收益率最高，达到 30%，而在 2009 年和 2010 年有所回落，回落到 15.59%，在 2013 年又创了阶段性的高点 20%，之后的走势和前面银行一样，净资产收益率逐年走低，2017 年只有 12.76%。但整体净资产收益率均保持在 12.76% 以上。

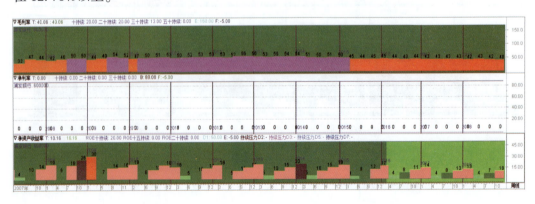

4. 反映成长的净利润增速指标

工商银行：从背景图来看，过去十年，一直呈现深绿色背景，表明企业持续增长。从数据图的色块以及具体数值来看，净利润长期为正，但整体呈现逐步放缓的走势。2007—2008 年业绩处于历史高位，2007 年净利润增长 66.44%，2008 年净利润增长 36.32%。2009—2013 年净利润增速均在 10% 以上，而在 2014 年至目前，净利润增速只有个位数。

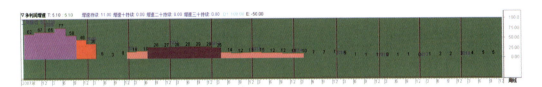

农业银行：从背景图来看，上市后，一直呈现深绿色背景，表明企业持续增长。从数据图的色块以及具体数值来看，净利润长期为正，但整体呈现逐步放缓的走势。2010—2011 年业绩处于历史高位，2010 年净利润增长 45.98%，2011 年净利润增长 28.52%。2012—2013 年净利润增速均在 10% 以上，而在 2014 年至目前，净利润增速只有个位数。

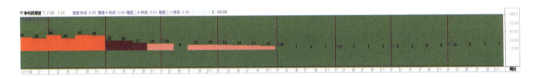

中国银行：从背景图来看，过去十年，除了单个季度呈现黄色（增速下滑）背景，其他时候均呈现深绿色背景，表明业绩有一定波动性，但整体持续增长。从数据图的色块以及具体数值来看，年度净利润长期为正，但存在季节性增速为负，整体呈现逐步放缓的走势。2007 年业绩处于历史高位，2007 年净利润增长 31.92%，2008—2013 年净利润增速均在 10% 以上，而在 2014 年至目前，净利润增速只有个位数。

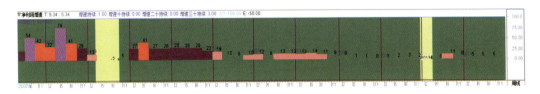

招商银行：从背景图来看，过去十年，除了单个年份呈现黄色（增速下滑）背景，其他时候均呈现深绿色背景，表明业绩有一定波动性，但整体持续增长。从数据图的色块以及具体数值来看，业绩弹性相对要大很多，存在单个年度为负的增长，但是整体依然呈现逐步放缓的走势。2007年业绩增速高达124.36%，2008年业绩也有38.27%，而2009年业绩增速为-13.48%，毫无疑问，超高速增长正是单个年度业绩增速为负的原因之一。2010—2012年依然保持着高速增长，增速在25%以上，而在2014年后，业绩增速也降为了个位数，但2017年又恢复了两位数增长。

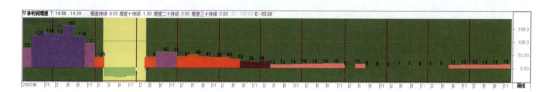

浦发银行：从背景图来看，过去十年，除了单个季度呈现黄色（增速下滑）背景，其他时候均呈现深绿色背景，表明业绩有一定波动性，但整体持续增长。从数据图的色块以及具体数值来看，业绩弹性和招商银行相似，整体依然呈现逐步放缓的走势。2007—2008年维持超高速增长，2007年业绩增速高达63.85%，2008年增速更高，为127.61%，而2009年业绩增速只有个位数5.6%，毫无疑问，超高速增长正是单个年度业绩增速降为个位数的原因之一。2010—2012年依然保持着高速增长，增速在25%以上，而在2014年后，业绩增速也降为了个位数。但2018年还存在单个季度的负增长。

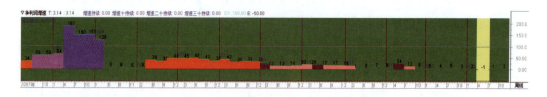

二、银行业前五企业的股价特性分析

由于银行业前五的企业大多在2006年上市，所以，我们将2006—2007年大牛市阶段的股价行情也一并纳入起来分析。这样可以更加方便理解其股价走势和基本趋势、市场预期的关系。

工商银行：从背景图、数据图的色块和具体数值来看，过去十年，公司股价的阶段性相对清晰，深绿色背景持续性较强，但是红色色块和黑色色块都比较明显。从股价、基本趋势和市场预期综合来看，事实上公司业绩从2006—2008年均保持高速增长，但是股价却呈现大起大落的特征。在上涨阶段，尤其是牛市氛围下，股价上涨，业绩高速增长，市场预期高涨。但是在2008年，股价大跌，业绩继续高涨的时候，逆势进场的投资人估计会怀疑之前的价值投资逻辑，因为此时的估值比2007年便宜很多，但是任何逆势进场的投资者，不得不承受巨大的心理压力和资金压力。熬过2008年后，2009年初业绩就进入了缓慢增长的阶段，而此时股价却快速反转，此时的价值投资逻辑，也要进一步经受考验，2008年买入的便宜，在基本趋势放缓的时候，会显得贵了。但是幸好股价得到了补偿，所以心理上其实是矛盾的，因为基本趋势没有一如既往的强劲，但金钱上的压力缓解了不少。这是静态的价值投资逻辑必然存在的痛苦。而如果使用盛极而衰的理念，能够很好地理解2006—2008年的走势的，股价在3~5年左右的时间里，价值投资长期的逻辑会显得相形见绌，而盛极而衰正好可以派上用场，这就必须承认，2006—2008年的高速增长的业绩不是股价上涨的主要原因，两年内股价上涨的主要原因是市场预期，是市场环境，牛市是导致上涨的主要原因，熊市也是导致2008年股价下跌的主要原因。只有这样，才能进一步理解2014年后，业绩进一步放缓，而2015—2017年股价呈现整体上涨的原因。

市场环境对股价的影响幅度和时间，在周期类股与消费类股的差异性体现得更加明显。通过这样系统的实证分析，也能够进一步引起投资者对市场预期、市场环境的重视。

农业银行：从背景图、数据图的色块和具体数值来看，上市后，公司股价的阶段性相对复杂些，背景图的白色和深绿色背景交替频次要更加多些，红色色块比较明显。从股价、基本趋势和市场预期综合来看，在2010—2013年高速增长的阶段，股价区间震荡。而在高速业绩降为个位数增长的时候，首先在牛市的氛围下，股价进入上涨阶段，在股灾的时候比较抗跌，在2017年鼓吹价值投资理念的时候，银行股包括农业银行自然持续上涨。长期来说，比如8年、10年，业绩持续为正的增长，那么股价迟早会消化3~5年内的市场预期的变化，股价也会差不多与公司的盈利水平挂钩，尤其是净资产收益率指标。但是在3~5年内，尤其是1年内，市场

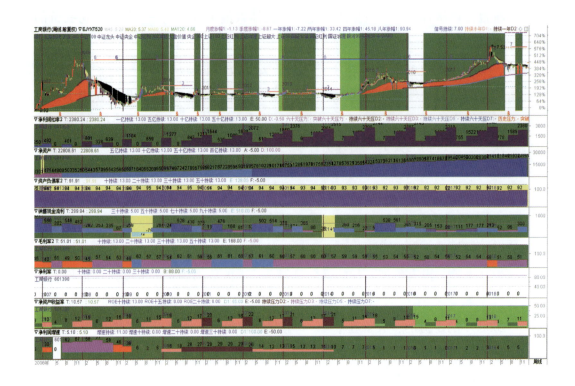

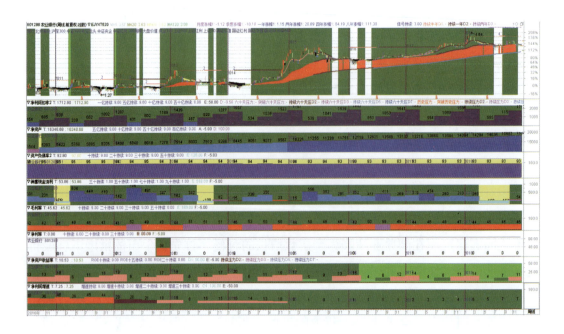

预期和市场环境的作用就不得不重点考虑了。2017年的银行股也被贴上价值投资的标签，因为业绩稳定和低估值。但是这并不是巴菲特价值投资理念的核心。如果往后一点看，未来农业银行的业绩增速不排除为负，因为其明显的趋势是增速逐步放缓，再好的行业也会有增长的尽头，而现在的增速已经从原来的45%降到了5%。所以，真正的价值投资最主要的基本趋势在未来，而不在当下，过去的业绩稳定和当下的低估值，动态来看，正可能是历史的阶段性高点。

中国银行：从背景图、数据图的色块和具体数值来看，过去十年，公司股价的阶段性相对复杂些，背景图的白色和深绿色背景交替频次要更加多些，红色色块和黑色色块都非常明显。从股价、基本趋势和市场预期综合来看，公司股价与工商银行和农业银行相似，市场预期和基本趋势以及股价互相影响。

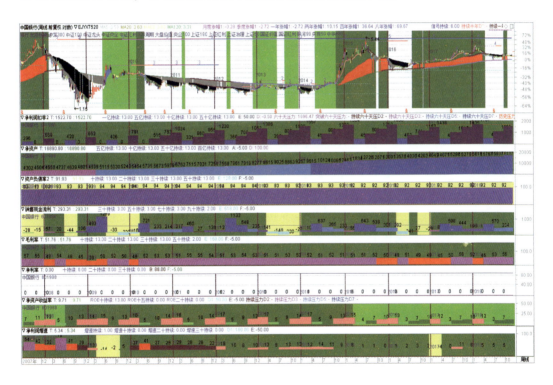

招商银行：从背景图、数据图的色块和具体数值来看，过去十年，公司股价的阶段性相对清晰，深绿色背景持续性较强，红色色块比较明显。从股价、基本趋势和市场预期综合来看，如果完全忽略基本趋势同样是不对的，银行股的市场环境的确起到影响股价的关键走向，但是如果基本趋势足够强劲，比如招商银行极高的净资产收益率和超高的净利润增速，是可以在1~2年里叠加市场环境，导致市场预期

走得更近强劲，股价会更具有持续性和方向性。农业银行和中国银行尽管也存在明显的大趋势，但是其股价的持续性和方向性不那么明显，波动性就会大很多。选择这样的公司在以年度为考量的净值里，会让基金管理人非常难受。

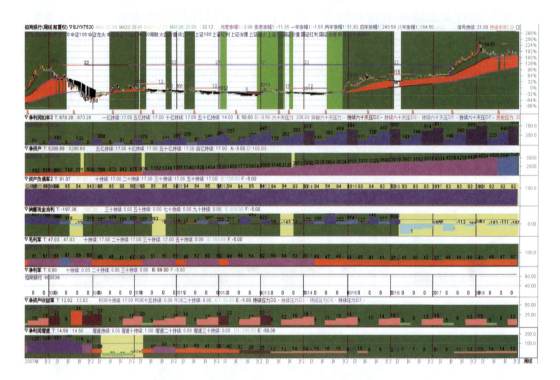

浦发银行：从背景图、数据图的色块和具体数值来看，过去十年，公司股价的阶段性相对清晰，深绿色背景持续较强，但红色色块和黑色色块都比较明显。从股价、基本趋势和市场预期综合来看，在股价走势上，浦发银行更能体现招商银行的强劲基本趋势特点。2006—2009年就具有明显的股价趋势性特征。强劲的基本趋势叠加明显的市场环境，可以导致非常清晰的股价走势。但是，就不同行业来说，多大的净利润增速才算足够强劲，消费类股的净利润增速如果足够强劲，显然是不可持续的，但是周期类股的净利润增速如果只有40%以下，似乎都不叫周期性行业了。所以不同行业有所差异。但是，如果明确了这一个模糊的量化区分，还是能够较好理解不同行业股价走势与基本趋势的关系的。至少强劲的周期性行业和稳定持续的消费类行业，可以较好地建立起股价走势和基本趋势的关系，这类公司也有足够的力量引起市场预期、市场环境的正向反应。浦发银行在2018年，在基本趋势不强劲，和市场环境不好的时候，自然股价难以有好的表现。

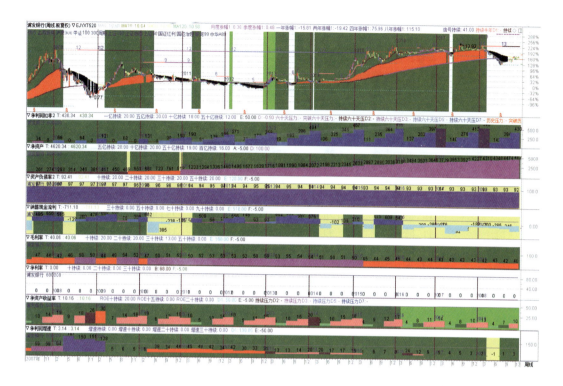

市场预期是一个反映当下的指标，正好体现在股价走势上，市场环境同样如此，而通过对不同行业的基本面八个财务指标的 10 年以上的分析，正好可以把握不同行业、不同企业的基本趋势特征和一定的趋势性规律。

第 3 节　　建筑工程行业特性分析

一、建筑工程行业基本面特性分析

建筑工程行业，共有 86 家上市企业，按照流通市值，截至目前排在第一位是中国建筑：2226.9 亿元；第二位是中国交建：1429.64 亿元；第三位是中国中铁：1366.01 亿元；第四位是中国铁建：1244.65 亿元；排在第五位是中国中冶：564.14 亿元。建筑工程行业有四家企业市值突破 1000 亿元，分别是中国建筑、中国交建、中国中铁和中国铁建。有两家在 500 亿元以上，分别是中国中冶和中国电建。这些前五的建筑工程行业上市公司，它们的行业地位（规模）、抗风险能力、盈利能力和成长前景从财务角度分析，我们又能得出什么呢？下面就从这四个方面的财务角度一一查看。

建筑工程 (86) ▾	涨幅%	现价	量比	涨速%	流通市值↓
1 中国建筑	1.13	5.35	0.80	0.00	2226.90亿
2 中国交建	1.00	12.17	0.85	-0.15	1429.64亿
3 中国中铁	0.55	7.33	0.89	-0.13	1366.01亿
4 中国铁建	1.69	10.82	0.92	0.00	1244.65亿
5 中国中冶	0.64	3.16	1.00	-0.31	564.14亿
6 中国电建	1.30	4.69	1.06	-0.20	522.67亿
7 葛洲坝	3.00	6.52	1.03	0.15	300.23亿
8 中国化学	0.18	5.71	1.06	0.18	281.67亿
9 上海建工	0.67	3.01	0.61	0.33	255.46亿
10 中南建设	3.28	6.30	1.14	0.00	233.09亿
11 隧道股份	2.93	5.98	1.04	0.34	188.02亿
12 中铁工业	0.90	10.14	0.70	-0.09	186.35亿
13 东方园林	5.26	9.61	1.31	0.10	147.31亿
14 中工国际	2.60	11.43	1.11	-0.08	127.01亿
15 四川路桥	1.45	3.50	0.61	0.00	121.00亿
16 中材国际	1.95	5.76	0.88	-0.16	96.95亿
17 龙元建设	6.69	7.66	2.42	0.13	72.59亿
18 中国核建	2.25	7.28	0.74	-0.13	70.02亿
19 西藏天路	1.26	7.26	0.53	0.28	62.83亿
20 美晨生态	-9.95	4.98	0.37	0.00	58.12亿
21 棕榈股份	2.97	4.16	1.26	0.48	55.13亿
22 北方国际	1.71	8.33	0.62	0.00	52.39亿
23 中设集团	3.04	16.96	1.35	0.06	52.39亿
24 苏交科	2.60	9.87	1.37	-0.29	51.38亿
25 北新路桥	2.33	5.70	0.55	0.00	50.83亿
26 浦东建设	1.17	5.21	0.39	0.00	50.55亿
27 天健集团	1.98	5.16	0.65	0.19	47.89亿
28 金诚信	2.06	7.92	0.95	0.13	46.33亿
29 东南网架	2.58	5.17	1.11	0.19	44.08亿
30 华建集团	1.71	11.29	0.54	0.09	42.10亿

1. 反映规模的扣非净利润和净资产指标

中国建筑：从背景图来看，公司 2009 年上市后，扣非净利润和净资产均呈现深绿色背景，表明企业能实现连续盈利，且规模相对较大。从数据图的色块和具体数值来看，2009—2017 年扣非净利润从 55.22 亿元增长到 318.24 亿元，扣非净利润在 2011 年突破 100 亿元，净资产从 883.27 亿元增长到 3417.29 亿元，净资产在 2010 年突破 1000 亿元。从净资产的突变信号来看，公司只进行了首次再融资，上市之后没有再进行过股权再融资。8 年时间，公司的扣非净利润和净资产均取得较快增长，而且是纯内生增长的。

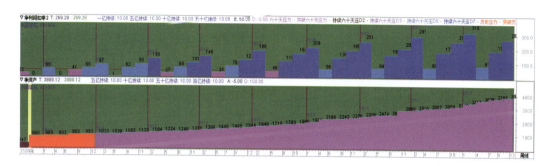

中国交建：从背景图来看，公司 2012 年上市后，扣非净利润和净资产均呈现深绿色背景，净资产存在突变信号，表明企业能实现连续盈利，规模相对较大，且企业有通过定增扩大实现快速增长的可能。从数据图的色块和具体数值来看，2012—2017 年扣非净利润从 116.40 亿元增长到 150.26 亿元，净资产从 971.77 亿元增长到 2059.42 亿元，净资产在 2013 年突破 1000 亿元。从净资产的突变信号来看，公司在 2014 年底进行了股权再融资。打开资本运作一栏，结果并没有发现进行了股权再融资。我们以实际公布的资本运作为准。

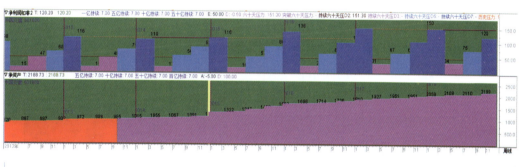

募集资金来源　　项目进度

○ **募集资金来源**

公告日期	发行类别	实际募集资金净额(万元)	发行起始日	证券名称	证券类别
2012-01-31	首发新股	486,403.48	2012-02-16	中国交建	A股

○ **项目进度**

项目名称	截止日期↓	计划投资(万元)	已投入募集资金(万元)	建设期(年)	收益率(税后)	投资回收期(年)
购置8台盾构机	2018-03-30	33,981.47	33,988.01	--	--	--
疏浚船舶购置	2017-10-21	189,211.01	--	--	--	--
工程船舶和机械设备购置	2017-10-21	107,981.47	--	--	--	--
南京市纬三路过江通道工程项目	2017-10-21	35,021.00	18,977.14	--	11.00%	--
重庆沿江高速丰都至忠县高速公路BOT项目	2017-10-21	33,000.00	33,324.80	--	11.90%	--
购置2台起重船	2016-03-29	74,000.00	74,028.10	--	--	--
榆林至佳县高速公路项目	2015-08-29	35,021.00	35,021.00	--	10.58%	--
重庆三环高速公路永川至江津段工程项目	2015-08-29	35,021.00	35,082.17	--	10.29%	--
丰都至石柱高速公路工程项目	2015-08-29	32,589.00	32,626.91	--	9.20%	--
咸宁至通山高速公路项目	2015-08-29	21,888.30	21,888.30	--	11.64%	--

中国中铁：从背景图来看，公司 2009 年上市后，扣非净利润和净资产均呈现深绿色背景，表明企业能实现连续盈利，且规模相对较大。从数据图的色块和具体数值来看，2009—2017 年扣非净利润从 52.36 亿元增长到 157.97 亿元，扣非净利润在 2015 年突破 100 亿元，净资产从 663.59 亿元增长到 1697.20 亿元，净资产在 2014 年突破 1000 亿元。8 年时间扣非净利润增长 2 倍，净资产增长大约 1.5 倍。

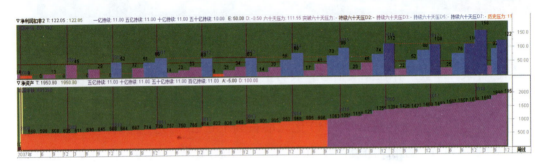

中国铁建：从背景图来看，公司 2009 年上市后，扣非净利润和净资产均呈现深绿色背景，表明企业能实现连续盈利，且规模相对较大。从数据图的色块和具体数值来看，2009 年至 2017 年扣非净利润从 61.95 亿元增长到 147.71 亿元，扣非净利润在 2014 年突破 100 亿元，净资产从 540.79 亿元增长到 1786.49 亿元，净资产在 2014 年突破 1000 亿元。8 年时间扣非净利润增长 1.4 倍，净资产增长大约 2.3 倍。

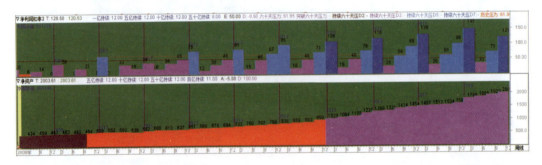

中国中冶：从背景图来看，公司 2009 年上市后，扣非净利润呈现深绿色和黄色背景（亏损）并存的模式，净资产则一直呈现深绿色背景，表明企业盈利存在一定波动，甚至亏损。从数据图的色块和具体数值来看，2009 年扣非净利润从 36.60 亿元增长到 2017 年的 54.67 亿元，净资产从 461.62 亿元增长到 973.20 亿元，净资产在 2018 年突破 1000 亿元。8 年时间，扣非净利润增长 0.49 倍，净资产增长 1.108 倍。

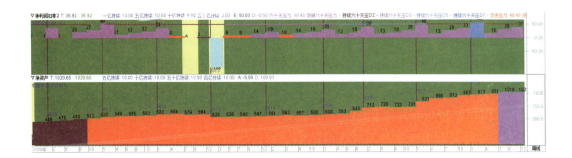

2. 反映风险的资产负债率和销售现金流指标

中国建筑：从背景图来看，资产负债率一直呈现黄色背景，销售现金流存在明显的现金流流出现象（黄色背景）。从数据图的色块和具体数值来看，资产负债率较高，在70%~80%之间，典型的周期性行业特征。销售现金流很多年份为负，表明现金回笼很不顺畅。

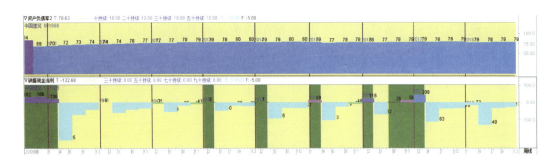

中国交建：从背景图来看，资产负债率一直呈现黄色背景，销售现金流存在明显的现金流流出现象（黄色背景）。从数据图的色块和具体数值来看，资产负债率较高，在76%~82%之间。销售现金流出现明显的季节性结算特征，一年中前三季

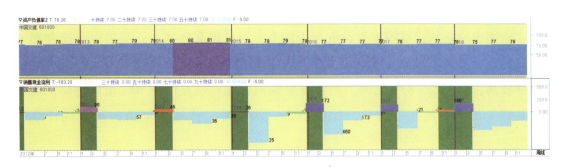

度流出，第四季度才流入。同时按第四季度来看，现金流回笼也不是很顺畅。

中国中铁：从背景图来看，资产负债率一直呈现黄色背景，销售现金流存在明显的现金流流出现象（黄色背景）。从数据图的色块和具体数值来看，资产负债率较高，在79%~85%之间。销售现金流同样存在明显的季节性结算特征，而且有些年份现金流整年为负，比如2011—2012年。

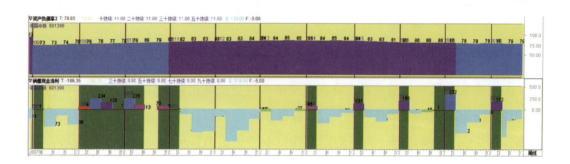

中国铁建：从背景图来看，资产负债率一直呈现黄色背景，销售现金流存在明显的现金流流出现象（黄色背景）。从数据图的色块和具体数值来看，资产负债率较高，在78%~85%之间。销售现金流同样存在明显的季节性结算特征，而且某些年份现金流整年为负，比如2011年、2013年。

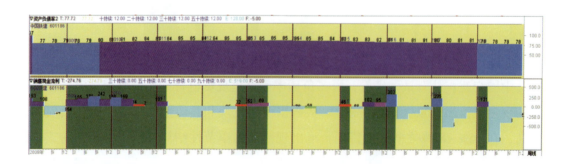

中国中冶：从背景图来看，资产负债率一直呈现黄色背景，销售现金流存在明显的现金流流出现象（黄色背景）。从数据图的色块和具体数值来看，资产负债率较高，在77%~83%之间。销售现金流同样存在明显的季节性结算特征，而且某些年份现金流整年为负，比如2009—2012年，连续4年销售现金流持续流出。

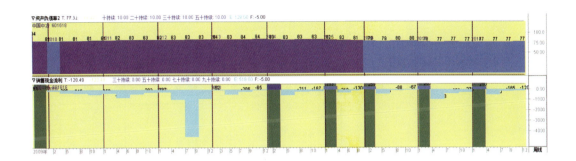

3. 反映盈利能力的毛利率、净利率、净资产收益率指标

中国建筑：从背景图来看，上市后，毛利率、净利率均一直呈现白色背景，净资产收益率呈现深绿色、浅绿色和白色背景并存的模式，表明公司盈利能力较低，但是净资产收益率年化超过15%。从数据图的色块和具体数值来看，盈利能力各项指标保持相对稳定。毛利率和净利率均较低，毛利率只有9%~12%，而净利率只有2%~4%。但是净资产收益率比较高，达到年化16%。结合前面的资产负债率情况，可以得知公司属于低毛利率、净利率，高净资产收益率，高资产负债率特征。

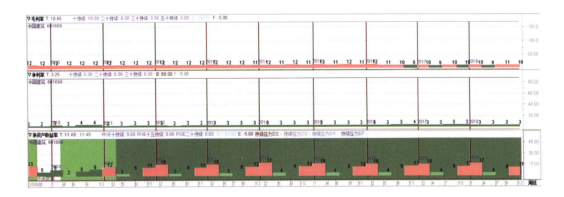

中国交建：从背景图来看，上市后，毛利率、净利率均一直呈现白色背景，净资产收益率一直呈现浅绿色背景，表明公司盈利能力较低，但是净资产收益率年化超过10%。与中国建筑类似，盈利能力各项指标保持相对稳定。毛利率和净利率均较低，毛利率只有12%~14%，而净利率只有3%~4%。但是净资产收益率比较高，达到年化 12%，较中国建筑低 4 个百分点。

中国中铁：从背景图来看，上市后，毛利率、净利率均一直呈现白色背景，净资产收益率呈现浅绿色和白色和黄色背景并存的模式，表明公司盈利能力较低，且净资产收益率年化不超过 10%。依然保持建筑工程行业特征，相对稳定的盈利能力指标，较低的毛利率、净利率，相对较高的净资产收益率，但是与中国建筑和中国交建不同的是，中国中铁的净资产收益率更低，只有年化 10%，较中国建筑低 6 个百分点。

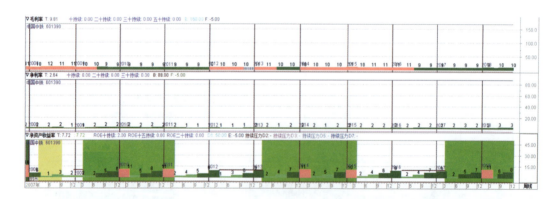

中国铁建：从背景图来看，上市后，毛利率、净利率均一直呈现白色背景，净资产收益率呈现浅绿色和白色背景并存的模式，表明公司盈利能力较低，但是净资产收益率年化大约 10%。依然保持建筑工程行业特征，相对稳定的盈利能力指标，较低的毛利率、净利率，相对较高的净资产收益率。中国铁建的净资产收益率年化达到 12%，与中国交建差不多。

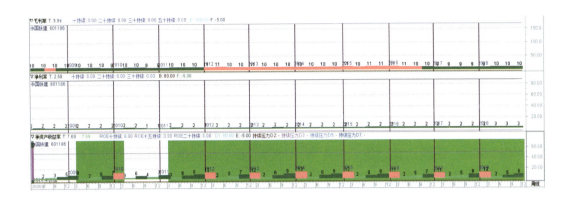

中国中冶：从背景图来看，上市后，毛利率、净利率均一直呈现白色背景，净资产收益率呈现浅绿色和白色和黄色背景并存的模式，表明公司盈利能力较低，且净资产收益率年化不超过10%。依然保持建筑工程行业特征，相对稳定的盈利能力指标，较低的毛利率、净利率，但是净资产收益率却比较低。中国中冶的净资产收益率年化达到8%，建筑工程行业前五的企业中，中国中冶的净资产收益率最低。

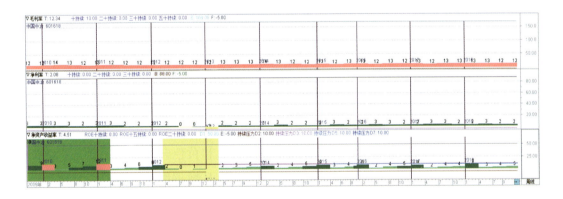

4. 反映成长的净利润增速指标

中国建筑：从背景图来看，上市后，一直呈现深绿色背景，表明企业持续增长。从数据图的色块以及具体数值来看，公司净利润连续8年时间保持正增长，但增速呈现前高后低的特征。

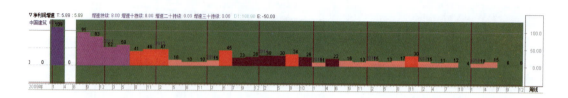

中国交建：从背景图来看，上市后，呈现深绿色和黄色背景并存的模式，表明业绩增速存在一定波动性，但是企业整体持续增长。从数据图的色块以及具体数值来看，尽管公司在上市之初出现一年的负增长，但是后续均保持正增长，增速较中国建筑少低。

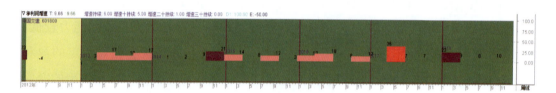

中国中铁：从背景图来看，上市后，呈现深绿色和黄色背景并存的模式，表明业绩增速存在较大波动性，但是企业整体持续增长。从数据图的色块以及具体数值来看，公司增速呈现一定的波动性，时而快速增长，时而负增长。

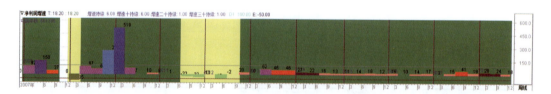

中国铁建：从背景图来看，上市后，呈现深绿色和黄色背景并存的模式，表明业绩增速存在较大波动性，但是企业整体持续增长。从数据图的色块以及具体数值来看，公司增速也呈现一定的波动性，与中国中铁比较类似。

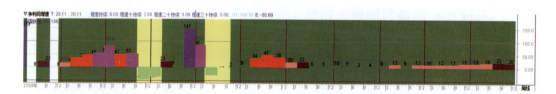

中国中冶：从背景图来看，上市后，呈现深绿色和黄色背景并存的模式，表明业绩增速存在明显波动性，但是企业整体持续增长。从数据图的色块以及具体数值

来看，公司增速存在连续两年的负增长，但在 2013 年后保持了相对稳定的正增长。

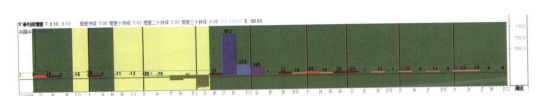

以上是从财务视角，八个核心财务指标，四个方面来考察建筑工程行业前五企业的基本面特性。

从整个建筑工程行业前五来看，中国建筑龙头地位比较明显，扣非净利润和净资产规模最大，盈利能力最强，且连续 8 年保持正增长。整个行业的资产负债率均较高，销售现金流回笼均不是很顺畅，较低的毛利率、净利率和相对较高的净资产收益率形成鲜明对比。

二、建筑工程行业前五企业的股价特性分析

中国建筑：从背景图、数据图的色块和具体数值来看，上市后，公司股价的阶段性相对复杂些，深绿色背景持续性较强，红色色块和黑色色块都比较明显。从股价、基本趋势和市场预期综合来看，公司股价在 2009—2011 年呈现明显的下降趋势，而在 2012—2014 年上半年呈现明显的区间震荡走势，2014 年下半年至 2015 年上半年走出明显的上涨趋势，2015 年股灾后大幅回撤，下跌超过 50%，2016 年下半年又开始上涨。如果叠加公司财务指标所表达的基本趋势，公司基本趋势一直处于良性循环之中，但是在 2009—2011 年公司股价却大幅回落。另外，公司在 2012—2017 年的净利润增速均保持在 10%~20% 区间，但是公司股价却呈现非常不同的阶段变化。市场环境的影响在建筑行业依然非常突出，这可以再查 2014 年下半年至 2015 年上半年的牛市和 2015 年股灾的熊市、甚至可以倒推到 2009—2011 年的熊市得到证明。但从长期来看，由于公司年化净资产收益率达到 16%，所以长期依然维持股价上涨，也能够支撑住股价。

中国交建：从背景图、数据图的色块和具体数值来看，上市后，公司股价的阶段性相对复杂些，深绿色背景持续较强，但是红色色块和黑色色块都比较明显。整体来说，股价走势和中国建筑的大方向非常类似。只是公司的盈利规模和盈利能力弱于中国建筑，所以股价的弹性也更大。

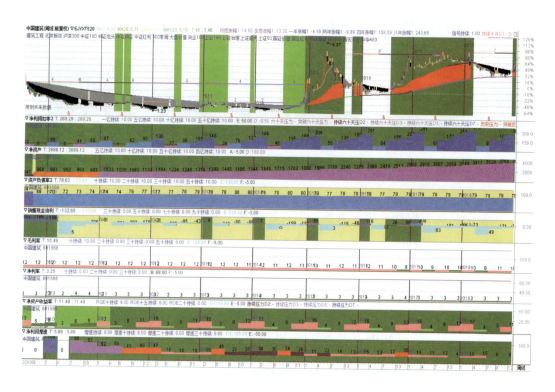

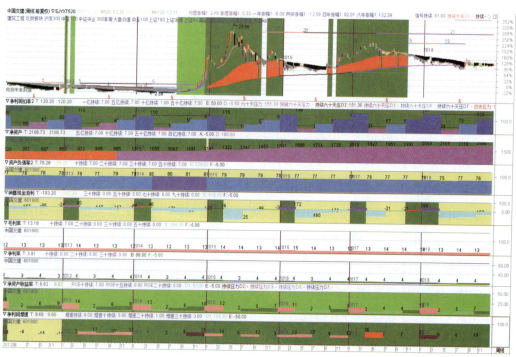

中国中铁：从背景图、数据图的色块和具体数值来看，上市后，公司股价的阶段性相对复杂些，背景图的白色和深绿色背景交替频次要更加多些，黑色背景很明显。整体来说，股价走势和行业前列的两家公司非常相似。

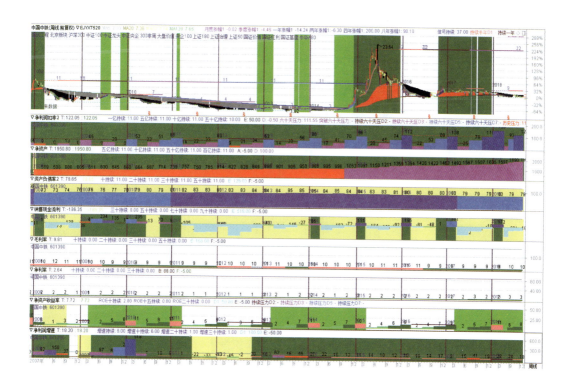

中国铁建：从背景图、数据图的色块和具体数值来看，上市后，公司股价的阶段性相对复杂些，背景图的白色和深绿色背景交替频次要更加多些，黑色背景很明显。整体来说，股价走势和同行业在大方向上面非常相似。

中国中冶：从背景图、数据图的色块和具体数值来看，上市后，公司股价的阶段性相对清晰，深绿色背景持续性较强，但黑色背景也非常明显。整体来说，股价走势与同行业前列的公司非常相似。

整个建筑工程行业前五企业的股价在大方向呈现非常明显的相似性，毫无疑问这与公司财务指标呈现的年度基本趋势关系并不明显。市场环境对公司年度变化则非常明显。

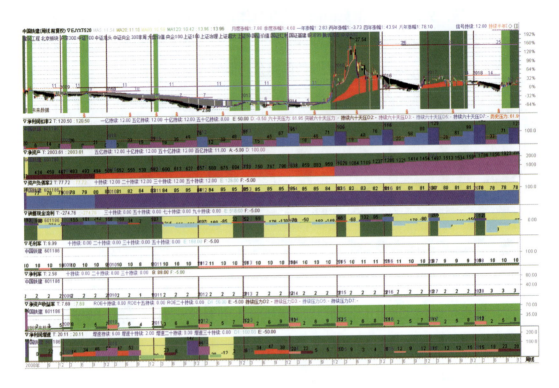

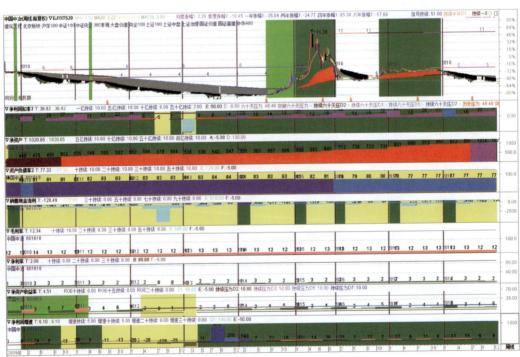

第7章 A股科技类行业特性分析

第1节 半导体行业特性分析

一、半导体行业基本面特性分析

半导体行业，共有 55 家上市企业，按照流通市场排序，排在第一位是三安光电：677.83 亿元；第二位是隆基股份：327.75 亿元；第三位是兆易创新：210.51 亿元；第四位是中环股份：194.62 亿元；排在第五位是利亚德：164.81 亿。截至目前来看，半导体行业没有一家企业市值突破 1000 亿元，也仅有一家在 500 亿元以上，是三安光电。半导体行业上市公司多达 55 家，粗略可以得知这个行业呈现散的格局。那么，这些前五的半导体行业上市公司，它们的行业地位（规模）、抗风险能力、盈利能力和成长前景从财务角度分析，我们又能得出什么呢。下面就从这四个方面的财务角度一一察看。

1. 反映规模的扣非净利润和净资产指标

三安光电：从背景图来看，公司 2007 年重组后，扣非净利润和净资产均呈现浅绿色和深绿色并存的背景模式，净资产存在多处突变信号，表明企业实现连续盈利，规模在逐步扩大，企业有通过定增实现快速增长的可能。从数据图的色块和具体数值来看，公司 2007 年进行了长时间停牌重组，2008—2017 年期间，扣非净利润从 0.48 亿元增长到 26.53 亿元，2012 年扣非净利润突破 5 亿元，2014 年突破 10 亿元；净资产则从 2008 年的 4.8 亿元增长到 2017 年的 197.7 亿元，净资产在 2011 年突破 50 亿元，在 2014 年突破 100 亿元。从净资产图可以看出，净资产在 2008 年、2009 年、2014 年、2015 年存在共四处突变信号，这种情

半导体(55)	涨幅%	现价	量比	涨速%	流通市值↓
1 三安光电	-1.07	16.62	1.54	-0.29	677.83亿
2 隆基股份	-4.28	11.85	2.27	-1.24	327.75亿
3 兆易创新	-1.25	101.50	1.75	0.07	210.51亿
4 中环股份	-0.27	7.36	1.56	-0.26	194.62亿
5 利亚德	1.63	10.57	2.63	-0.55	164.81亿
6 长电科技	0.55	16.38	1.21	-0.42	161.27亿
7 士兰微	0.43	11.73	1.05	-0.25	146.29亿
8 华天科技	-0.20	5.10	0.99	0.00	108.65亿
9 通富微电	-0.10	10.09	0.97	-0.29	98.12亿
10 华灿光电	-0.95	12.53	3.59	0.16	88.48亿
11 太极实业	-0.43	7.01	0.99	-0.56	83.51亿
12 木林森	-1.30	15.20	1.52	-0.64	79.02亿
13 上海贝岭	0.28	10.84	2.00	0.09	73.04亿
14 国星光电	-0.26	11.67	1.93	0.17	70.90亿
15 有研新材	-0.88	7.90	1.73	0.00	66.26亿
16 扬杰科技	-1.71	27.54	1.86	0.11	64.20亿
17 航天机电	0.52	3.87	1.43	0.00	53.74亿
18 中颖电子	0.13	22.91	0.76	-0.12	52.37亿
19 欧比特	0.67	10.46	1.48	-0.47	51.69亿
20 韦尔股份	-	-	0.00		51.43亿
21 上海新阳	-1.00	25.72	1.18	-0.15	48.92亿
22 华微电子	-0.76	6.57	0.97	-0.14	48.50亿
23 东方日升	-1.04	6.69	1.07	-0.14	46.29亿
24 国民技术	0.48	8.45	1.13	-0.58	45.71亿
25 乾照光电	0.32	6.28	1.38	0.00	42.86亿
26 苏州固锝	-1.03	5.79	1.90	0.00	42.03亿
27 洲明科技	-2.60	8.61	2.56	-0.80	38.88亿
28 崇达技术	2.80	17.27	2.71	0.06	37.37亿
29 亿晶光电	-0.32	3.07	2.13	0.33	36.11亿

况通常表明企业进行了定增。翻开上市公司资本运作公告可以得知，公司在 2008 年、2009 年、2010 年、2014 年、2015 年分别进行了定增，募集资金主要用在收购三安电子 LED 资产、补充流动性资金以及相关主业的项目。由于一直利用资本市场定增或并购，所以扣非净利润和净资产也飞速发展。那么净利润快速增长，显然不是纯内生增长的。

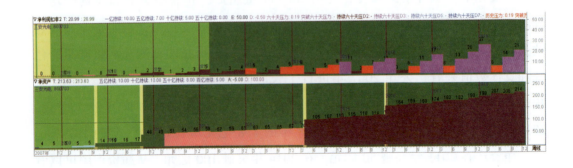

募集资金来源　　项目进度

○ 募集资金来源

公告日期	发行类别	实际募集资金净额(万元)	发行起始日	证券名称	证券类别
2015-12-16	增发新股	345,356.64	2015-12-09	三安光电	A股
2014-01-30	增发新股	323,699.86	2014-01-23	三安光电	A股
2010-10-15	增发新股	297,960.00	2010-09-29	三安光电	A股
2009-09-30	增发新股	79,978.20	2009-09-25	三安光电	A股
2008-06-27	增发新股	49,771.35	2008-06-24	S*ST天颐	A股
1997-11-19	配股	8,526.56	---	活力28	A股
1996-05-10	首发新股	14,520.00	---	活力28	A股

○ 项目进度

项目名称	截止日期↓	计划投资(万元)	已投入募集资金(万元)	建设期(年)	收益率(税后)	投资回收期(年)
厦门光电产业化(二期)项目	2017-08-11	364,510.00	108,144.68	2.00	---	---
通讯微电子器件(一期)项目	2017-08-11	300,475.00	87,384.82	3.75	---	---
向全资子公司厦门三安光电有限公司增资	2017-08-11	275,800.00	281,094.41	---	---	---
芜湖光电产业化(一期)项目	2015-04-22	666,205.00	298,159.40	---	---	---
芜湖光电产业化(二期)项目	2015-04-22	407,570.00	146,010.05	1.00	14.03%	---
补充流动资金	2015-04-22	50,000.00	48,824.71	---	---	---
用于天津三安光电有限公司LED产业化项目	2011-08-16	99,910.00	80,118.58	---	20.76%	7.25
收购三安电子其全部LED类经营性资产	2008-06-27	42,908.10	42,908.10	---	---	---
用于5万吨/年液体洗涤剂(餐洗)生产线技术改造项目	1997-11-19	2,900.00	1,677.00	---	---	---
用于15万吨后配料技术改造项目	1997-11-19	2,800.00	578.00	---	---	---

隆基股份：从背景图来看，公司2012年上市后，扣非净利润呈现浅绿色、深绿色和黄色背景并存的模式，净资产呈现浅绿色和深绿色背景并存的模式，净资产有多处突变信号，表明业绩不稳定，但2014年后持续增长，企业有通过定增实现快速增长的可能。从数据图的色块和具体数值来看，2012年到2017年期间，扣非净利润亏损1.22亿元到盈利34.65亿元，扣非净利润在2015年超过5亿元，2016年超过10亿元；净资产则从2012年的29.20亿元增长到2017年的142.44亿元，净资产在2015年超过50亿元，在2016年超过100亿元。从净资产图可以看出，净资产在2015年、2016年、2018年存在共三处突变信号，这种情况通常表明企业进行了定增。翻开上市公司资本运作公告可以得知，公司先后进行了上市首次股权融资，以及两次定增。募集资金主要用在了主业产能扩张上。上市后通过定增一共募集了48.6亿元（2015年19.2亿元+2016年29.4亿元），而从扣非净利润增长来看，获得积极的回报。到底取得的利润跟投入相比是高还是低的，还得看后面的盈利能力指标，但从2012年的亏损到2015年之后逐年加大投资而取得的扣非净利润增长来看，企业目前运行在良性循环中。

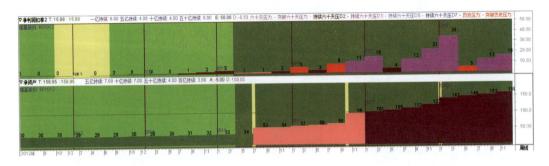

募集资金来源　|　项目进度

○ **募集资金来源**

公告日期	发行类别	实际募集资金净额(万元)	发行起始日	证券名称	证券类别
2016-09-10	增发新股	294,224.01	2016-09-05	隆基股份	A股
2015-06-26	增发新股	191,997.19	2015-06-15	隆基股份	A股
2012-03-16	首发新股	151,310.50	2012-03-28	隆基股份	A股

○ **项目进度**

项目名称	截止日期↓	计划投资(万元)	已投入募集资金(万元)	建设期(年)	收益率(税后)	投资回收期(年)
无锡隆基年产850MW切片项目	2018-08-04	31,792.00	25,660.25	---	---	---
泰州乐叶年产2GW高效单晶PERC电池项目	2018-05-29	198,155.00	177,672.72	---	---	---
补充流动资金	2018-05-29	47,780.21	36,027.43	---	---	---
宁夏隆基1GW硅棒项目	2018-05-29	43,641.00	22,212.94	---	---	---
永久补充流动资金	2018-05-29	2,576.30	--	---	---	---
泰州乐叶年产2GW高效单晶光伏组件项目	2017-12-06	59,292.00	45,501.91	---	---	---
银川隆基年产1.2GW单晶硅棒项目	2017-08-30	64,033.00	60,787.43	---	---	---
西安隆基年产1.15GW单晶硅片项目	2017-08-30	38,064.00	22,982.06	---	---	---
补充流动资金	2017-03-11	58,000.00	54,340.92	---	---	---
对银川隆基进行增资,用于年产500MW单晶硅棒/片建设项目	2017-01-24	82,578.00	52,844.46	2.00	23.95%	5.67

　　兆易创新：从背景图来看，公司 2016 年上市后，扣非净利润和净资产均一直呈现浅绿色背景，净资产有一处突变信号，表明企业能实现连续盈利。从数据图的色块和具体数值来看，2016 年扣非净利润 1.5 亿元，2017 年扣非净利润 3.32 亿元；2016 年净资产 12.79 亿元，2017 年净资产 17.57 亿元。从净资产图可以看出，净资产突变只发生在 2016 年上市后不久，说明只进行了上市首次融资。2016 年募资 5.165 亿元投资在了相关主业上。

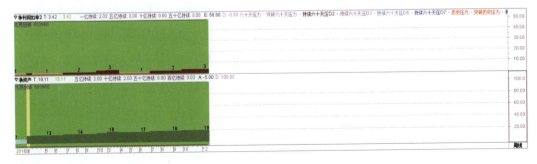

募集资金来源　　项目进度

○ 募集资金来源

公告日期	发行类别	实际募集资金净额(万元)	发行起始日	证券名称	证券类别
2016-07-28	首发新股	51,652.93	--	兆易创新	A股

○ 项目进度

项目名称	截止日期↓	计划投资(万元)	已投入募集资金(万元)	建设期(年)	收益率(税后)	投资回收期(年)
NAND闪存技术开发、应用及产业化项目	2018-04-16	20,358.52	9,466.62	3.00	20.13%	5.22
NOR闪存技术及产品改造项目	2018-04-16	16,018.17	16,176.74	3.00	34.95%	4.59
基于ARM Cortex-M系列32位通用MCU芯片研发及产业化项目	2018-04-16	11,995.47	10,302.88	3.00	27.03%	5.05
研发中心建设项目	2018-04-16	3,280.77	3,296.79	2.00	---	---
发行股份购买上海思立微100%的股权	2018-01-31	170,000.00	---			
14nm工艺嵌入式异构AI推理信号处理器芯片研发项目	2018-01-31	31,500.00	---			
30MHz主动式超声波CMEMS工艺及换能传感器研发项目	2018-01-31	27,000.00	---			
支付本次交易现金对价	2018-01-31	25,500.00	---			
智能化人机交互研发中心建设项目	2018-01-31	19,300.00		2.00		
购买北京矽成 100%股权	2017-04-18	650,000.00	---			

中环股份：从背景图来看，过去十年，扣非净利润呈现浅绿色、深绿色和黄色背景并存的模式，净资产呈现浅绿色和深绿色背景并存的模式，净资产有多处突变信号，表明业绩不稳定，甚至出现亏损，企业有通过定增实现快速增长的可能。从数据图的色块和具体数值来看，2007—2017年，扣非净利润从盈利0.88亿元到5.10亿元；净资产则从2007年的12亿元增长到2017年的130亿元。从净资产图可以看出，净资产在2008年、2012年、2014年、2016年存在共四处突变信号，这种情况通常表明企业进行了定增。翻开上市公司资本运作公告可以得知公司募集了资金一直投资的光伏项目上。而同期的扣非净利润和净资产也获得了快速增长，但是投资后取得的回报是否可观，还需要结合盈利能力指标综合判断。

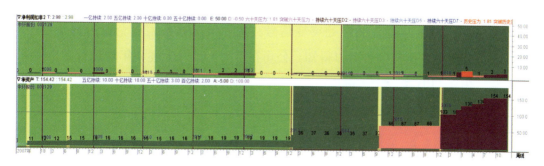

募集资金来源　　项目进度

○ 募集资金来源

公告日期	发行类别	实际募集资金净额(万元)	发行起始日	证券名称	证券类别
2018-08-15	增发(配套募集)	37,921.34	2018-07-24	中环股份	A股
2018-08-15	增发新股	64,415.07	2018-07-02	中环股份	A股
2015-12-17	增发新股	345,782.24	2015-11-27	中环股份	A股
2014-09-15	增发新股	291,470.27	2014-09-04	中环股份	A股
2012-12-28	增发新股	184,616.44	2012-12-18	中环股份	A股
2008-05-30	增发新股	39,860.40	2008-05-22	中环股份	A股
2007-03-29	首发新股	55,659.63	2007-04-09	中环股份	A股

○ 项目进度

项目名称	截止日期↓	计划投资(万元)	已投入募集资金(万元)	建设期(年)	收益率(税后)	投资回收期(年)
CFZ单晶用晶体硅及超薄金刚石线单晶切片项目	2018-08-24	147,401.00	104,844.27	1.50	20.94%	5.90
8英寸半导体硅片及DW切片项目	2018-08-24	120,310.00	85,835.79	3.00	17.09%	0.54
补充流动资金	2018-08-24	109,683.54	51,470.27	--	--	--
国电光伏有限公司厂房及公辅设施的修复与维护	2018-08-24	36,616.00	1,258.88	--	--	--
发行股份购买国电光伏90%股权	2018-08-15	64,415.07	64,415.07	--	--	--
发行股份购买国电光伏90%股权	2018-01-30	64,415.07	--	--	--	--
苏尼特左旗高效光伏电站一期50MW光伏发电项目	2017-12-15	60,982.00	54,427.76	1.00	11.19%	--
若尔盖县卓塘20MW光伏电站(示范)项目	2017-12-15	26,970.00	20,203.00	0.75	12.73%	--
红原县邛溪20MW光伏电站(示范)项目	2017-12-15	26,450.00	20,457.00	0.75	12.70%	--
大直径新型电力电子器件用硅单晶的技术改造及产业化项目	2017-12-15	5,905.00	3,506.00	2.50	25.24%	--

利亚德：从背景图来看，公司 2012 年上市后，扣非净利润和净资产均呈现浅绿色、深绿色背景并存的模式，净资产有多处突变信号，表明企业能实现持续盈利，有通过定增实现快速增长的可能。从数据图的色块和具体数值来看，2012—2017 年，扣非净利润盈利 0.54 亿元到 11.68 亿元，扣非净利润在 2016 年突破 5 亿元，2017 年突破 10 亿元；净资产则从 2012 年的 6.65 亿元增长到 2017 年 56.34 亿元，净资产在 2017 年突破 50 亿元。从净资产图可以看出，净资产在 2014 年、2015 年、2016 年、2018 年存在共四处突变信号，这种情况通常表明企业进行了定增。翻开上市公司资本运作公告可以得知，公司在首次上市及上述 4 年均进行了定增募集资金，用在 LED 主业上。

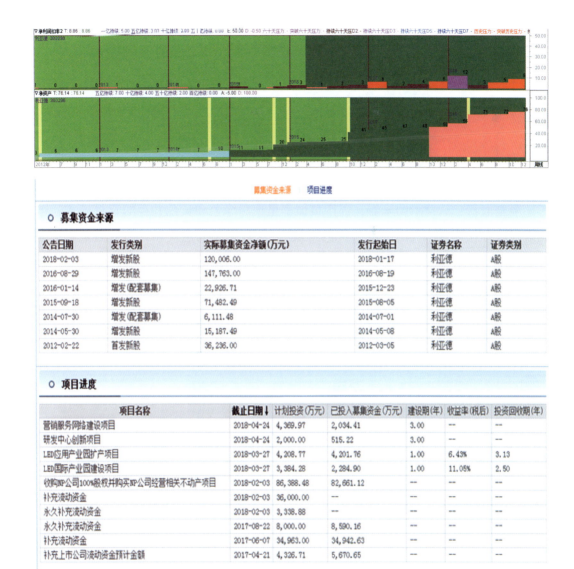

募集资金来源

公告日期	发行类别	实际募集资金净额(万元)	发行起始日	证券名称	证券类别
2018-02-03	增发新股	120,006.00	2018-01-17	利亚德	A股
2016-08-29	增发新股	147,763.00	2016-08-19	利亚德	A股
2016-01-14	增发(配套募集)	22,926.71	2015-12-23	利亚德	A股
2015-09-18	增发(配套募集)	71,482.49	2015-08-05	利亚德	A股
2014-07-30	增发(配套募集)	6,111.48	2014-07-01	利亚德	A股
2014-05-30	增发新股	15,187.49	2014-05-08	利亚德	A股
2012-02-22	首发新股	36,236.00	2012-03-05	利亚德	A股

项目进度

项目名称	截止日期↓	计划投资(万元)	已投入募集资金(万元)	建设期(年)	收益率(税后)	投资回收期(年)
营销服务网络建设项目	2018-04-24	4,369.97	2,034.41	3.00	---	---
研发中心创新项目	2018-04-24	2,000.00	515.22	3.00	---	---
LED应用产业园扩产项目	2018-03-27	4,208.77	4,201.76	1.00	6.43%	3.13
LED国际产业园建设项目	2018-03-27	3,384.28	2,284.90	1.00	11.05%	2.50
收购NP公司100%股权并购买NP公司经营相关不动产项目	2018-02-03	86,388.48	82,661.12	---	---	---
补充流动资金	2018-02-03	36,000.00	---	---	---	---
永久补充流动资金	2018-02-03	3,338.88	---	---	---	---
永久补充流动资金	2017-08-22	8,000.00	8,590.16	---	---	---
补充流动资金	2017-06-07	34,963.00	34,942.63	---	---	---
补充上市公司流动资金预计金额	2017-04-21	4,326.71	5,670.65	---	---	---

2. 反映风险的资产负债率和销售现金流指标

　　三安光电：从背景图来看，资产负债率一直呈现深绿色背景，销售现金流除了单个季度存在黄色背景（现金流流出）外，其他时候均呈现深绿色背景。从数据图的色块和具体数值来看，资产负债率出现两阶段，2008—2015年，资产负债率在40%左右，2015年后资产负债率开始逐年降低，2018年只有23%。而在2008—2015年，销售现金流回笼也不是很稳定，波动幅度较大，在2015年后，销售现金流比较稳定。

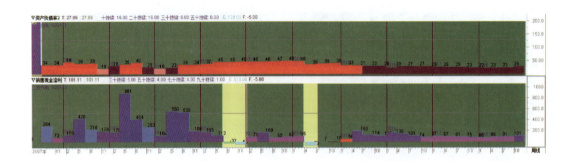

　　隆基股份：从背景图来看，资产负债率呈现深绿色和黄色并存的背景模式，销售现金流存在现金流流出现象（黄色背景）。从数据图的色块和具体数值来看，资产负债率有逐年抬高的态势，2017年已经上升到了58%，而销售现金流回笼不是很稳定。结合隆基股份一直利用股权融资，再加上资产负债率又逐年上升的态势，说明企业投资对资金需求非常旺盛，企业正在加速扩大产能。而且从现金流回笼不是很稳定来看，企业可能还在利用赊销的方式加速扩大市场。

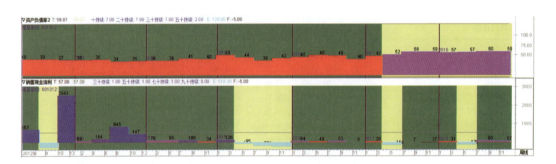

　　兆易创新：从背景图来看，资产负债率一直呈现深绿色背景，销售现金流存在现金流流出现象（黄色背景）。从数据图的色块和具体数值来看，资产负债率整体不高，但也有抬高的苗头。销售现金流回笼也不是很稳定。

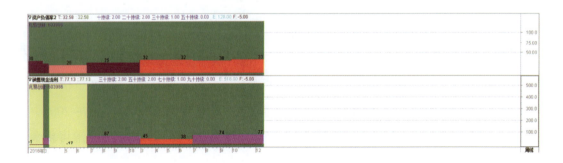

中环股份：从背景图来看，资产负债率呈现深绿色和黄色并存的背景模式，销售现金流存在现金流流出现象（黄色背景）。从数据图的色块和具体数值来看，资产负债率先是逐年抬高，在 2014 年后有所降低。销售现金流波动比较大，但在2014 年后有所好转。

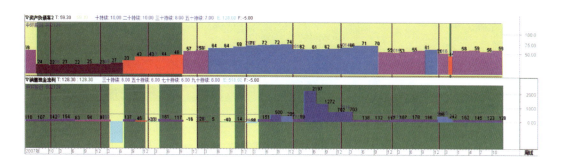

利亚德：从背景图来看，资产负债率呈现深绿色和黄色并存的背景模式，销售现金流存在明显的现金流流出现象（黄色背景）。从数据图的色块和具体数值来看，资产负债率逐年抬高，2016 年公司似乎意识到了趋势不可持续，所以，逐步有适当降低资产负债率的迹象。但是企业销售现金流回笼非常不稳定。同样是做 LED 的，为什么跟三安光电销售现金流回笼差别那么大，是应该反思的一个问题。

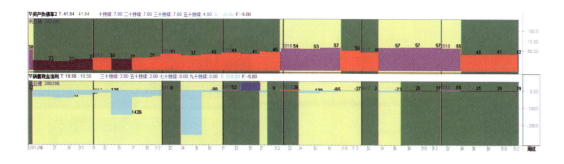

3. 反映盈利能力的毛利率、净利率、净资产收益率指标

三安光电：从背景图来看，过去十年，毛利率和净资产收益率均呈现深绿色和浅绿色背景并存的模式，净利率则一直呈现深绿色背景，表明公司产品盈利能力较高，存在一定波动性，但是净资产收益率年化超过10%。从数据图的色块和具体数值来看，毛利率有所波动，但一直维持在 30%～50% 之间，净利率波动比较明显，

但是净利率也维持高位，净资产收益率则比较稳定，一直在10%~15%之间。

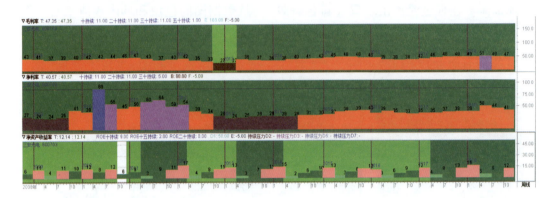

隆基股份：从背景图来看，上市后，毛利率呈现白色、浅绿色和深绿色背景并存的模式，净利率呈现白色和深绿色背景并存的模式，净资产收益率呈现黄色、白色、浅绿色和深绿色背景并存的模式，表明公司产品盈利能力一般，且净资产收益率波动幅度较大，近几年净资产收益率年化超过15%。从数据图的色块和具体数值来看，上市后的几年毛利率、净利率、净资产收益率均不是很高，但是有逐年抬高的迹象，尤其在2015年后，盈利能力指标得到了一个级别的飞跃。

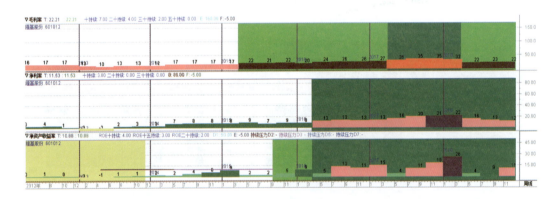

兆易创新：从背景图来看，上市后，毛利率呈现浅绿色和深绿色背景并存的模式，净利率和净资产收益率则一直呈现深绿色背景，表明公司产品盈利能力较高，且相对稳定，净资产收益率年化超过15%。从数据图的色块和具体数值来看，毛利率、净利率和净资产收益率在行业里均较高，由于上市时间短，稳定性方面还有待观察。

中环股份：从背景图来看，过去十年，毛利率呈现深绿色、浅绿色和白色背景并存的模式，净利率呈现深绿色、黄色和白色背景并存的模式，净资产收益率呈现白色、黄色和浅绿色背景并存的模式，表明公司产品盈利能力较低，且不稳定，净资产收益率波动幅度较大，且比较低。从数据图的色块和具体数值来看，2007年、2008年的毛利率和净利率还比较高，但那时的净资产收益率也只有个位数，2008年后毛利率、净利率、净资产收益率也有所波动，但是都比较低。

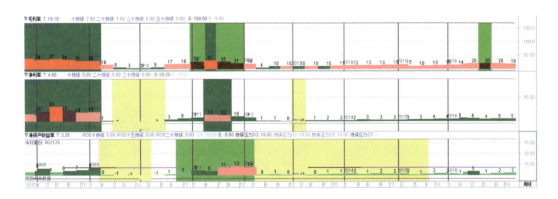

利亚德：从背景图来看，上市后，毛利率一直呈现深绿色背景，净利率呈现深绿色和白色背景并存的模式，净资产收益率呈现白色、浅绿色和深绿色背景并存的模式，表明公司产品盈利能力较高，净资产收益率年化超过10%，最近几年超过15%。从数据图的色块和具体数值来看，毛利率、净利率相对稳定，且行业前五年来看，也比较高，净资产收益率有逐年提高的趋势。

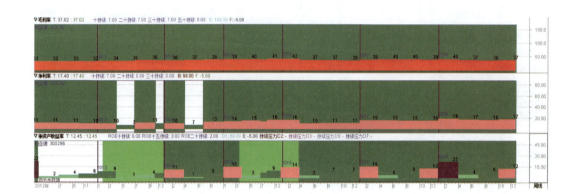

4. 反映成长的净利润增速指标

三安光电：从背景图来看，过去十年，呈现个别年份黄色背景（增速下滑）和深绿色背景并存的模式，表明业绩增长不稳定，但企业整体增长。从数据图的色块以及具体数值来看，净利润增速存在一定波动，但是整体维持正增长。

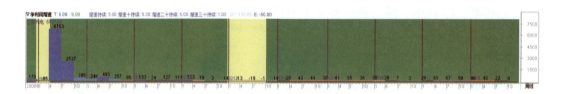

隆基股份：从背景图来看，上市后，呈现个别年份黄色背景（增速下滑）和深绿色背景并存的模式，表明业绩增长不稳定，但企业整体增长。从数据图的色块以及具体数值来看，净利润增速在上市后有所下滑，但是在 2013 年后维持一个高增长，但是波动幅度较大。

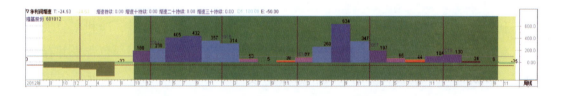

兆易创新：从背景图来看，上市后，一直呈现深绿色背景，表明企业持续增长。从数据图的色块以及具体数值来看，净利润增速较快，但波动幅度也大。

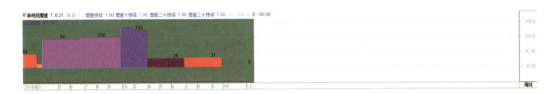

中环股份：从背景图来看，过去十年，呈现黄色背景（增速下滑）和深绿色背景并存的模式，表明业绩增长不稳定，但企业整体增长。从数据图的色块以及具体数值来看，业绩波动非常明显。

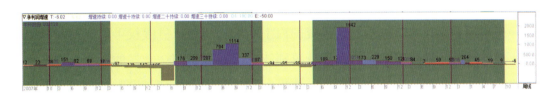

利亚德：从背景图来看，上市后，除了单个季度呈现黄色背景（增速下滑），其他时候均呈现深绿色背景，表明企业整体持续增长。从数据图的色块以及具体数值来看，上市后业绩增速有所放缓，但是随着投资的增加，净利润增速很快。但近年增速有放缓的态势。

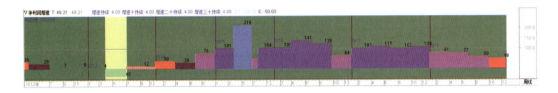

以上是从财务视角，八个核心财务指标，四个方面来考察半导体行业前五企业的基本面特性。

综合以上，会发现半导体行业的发展与之前分析的消费品行业发展路径截然不同，消费品行业多是内生增长的，增长主要靠盈利再投资。而制造业的半导体行业，几乎全是靠股权再融资、甚至进一步利用负债融资来加速扩大规模，而获取企业的快速发展。毫无疑问，三安光电似乎已经完成了快速扩张的历程，并在逐步降低资产负债率，走稳健的道路了。而隆基股份和利亚德，快速扩张而取得发展的趋势就非常明显，而且也取得了良性循环，净资产收益率随着企业规模的扩大，逐年提高了。尽管从销售现金流上来看，还存在些许不足，但也可能恰恰说明企业正在快速抢占市场。而中环股份，随着规模的扩大，盈利能力的各项指标并没有得到极大的改善，依然维持低位。

为什么会呈现出发展路径不同的另外一个原因，也可以从扣非净利润和净资产指标得出，这些企业的规模均比较小。哪怕发展到现在，无论是从市值还是从扣非净利润和净资产规模来看，依然较小，且不说行业的市场空间多大，但从企业的频繁定增获取资本投资来看，似乎这个行业就是依靠规模取胜，而且从行业前五的销售现金流回笼来看，资金回笼情况均不是特别流畅，说明下游客户相比这些企业中的力量较强，这也阻碍了企业依靠盈利收回现金发展的路径。

但不论是消费品行业还是半导体行业，还是可以看到一些相通点，良性循环和停滞不前。无论是依靠盈利再投资的内生性增长还是依靠股权再融资的增长路径，只要随着企业规模的扩大，能从盈利能力指标上看到一个好的反馈，那么企业的发展就会在良性循环上走更远。如果企业盈利能力不佳，说明企业产品或者投资的项目在市场上反应平平，那么良性循环就可能发展不起来，而企业的成长就可能停滞不前。

二、半导体行业前五企业的股价特性

三安光电：从背景图、数据图的色块和具体数值来看，过去十年，公司股价的阶段性相对清晰，深绿色背景持续性较强，红色色块比较明显。从股价、基本趋势和市场预期综合来看，股价呈现大涨大跌的模式，在2009—2010年业绩快速增长，叠加股市环境不错的情况下，股价在短时间里可以快速上涨数倍。但是在2011—2012年行情不好的时候，股价也可以回落50%以上。当然，如果只是牛市环境，比如2013年便开启的科技类企业结构性行情，但是业绩却增速为负的时候，股价也走的非常平缓。所以，大涨大跌也不是常态，需要叠加基本趋势是否强劲和市场是否牛熊来看。

隆基股份：从背景图、数据图的色块和具体数值来看，上市后，公司股价的阶段性相对清晰，深绿色背景持续性较强，红色色块比较明显。从股价、基本趋势和市场预期综合来看，由于公司的基本趋势保持非常强劲，几乎只要股票市场大环境走好，公司股价也是快速上涨，但是市场环境一旦不好，股价也是快速回落。而基本趋势保持强劲的逻辑，主要来源于公司的定增，公司的快速投资，导致公司的净利润增速非常高，同时公司的盈利能力随着公司的规模扩大也进一步提升。投资所带

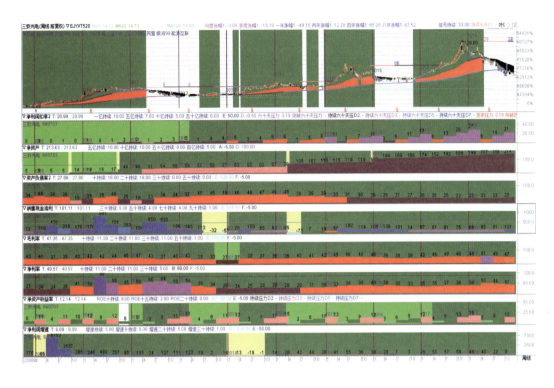

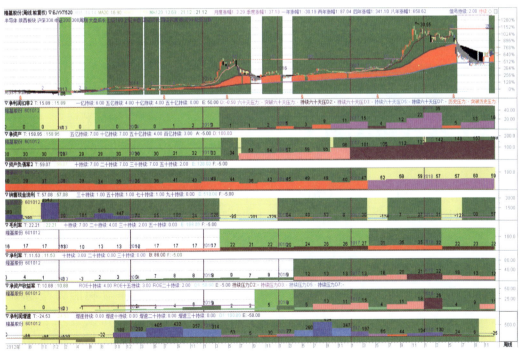

来的利润和盈利能力的提升，表达了一个强劲的基本趋势。而由于股市天然的周期属性，叠加起来，就是股价的大起大落。

兆易创新：从背景图、数据图的色块和具体数值来看，上市后，公司股价的阶段性相对清晰，深绿色背景持续性较强，红色色块非常明显。从股价、基本趋势和市场预期综合来看，尽管由于公司上市时间短，但是公司的基本趋势依然表达了一个强劲的信号，极高的净资产收益率，相对高速的增长。在2017年结构性行情下，公司股价大起大落特征明显，成倍的涨幅，50%的回落。

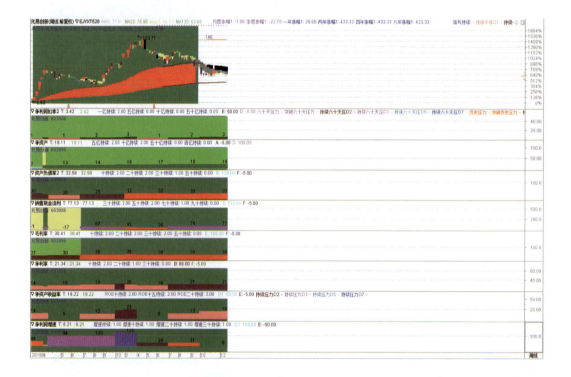

中环股份：从背景图、数据图的色块和具体数值来看，过去十年，公司股价的阶段性相对复杂些，背景图的白色和深绿色背景交替频次要更加多些，红色色块和黑色色块都比较明显。从股价、基本趋势和市场预期综合来看，由于公司的盈利能力一直比较平平。在2010—2011年有过一段快速增长的业绩和盈利能力的提升。2013—2017年公司利润增速是不错，但是盈利能力指标显示公司盈利水平一般。而盈利的来源主要靠外部融资、收购和投资项目。叠加股市大环境，在2010年股市环境还可以的时候，叠加基本趋势正处于加速期，公司股价快速上涨，但是，在2011年下半年市场环境走熊的时候，股价也是快速回落。而在之后由于一般的基本趋势，所以股价基本属于随大流的走势，在牛市的环境下，也会快速上涨，而牛市盛宴结束，股价基本又回落到原地。

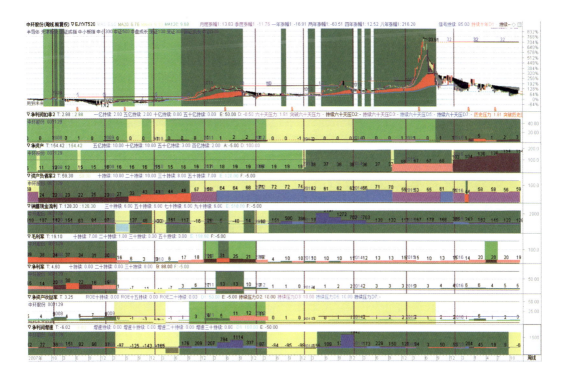

利亚德：从背景图、数据图的色块和具体数值来看，上市后，公司股价的阶段性相对清晰，深绿色背景持续性很强，红色色块非常明显。从股价、基本趋势和市场预期综合来看，基本趋势与隆基股份比较相似，在2013年后一直保持非常强劲。不断加大投资，快速增长的利润，盈利能力的进一步改善，综合表达了基本趋势的加速。叠加股市环境，在2013—2015年牛市环境下，公司股价快速展示，3年时间累积上涨了5倍。但是熊市环境来的时候，2015年下半年也会快速回撤接近50%。一旦熊市环境结束，2016年上半年便开启了新一轮上涨，一直到2018年整个股市不好的时候。股价快速下跌，股价跌幅超过50%。超强劲的基本趋势，叠加股市天然的周期属性，就是股价的大起大落。

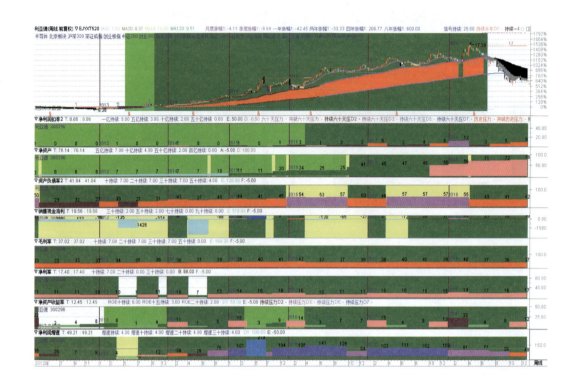

第 2 节　软件行业特性分析

一、软件行业基本面特性分析

　　软件行业，共有 169 家上市企业，截至目前，按照流通市值排序，用友网络排在第一位：470.77 亿元；第二位是科大讯飞：468.95 亿元；第三位是国电南瑞：387.11 亿元；第四位是恒生电子：345.29 亿元；第五位的是广联达：217.9 亿元。截止目前来看，软件行业没有一家企业市值突破 1000 亿元。也没有一家在 500 亿元以上。软件行业上市公司高达 169 家，粗略可以得知这个行业呈现散的格局。那么，这些前五的软件行业上市公司，它们的行业地位（规模）、抗风险能力、盈利能力和成长前景从财务角度分析，我们又能得出什么呢？下面就从这四个方面的财务角度一一查看。

软件服务 (169)	涨幅%	现价	量比	涨速%	流通市值↓
1 用友网络	-0.80	24.78	0.60	-0.03	470.77亿
2 科大讯飞	3.61	25.80	1.21	0.12	468.95亿
3 国电南瑞	-0.34	17.55	0.43	0.00	387.11亿
4 恒生电子	0.16	55.89	0.69	-0.10	345.29亿
5 广联达	-0.93	24.60	0.92	0.20	217.90亿
6 东华软件	-1.41	7.67	0.73	0.13	215.35亿
7 四维图新	-0.06	16.28	0.45	-0.05	169.71亿
8 二三四五	-0.74	4.00	0.61	-0.24	169.20亿
9 新大陆	-0.32	15.65	0.41	0.19	157.12亿
10 卫士通	1.18	18.90	0.84	-0.15	153.07亿
11 卫宁健康	-0.31	12.77	0.61	-0.15	152.13亿
12 石基信息	-1.28	30.80	0.80	0.13	149.21亿
13 宝信软件	-1.96	22.51	0.63	0.00	144.25亿
14 东软集团	-1.11	11.53	0.40	-0.08	143.25亿
15 万达信息	0.08	13.07	0.68	0.00	142.62亿
16 中国软件	-1.86	25.37	0.52	-0.03	125.47亿
17 启明星辰	2.82	20.04	0.80	0.15	117.33亿
18 同花顺	-2.09	42.20	0.50	-0.23	111.45亿
19 佳都科技	0.38	8.00	1.02	0.50	110.70亿
20 紫光股份	0.27	36.79	0.43	0.16	106.14亿
21 神州信息	-1.06	11.19	0.61	-0.08	104.62亿
22 千方科技	0.08	12.21	0.40	0.08	102.49亿
23 太极股份	-0.86	25.31	0.59	0.12	101.36亿
24 东方国信	0.00	12.34	0.71	-0.07	100.04亿
25 易华录	0.72	22.50	0.47	0.13	95.37亿
26 旋极信息	–	–	0.00	–	95.12亿
27 金证股份	-0.80	11.16	0.47	0.63	93.19亿
28 捷成股份	-0.78	5.10	0.54	-0.19	91.55亿
29 华宇软件	0.68	14.88	0.44	0.00	84.10亿
30 华东电脑	3.60	19.30	1.41	0.05	81.70亿

1. 反映规模的扣非净利润和净资产指标

科大讯飞：从背景图来看，公司 2008 年上市后，扣非净利润一直呈现浅绿色背景，净资产呈现浅绿色和深绿色背景并存的模式，净资产存在多处突变信号，表明企业能实现连续盈利，规模相对较小，企业有通过定增实现快速增长的可能。从数据图的色块和具体数值来看，2008—2017 年扣非净利润从 0.6 亿元增长到 3.59亿元，净资产从 5.3 亿元增长到 79.53 亿元，净资产在 2015 年突破 50 亿元。9 年时间，扣非净利润增长了接近 5 倍，而净资产增长了 14 倍。净资产之所以增长如此之快，从净资产一栏的突变信号也能大概得知公司 9 年时间里进行了多次定增。打开公司资本运作一栏，公司在 2011 年、2013 年、2015 年、2016 年以及 2017 年分别进行了增发募集资金进行新项目投资、收购等动作。所以，这也是公司净资产和扣非净利润快速增长的原因。但具体盈利能力如何，还得看后续盈利能力指标。

募集资金来源 | 项目进度

○ **募集资金来源**

公告日期	发行类别	实际募集资金净额(万元)	发行起始日	证券名称	证券类别
2017-03-16	增发(配套募集)	28,414.96	2017-03-06	科大讯飞	A股
2016-12-07	增发新股	35,280.00	2016-11-23	科大讯飞	A股
2015-08-19	增发新股	210,395.43	2015-08-06	科大讯飞	A股
2013-04-23	增发新股	172,947.18	2013-04-16	科大讯飞	A股
2011-05-09	增发新股	42,288.97	2011-04-28	科大讯飞	A股
2008-04-17	首发新股	31,414.48	2008-04-28	科大讯飞	A股

○ **项目进度**

项目名称	截止日期↓	计划投资(万元)	已投入募集资金(万元)	建设期(年)	收益率(税后)	投资回收期(年)
智慧课堂及在线教学云平台项目	2018-08-14	180,147.00	157,777.24	---	---	6.17
收购孙曙辉持有的10%讯飞皆成股权	2018-08-14	21,735.53	21,735.53	---	---	---
支付本次交易的现金对价	2018-08-14	14,315.00	14,315.00	---	---	---
安徽讯飞皆成信息科技有限公司股权收购项目	2018-08-14	10,105.92	10,105.92	---	---	---
收购孙曙辉持有的5%讯飞皆成股权	2018-08-14	4,062.39	4,062.39	---	---	---
智能语音人工智能开放平台项目	2018-05-15	205,038.00	---	---	---	---
新一代感知及认知核心技术研发项目	2018-05-15	119,708.00	---	---	---	---
智能服务机器人平台及应用产品项目	2018-05-15	108,581.00	---	---	---	---
销售与服务体系升级建设项目	2018-05-15	77,139.00	---	---	---	---
补充流动资金	2018-05-15	52,350.00	---	---	---	---

用友网络：从背景图来看，过去十年，扣非净利润呈现浅绿色、深绿色和黄色背景并存的模式，净资产呈现浅绿色和深绿色背景并存的模式，净资产存在多处突变信号，表明企业盈利不稳定，甚至亏损，有通过定增实现增长的可能。从数据图的色块和具体数值来看，2007 年公司扣非净利润达到 3.53 亿元，而到了 2017 年公司的扣非净利润只有 2.93 亿元。2007 年净资产为 24.23 亿元，2017 年净资产增长

到 67.41 亿元，净资产在 2015 年突破 50 亿元。扣非净利润在萎缩，而净资产在持续扩大，从净资产一栏的多处突变信号情况可以得知公司进行了多次再融资。打开公司资本运作一栏，结果发现公司近 10 年只有 2015 年进行了一次再融资。可为什么净资产一栏会存在多处突变呢，既然不是外部融资造成的，只能是内部盈利的突变导致的。仔细查看扣非净利润一栏，可以得知公司的扣非净利润存在明显的积极性结算影响，结算集中在年底，所以会导致公司第四季度比前三季度的扣非净利润突然增加，而利润体现在净资产上面，就会存在这样的突变信号，这是技术性问题，但这个技术性问题虽然没有反映出再融资的情况，但是却意外地能够体现公司的利润发布情况和公司资金回落情况，也算是一种意外的收获。

国电南瑞：从背景图来看，过去十年，扣非净利润和净资产均呈现浅绿色和深绿色并存的背景模式，净资产存在多处突变信号，表明企业能实现连续盈利，规模相对不大，且有通过定增实现快速增长的可能。从数据图的色块和具体数值来看，

公司扣非净利润从 2007 年的 1.22 亿元增长到 2017 年的 11.48 亿元，扣非净利润在 2011 年突破 5 亿元，在 2012 年突破 10 亿元；净资产从 2007 年的 9.66 亿元增长到 2017 年的 211.43 亿元，净资产在 2013 年突破 50 亿元，在 2017 年突破 100 亿元。10 年时间扣非净利润增长了 8.4 倍，净资产增长了 20.887 倍。扣非净利润和净资产均获得了惊人的增长，从净资产一栏也可以看到存在多处突变信号，可以得知公司进行了多次再融资。打开公司资本运作一栏，公司在 2010 年、2014 年、2017 年和 2018 年均进行了再融资。毫无疑问公司的扣非净利润和净资产的快速增长与再融资不无关系。

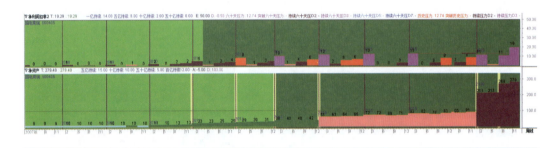

募集资金来源　｜　项目进度

○ 募集资金来源

公告日期	发行类别	实际募集资金净额(万元)	发行起始日	证券名称	证券类别
2018-04-13	增发(配套募集)	602,004.06	2018-04-09	国电南瑞	A股
2017-12-28	增发新股	2,416,622.47	2017-12-22	国电南瑞	A股
2014-01-03	增发新股	258,688.51	2013-12-27	国电南瑞	A股
2010-10-23	增发新股	76,000.00	2010-10-19	国电南瑞	A股
2003-09-19	首发新股	39,639.54	--	国电南瑞	A股

○ 项目进度

项目名称	截止日期↓	计划投资(万元)	已投入募集资金(万元)	建设期(年)	收益率(税后)	投资回收期(年)
江宁基地产业(5-8号)楼项目	2018-08-28	46,565.00	2,737.19	--	--	--
电力电子化特征电网控制系统产业化实验能力建设项目	2018-08-28	20,200.00	7,797.00	--	--	--
江宁基地成品库建设项目	2018-08-28	7,990.00	727.44	--	--	--
IGBT模块产业化项目	2018-04-13	164,388.00	--			
智慧水务产业化建设项目	2018-04-13	26,600.00	--			
电力工控安全防护系列设备产业化及应用能力建设项目	2018-04-13	16,812.00	--			
大功率电力电子设备智能生产线建设项目	2018-04-13	14,964.00	--			
面向清洁能源与开放式电力市场的综合服务平台建设及产业化项目	2018-04-13	10,470.00	--			
电网运检综合数据分析与应用中心产业化项目	2018-04-13	8,074.00	--			
智能电网云计算平台实验验证环境建设及产业能力升级项目	2018-04-13	7,914.00	--			

恒生电子：从背景图来看，过去十年，扣非净利润一直呈现浅绿色背景，净资产呈现浅绿色和深绿色背景并存的模式，净资产有多处突变信号，表明企业能实现连续盈利，但一直规模很小，企业有通过定增实现快速增长的可能。从数据图的色

块和具体数值来看，公司扣非净利润从 2007 年的 1.23 亿元增长到 2017 年的 2.12 亿元，净资产从 2007 年的 6.27 亿元增长到 2017 年的 32.86 亿元。10 年时间扣非净利润增长平平，而净资产取得了快速增长，这样也能大概得知公司进行了再融资。从净资产一栏多处的突变信号，更能够直观得知公司进行了多次再融资。打开公司资本运作一栏，结果发现公司在近 10 年时间里并没有进行再融资。那么净资产一栏的多处年底突变信号又是怎么回事呢，仔细查看扣非净利润情况，可以发现恒生电子的扣非净利润和用友网络类似，同样存在非常明显的年底集中结算情况。与此同时，公司的扣非净利润 10 年内增长平平，但是公司的净资产累积值却获得快速增长。可能是与公司较高的盈利能力和较低的净资产基数有关。所以要重点查看公司的盈利能力指标来进一步验证。

项目名称	截止日期↓	计划投资(万元)	已投入募集资金(万元)	建设期(年)	收益率(税后)	投资回收期(年)
客户服务中心	2003-11-26	6,000.00	2,034.70	--	--	--
大范围集中式证券交易系统	2003-11-26	4,007.00	3,471.16	--	27.80%	4.25
证券客户关系管理系统	2003-11-26	3,780.00	4,689.23	--	29.30%	4.25
银行证券业务服务平台	2003-11-26	3,595.00	4,476.11	--	29.30%	3.92
基金管理与服务综合平台	2003-11-26	3,591.00	3,588.79	--	36.20%	3.92
呼叫中心系统	2003-11-26	3,517.00	1,686.83	--	27.80%	4.33
银行电子服务系统	2003-11-26	3,439.00	2,763.31	--	29.70%	4.17
创新研究技术中心技改项目	2003-11-26	2,540.00	2,457.44	--	--	--
银行保险业务平台	2003-11-26	2,220.00	--	--	22.20%	4.42

广联达：从背景图来看，公司 2010 年上市后，扣非净利润呈现浅绿色和深绿色背景并存的模式，净资产则一直呈现浅绿色背景，表明企业能实现连续盈利，但规模很小。从数据图的色块和具体数值来看，公司扣非净利润从 2010 年的 1.71 亿元增长到 2017 年的 4.12 亿元，2014 年存在一个扣非净利润高点，2014 年扣非净利

润一度超过 5 亿元，但截至目前也没有超过这个高点；净资产从 2010 年的 17.27 亿元增长到 2017 年的 31.77 亿元。从净资产一栏来看，没有存在净资产的突变信号，初步可以判定公司只进行过上市首次融资，没有进行过再融资，公司利润来源于内部增长。

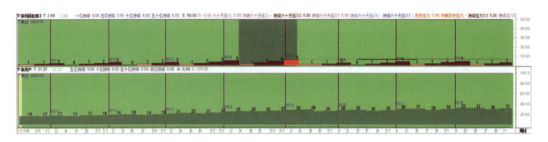

综合以上，软件行业前五的企业在发展过程中，大多进行过再融资，很多企业还进行过许多轮再融资。毫无疑问，再融资计划的实施与政府再融资政策关系密切，同时也与公司的性质比较相关，软件行业市场竞争激烈，技术迭代和创新层出不穷，不但要拥有好的市场前景的技术，而且需要快速抢占市场，所以再融资在所难免。

2. 反映风险的资产负债率和销售现金流指标

科大讯飞：从背景图来看，资产负债率一直呈现深绿色背景，销售现金流存在明显的现金流流出现象（黄色背景）。从数据图的色块和具体数值来看，公司资产负债率整体不算太高，但是随着公司的发展壮大，公司的资产负债率呈现逐年提高的趋势。公司的现金流回笼并不顺畅，存在明显的季节性结算波动。另外，从一年度为单位的现金流回笼来看，现金流回笼还算可以，但是波动性依然明显。

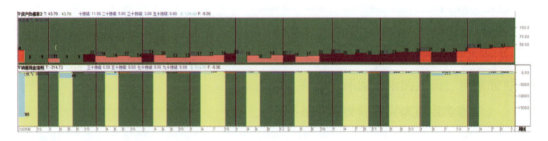

用友网络：从背景图来看，资产负债率呈现深绿色和黄色并存的背景模式，销售现金流存在明显的现金流流出现象（黄色背景）。从数据图的色块和具体数值来看，资产负债率呈现两阶段特征，在 2007—2012 年资产负债率逐年提高，而在

2013 年到目前，公司的资产负债率维持在相对高位。现金流回笼比较平稳，尽管存在比较明显的季节性结算。

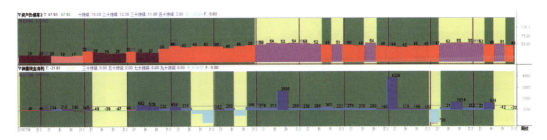

国电南瑞：从背景图来看，资产负债率呈现深绿色和黄色并存的背景模式，销售现金流存在明显的现金流流出现象（黄色背景）。从数据图的色块和具体数值来看，公司资产负债率整体维持在 50% 位置窄幅区间波动。销售现金流的季节性结算非常明显，一个年度内前三季度几乎是赊销，就年底结算，现金流覆盖了营业利润的 70% 左右。

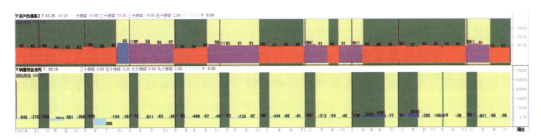

恒生电子：从背景图来看，资产负债率一直呈现深绿色背景，销售现金流存在明显的现金流流出现象（黄色背景）。从数据图的色块和具体数值来看，资产负债率维持在相对低位，销售现金流回笼情况跟国电南瑞非常相似。

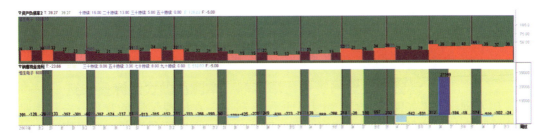

广联达：从背景图来看，资产负债率一直呈现深绿色背景模式，销售现金流存在明显的现金流流出现象（黄色背景）。从数据图的色块和具体数值来看，资产负债率存在明显的两阶段特征，在 2010—2016 年公司的资产负债率维持在个位数，

而在 2016 年至目前公司的资产负债率维持在 30% 以上，并且在逐季度提升。公司的销售现金流回笼依然存在非常明显的季节性波动现象。

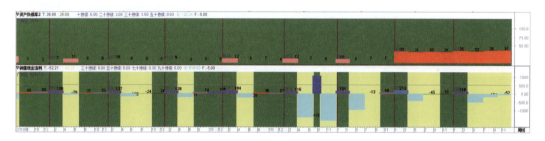

综合以上，软件行业整体的资产负债率很少超过 50%，整体属于低资产负债率行业。但是软件行业的销售现金流回笼几乎都存在明显的季节性波动现象，大概是与行业面临的是下游 B 端客户为主的原因，这也是整个行业的普遍现象。

3. 反映盈利能力的毛利率、净利率、净资产收益率指标

科大讯飞：从背景图来看，上市后，毛利率一直呈现深绿色背景，净利率呈现深绿色和白色背景并存的模式，净资产收益率呈现浅绿色、深绿色和白色背景并存的模式，表明公司产品盈利能力较高，但不太稳定，净资产收益率的波动幅度较大。从数据图的色块和具体数值来看，相对较高的毛利率和净利率，但是毛利率和净利率有下降的趋势。净资产收益率在 2014 年之前年化收益大于 10%，但是在 2014 年之后净资产收益率只有年化 7%。

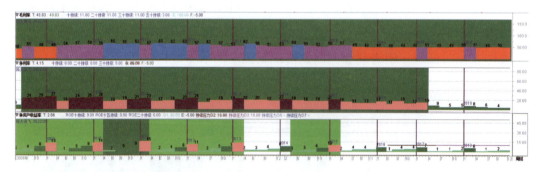

用友网络：从背景图来看，过去十年，毛利率一直呈现深绿色背景，净利率呈现深绿色、白色和黄色背景并存的模式，净资产收益率呈现深绿色、浅绿色、白色和黄色背景并存的模式，表明公司产品盈利能力较低，甚至亏损，净资产收益率波动幅度很大。从数据图的色块和具体数值来看，盈利能力指标呈现两阶段现象。2007—2013 年毛利率高达 90%，但是净利率并不高，且呈现下降的趋势，净资产收

益率同样如此，但还能维持在 10% 以上。2013 年至目前毛利率只有 65% 左右，净利率只有个位数，净资产收益率也只有个位数。

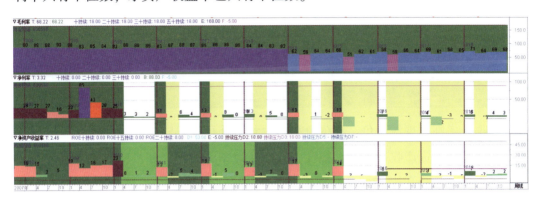

国电南瑞：从背景图来看，过去十年，毛利率和净资产收益率均呈现深绿色、浅绿色和白色背景并存的模式，净利率呈现白色和深绿色背景并存的模式，表明公司产品盈利能力一般，且存在一定波动性，但是净资产收益率年化超过 10%，甚至很多年份超过 15%。从数据图的色块和具体数值来看，毛利率、净利率和净资产收益率，虽然没有用友网络和科大讯飞那么高，但是保持比较稳定。毛利率保持在 20%~30% 区间，年度净利率保持在 12%~19% 区间，净资产收益率保持在 13%~29% 区间。这是目前软件行业市值前列中年化净资产收益率最高，且稳定性、持续性最好的企业了。

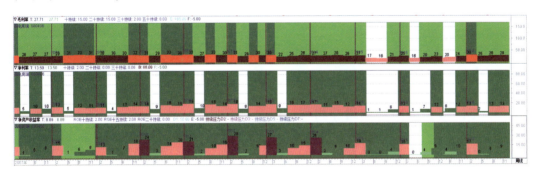

恒生电子：从背景图来看，过去十年，毛利率一直呈现深绿色背景，净利率呈现深绿色和白色背景并存的模式，净资产收益率呈现深绿色、白色和浅绿色背景并存的模式，表明公司产品盈利能力较高，存在一定的波动性，净资产收益率年化超过 15%。从数据图的色块和具体数值来看，毛利率保持相对高位，且持续提升。毛利率从 2007 年的 50% 提升到 2017 年的 97%。净利率和净资产收益率与国电南瑞相当。

广联达：从背景图来看，过去十年，毛利率和净利率均一直呈现深绿色背景，

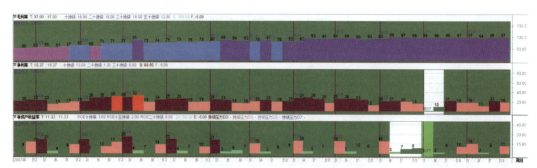

净资产收益率则呈现浅绿色、深绿色和白色背景并存的模式，表明公司产品盈利能力较高，但是净资产收益率波动幅度较大。从数据图的色块和具体数值来看，毛利率保持相对高位，高达97%。但是从净利率图可以明显看到在2015年有一个断崖的缺口。在2010—2014年净利率保持在30%以上，而在2015年第二季度净利率掉到13%，之后一直保持在13%~21%区间。虽然净资产收益率呈现两个阶段的现象，但是每个小阶段里均呈现持续向好的趋势。2010—2014年净资产收益率从9.56%逐年提升到21.33%；2015年净资产收益率掉到8.83%，2015—2017年净资产收益率从8.83%逐年提升到15.31%，但2018年较2017年有放缓的趋势。

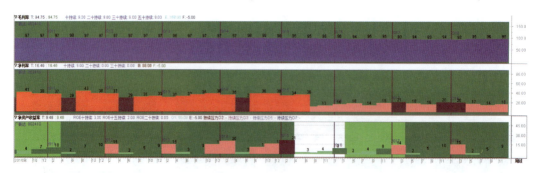

4. 反映成长的净利润增速指标

科大讯飞：从背景图来看，上市后，除了个别年份呈现黄色背景（增速下滑），其他时候则一直呈现深绿色背景，表明业绩增速存在一定波动性，但是企业整体增长。从数据图的色块以及具体数值来看，从净利润增速指标来看，科大讯飞只有2017年增速为负，其他年份均取得正的增长，且增速保持高位。解读成长的时候，不仅要看净利润增速，还得结合公司成长的路径来分析。从公司净资产一栏，可以得知公司进行了一系列的定增，说明公司还继续了外部并购来进行增长。所以如此高的成长与公司再融资是分不开的。在公司一系列再融资的过程中，公司的盈利能力保持一定幅度，但是有下降的趋势，这个是应该注意的。

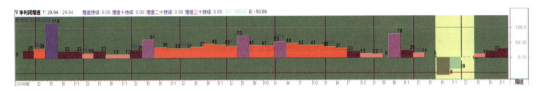

用友网络：从背景图来看，呈现深绿色和黄色背景（增速下滑）并存的模式，表明业绩增速波动很明显。从数据图的色块以及具体数值来看，公司的净利润增速波动性较大，且公司同样进行了再融资。再融资时间点在2015年，2015年后，公司的净利润增速依然不是很稳定，但2017年后有所好转，说明公司近期的基本趋势有所好转。

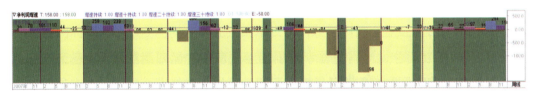

国电南瑞：从背景图来看，呈现深绿色和个别年份黄色背景（增速下滑）并存的模式，表明业绩增速存在一定波动性，企业整体增长。从数据图的色块以及具体数值来看，公司的成长路径依靠了一系列再融资，所以公司的净利润增速保持较高。但是在高速增长的同时，公司在2008年和2014年以及2015年的前三个季度存在负增长。叠加公司的较高盈利能力指标，可以得知公司的基本趋势处于较高的良性循序之中，但是波动性依然存在。

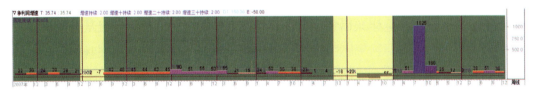

恒生电子：从背景图来看，过去十年呈现深绿色和黄色背景（增速下滑）并存的模式，表明业绩增速波动性较大。从数据图的色块以及具体数值来看，公司利润存在一定的周期性特征，在2007—2009年业绩保持高速，在2010—2012年增速开始放缓，又最迟的季节性增速为负到2012年度增速为负。2013—2015年又连续三年保持高速增长，2016年增速又大幅下降，当然这么大的下降，既与公司的周期性特性有关，也与政策有关。

广联达：从背景图来看，呈现个别年份黄色背景（增速下滑）和深绿色背景并

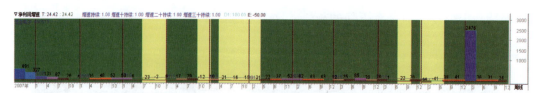

存的模式，表明业绩增速波动性较大，但企业整体增长。从数据图的色块以及具体数值来看，公司利润的周期性特性更加明显，一段持续的高增长过后，存在一个明显的增速放缓或者增速为负，然后又再启动新一轮。

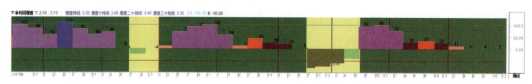

综合以上，在软件行业里，业绩增速的持续稳定性是少有的，波动性是普遍现象，甚至不乏周期性特征。

二、软件行业前五企业的股价特性

科大讯飞：从背景图、数据图的色块和具体数值来看，上市后，公司股价的阶段性相对清晰，深绿色背景持续较强，红色色块比较明显。从股价、基本趋势和市场预期综合来看，尽管公司的盈利能力水平有所下降，但是公司的净利润增速也是保持高速增长，也算是基本趋势一直保持相对强劲。所以，叠加股市的天然周期属性，在市场环境好的时候，2009—2010 年快速上涨，达到 5 倍，2011—2012 年回落接近50%。2013 年、2015 年、2017 年也都随着市场环境向好快速上涨，而在 2014 年、2015 年下半年、2016 年及 2018 年回落甚至快速下跌。这种股价特性与基本面特性不无关系。极强的基本趋势，通常也意味着极其脆弱的基本趋势，那么在基本趋势正处于加速的时候，叠加股市环境向好，自然股价快速上涨，一旦股市环境走坏，市场预期也会快速回落，所以股价面临大幅调整。而稍有放缓迹象，比如 2015 年下半年，业绩增速从 40%一路放缓至 10%，股价几乎把 2015 年整个年度的涨幅吐回。

用友网络：从背景图、数据图的色块和具体数值来看，过去十年，公司股价的阶段性相对清晰，深绿色背景和白色背景持续均较强，红色色块和黑色色块都比较明显。从股价、基本趋势和市场预期综合来看，尽管公司在 2014 年之前，盈利能力还可以，可以维持在 10%~15%区间，但是净利润增速的波动性非常明显，整体的基本趋势就不如科大讯飞强劲。而在 2015 年后的一段时间里，公司净利润增速下滑，盈利能力下降，自然把牛市的涨幅完全吐回。这种不够强劲的基本趋势，叠加股市的天然周期属性，就是在股市环境好的时候，随股市上涨；在熊市的时候，随股市大跌。

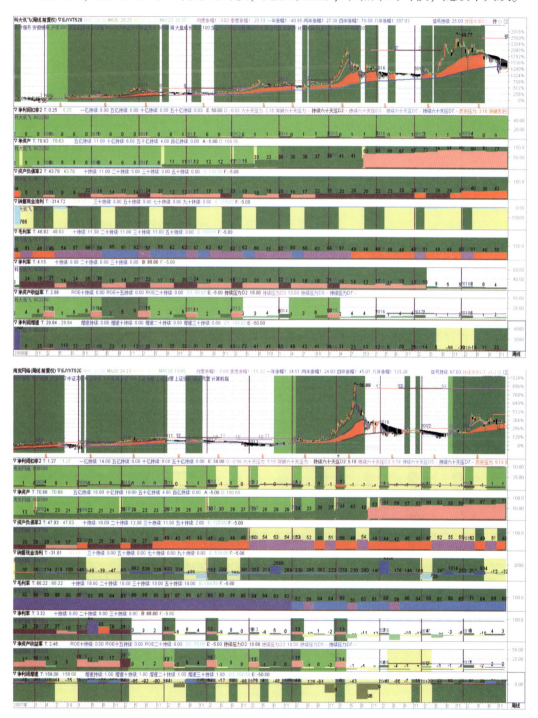

国电南瑞：从背景图、数据图的色块和具体数值来看，过去十年，公司股价的阶段性相对清晰，深绿色背景持续较强，红色色块比较明显。从股价、基本趋势和市场预期综合来看，由于公司的基本趋势一直保持相对强劲，叠加股市环境，所以在 2009—2010 年快速上涨，在 2011—2012 年也同样快速回落。但是在 2015 年的时候，尽管牛市来临，但是公司净利润增速下滑严重，所以股价快速上涨，然后快速下跌。之后的扣非净利润一直没有超过 2014 年的高点，2018 年扣非净利润倒是有可能刷新历史，但是股市环境不配合股价走强。如果再仔细查看，股价与股市环境的关系比公司基本趋势的关系更加紧密，2008 年净利润增速为正，股价在市场环境影响下继续回落，而在市场环境向好的时候，尽管 2008 年底和 2009 年一季度增速为负，但是股价已经开始创历史新高。同样的现象可以运用在 2014 年下半年至 2016 年这段时间，牛市之下，股价创了历史新高，而对应的净利润增速为负。熊市之下，基本趋势得到恢复，而股价跌回原点。

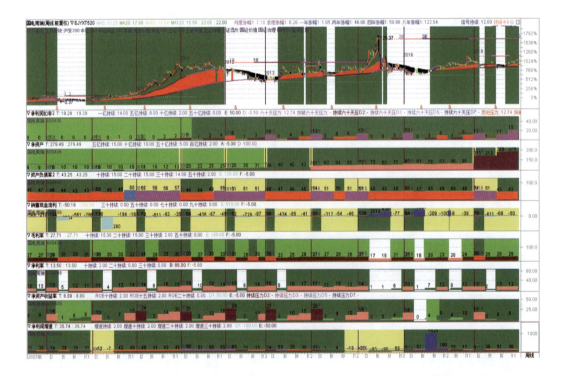

恒生电子：从背景图、数据图的色块和具体数值来看，过去十年，公司股价的阶段性相对复杂些，背景图的白色和深绿色背景交替频次要更加多些，股价呈现大起大落的特征。从股价、基本趋势和市场预期综合来看，在股市环境向好的 2009—

2010 年以及 2013—2015 年，公司股价大幅上涨，而在股市环境不好的 2011—2012 年以及 2015 年下半年至 2016 年，股价大幅回落。毫无疑问，这样可以得出在某些季度、年度，股价与公司的财务指标所反映出来的基本趋势并不一致，而与市场环境联系非常紧密。

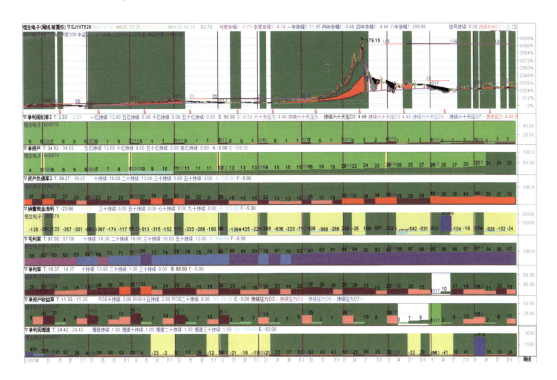

广联达：从背景图、数据图的色块和具体数值来看，过去十年，公司股价的阶段性相对复杂些，背景图的白色和深绿色背景交替频次要更加多些，但红色色块依然比较明显。从股价、基本趋势和市场预期综合来看，尽管基本趋势的强弱有所不同，但是公司股价跟随股市环境的方向基本没变。

从软件行业前五企业的股价特性和对应的基本趋势来看，我们无法建立起短期的对应关系。在短期内，公司股价更多的是跟随市场环境。在整个市场向好的时候，哪怕公司的基本趋势有所放缓，股价依然可以走的强劲，而在整个市场不好时，哪怕公司的基本趋势在当时表现相当强劲，公司股价依然跟随大势。如果在市场环境不好时，公司当时的基本趋势表现相当强劲，是否可以抵御一部分股市环境不利的影响，而使得股价得到有力支撑呢。毫无疑问，是得不到的。要得到一个否定的答案，只需要一个否定的案例即可，广联达在 2011 年基本趋势就表现相当强

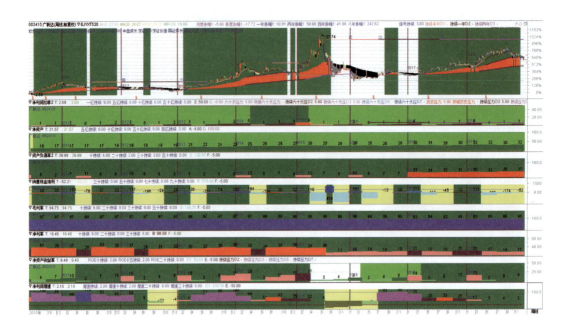

劲，但是股价随市场大跌。

从实证的角度，我们已经无数次得到短期之内无法得到基本趋势和股价明确的对应关系。无论是大消费类行业、大周期类行业还是目前的科技类行业，单个公司股价和基本趋势的关系在短期内都是不确定的。这个是必须要接受的事实，而这个事实尽管与常识有所违背，但是明白了，就会意义重大。

首先它的意义在于，预测短期企业的利润，从而得出股价的方向，是徒劳的。我们已经明白无误地多次从历史得出股价和基本趋势的关系是不确定的，那么即使可以预测未来几个季度甚至几个年度的利润，而股价依然是不确定的。所以，那种看企业的基本面信息推测短期的利好或者利空，从而做股票，多半是亏钱的。

但是，从长期来说，股市复利的来源，复利的根基依然是企业的盈利，这对于纯内生增长的、低负债的、销售现金流质量良好的大消费类企业比较好理解。但是即便如此，这类企业的市盈率依然可以保持 10 倍、20 倍。这同样意味着股价和企业财务表现的基本趋势短期的对应关系是不确定的，10 倍、20 倍的估值空间是逻辑上证伪了短期的直接对应关系，而从过去的历史实证也明白无误得出了这种不确定关系。这种短期的不确定和长期的确定性，我们到底应该如何理解和运用呢。

我们在股价和基本趋势后面分别加两个字，就能够比较好地理解这种短期的关系，同时也不破坏长期的逻辑。股价特性和基本面特性，它们是存在对应的关系，尽管不是方向性的，但在速度上存在着对应的关系。这点可以从彼得林奇的观点得到印证，彼得林奇的股价与收益速度的关系，已经从逻辑和实证的角度得到论证。快速增长的企业对应着快速上涨的股价，缓慢上涨的企业对应的股价也是缓慢上涨的，周期类型的企业对应的股价也是呈现周期性的，等等。但我们从逻辑上和实证上同样明白，不论是股价，还是基本趋势，都不可能永远呈现快速增长，而是有涨有跌。有些是呈现波动性的，没有明确的趋势；有些则呈现明确的趋势；比如快速增长、缓慢增长或者周期性的。那种纯波动性的，我们暂且忽略。而那种基本面特征呈现比较明显趋势性的，我们可以论证对应的股价特性是否与基本面特性一致。比如，快速增长的基本趋势，由于盛极而衰的原理或者戴维斯双杀的逻辑，那么一旦股市环境不利，也可能导致股价快速下跌。快速而有方向的基本趋势对应的是快速而有方向的股价走势。再比如，持久缓慢的基本趋势，对应的是持久缓慢的股价走势。

这样，我们在股价特征和基本面特征之间建立起了对应的速度关系，那么就不必理会短期内股价和基本趋势的对应关系了，而应该从企业的财务指标特征来理清基本面特征，这也是把基本趋势分解为八大核心财务指标的主要原因之一。可以直接通过八大核心财务指标，得出行业特征和企业的基本面特征。同时我们也明白了，股价在短期内的方向性的涨和跌，主要还是与市场预期挂钩，但是股价走势的特征短期内与基本面特征会挂钩。就像你永远也别指望一家稳定增长的大消费类公司股价在牛市之中会走得比快速增长的互联网企业还快。但是同样也应该能预期到在熊市的时候稳定增长的大消费类公司股价会跌的相对比快速增长的互联网企业要缓慢得多。

如果仅仅是方便解释过去的现象，那么其价值就没有被完全挖掘出来，关键还在于操作时的运用。就拿2015年创业板的牛市和2017年大消费类股的牛市，就拿软件行业前五的企业在2015年上半年股价走势和下半年股价走势，我们就能够理解，这类企业如果我们在牛市之初参与，应该如何离场，应该看哪些指标，还需要看短期的基本趋势吗，毫无疑问，是需要看的，毕竟牛市中很多创业板的企业其基本面特征根本不具有快速增长的特征，我们应该在参与的时候去伪存真，同时当我们选择了这类快速增长的企业的时候，一旦股市短期急跌使得整个市场进入熊市迹象，我们也应该快速撤离，因为早就预期到了这类企业的基本趋势迟早也会快速走下坡路，现在回过头来看恒生电子、金证股份，其基本趋势走下坡路的速度照样惊人。同样的道理可以运用到2017年大消费的牛市，大消费类企业的基本面特征整体就是缓慢而持久，所以股价涨起来也是缓慢，跌下去也相对缓慢。这样在 2017 年是有足够的时间来参与真正缓慢而持久的企业，分享大消费类企业缓慢而持久的上涨，同样当 2018 年整个市场进入熊市的时候，大消费类企业股价也进行熊市，也应该撤离，因为它们的股价也会缓慢下跌。

至此，在短期上，在动态方面，我们构建了方向上股价和市场预期、市场环境的直接关系，速度上股价走势特征和基本面特征的关系，而前面也隐约指出，市场预期和市场环境主要是市场参与者对企业、对行业的基本趋势预期，所以，一个是预期未来基本趋势的方向，一个是预期基本趋势的变化速度。

只是，预期终归是预期，预期与现实总是存在差异。预期与现实相符的，股价和基本趋势都会得到加强，这点不难理解。但是在整个股市之中，不可能所有行业所有企业基本趋势都一致的同时往一个方向走，比如牛市预期下，必然有几个板块是基本趋势加强的，而这几个板块如果恰恰是权重板块，结果可能导致整个市场预期牛市来临。那么，那些基本趋势短暂为负的，也可能在市场牛市预期下快速上涨，甚至可能涨幅比基本趋势加强的企业幅度不会小，速度也不会慢。那么一旦市场预期到了头，哪怕基本趋势继续加强的企业或者行业也可能面临大幅回落。另外，如果基本趋势短期内没有明显的加强，难道就无法操作了吗？通过实证分析可以看到，很多企业在 2009 年时基本趋势短期内是偏弱的甚至是为负的，但是股价在 2009 年则是普遍走强的。现在回过头来看，2009 年持续到 2010 年甚至 2011 年正是消费类股票，这类股票天然具有缓慢的基本面特征。这类股票在熊市的 2008 年照样跌，但它们的基本趋势在 2008 年和 2009 年以及 2010 年几乎没有变化，恰恰在 2008 年大周期类股票的基本趋势保持非常强劲的时候，股市熊市的时候，股价也跌得最惨。因为方向在短期内是市场预期决定的，速度是影响市场预期快慢的基本面特征决定的。

第 3 节　元器件行业特性分析

一、元器件行业基本面特性分析

元器件行业，共有 168 家，截至目前，按照流通市值排序，排在第一位是京东方 A：951.46 亿元，第二位是立讯精密：618.63 亿元，第三位是蓝思科技：310.89

亿元，第四位是欧菲科技：306.90 亿元，第五位是中航光电：304.62 亿元。截至目前来看，元器件行业没有一家企业市值突破 1000 亿元。也仅有一家在 500 亿元以上，是京东方 A。元器件行业上市公司高达 168 家，粗略可以得知这个行业呈现散的格局。那么，这些前五的元器件行业上市公司，它们的行业地位（规模）、抗风险能力、盈利能力和成长前景从财务角度分析，我们又能得出什么呢？下面就从这四个方面的财务角度一一查看。

元器件(168)	涨幅%	现价	量比	涨速%	流通市值↓
1 京东方A	-0.71	2.81	3.20	-0.34	951.46亿
2 立讯精密	1.07	15.05	2.92	0.00	618.63亿
3 蓝思科技	1.02	7.95	2.36	0.25	310.89亿
4 欧菲科技	1.32	11.49	3.69	-0.25	306.90亿
5 中航光电	1.17	38.93	1.67	0.15	304.62亿
6 三环集团	-0.06	17.64	1.58	-0.50	289.43亿
7 环旭电子	-0.32	9.29	1.84	-0.31	202.14亿
8 紫光国微	1.40	33.34	3.23	-0.08	201.57亿
9 歌尔股份	0.41	7.26	2.55	-0.40	197.80亿
10 东旭光电	0.21	4.81	1.92	-0.20	196.95亿
11 生益科技	0.00	9.12	2.24	-0.43	193.12亿
12 汇顶科技	1.35	72.26	2.35	0.08	167.35亿
13 深天马A	-0.19	10.74	1.80	-0.08	150.46亿
14 合力泰	0.00	5.25	1.62	0.19	134.47亿
15 沪电股份	1.46	7.66	2.46	-0.51	128.20亿
16 亿纬锂能	3.31	14.65	6.58	-0.60	120.02亿
17 长信科技	-0.41	4.91	3.26	-0.19	111.05亿
18 航天电器	0.96	25.16	1.24	-0.27	107.91亿
19 风华高科	-1.33	11.88	2.96	0.08	104.00亿
20 顺络电子	0.21	14.10	1.72	0.21	98.57亿
21 横店东磁	-0.83	6.00	3.69	0.33	98.55亿
22 欣旺达	3.10	8.65	6.73	-0.22	97.86亿
23 胜宏科技	0.88	12.66	1.36	0.00	96.06亿
24 法拉电子	-0.40	39.97	1.42	0.05	89.93亿
25 丹邦科技	-1.62	16.36	1.33	-0.42	89.64亿
26 依顿电子	-0.11	8.96	1.10	0.11	88.92亿
27 中科三环	1.78	8.02	2.96	0.75	85.43亿
28 水晶光电	-0.77	10.36	2.14	0.10	83.90亿
29 南洋科技	0.57	12.29	1.49	-0.07	83.15亿
30 艾华集团	-0.33	20.85	1.92	-0.13	81.32亿

1. 反映规模的扣非净利润和净资产指标

京东方 A：从背景图来看，过去十年，扣非净利润呈现浅绿色、深绿色和黄色背景（亏损）并存的模式，净资产则一直呈现深绿色背景，净资产存在多处突变信号，表明企业盈利不稳定，经常亏损，企业有通过定增实现快速增长的可能。从数据图的色块和具体数值来看，公司 2007 年扣非净利润 6.56 亿元，2017 年扣非净利润 66.79 亿元，扣非净利润在 2013 年突破 10 亿元，在 2017 年突破 50 亿元，但

2016 年处于亏损状态；净资产从 2007 年的 55.21 亿元上升到 2017 年的 1042.84 亿元，净资产在 2014 年突破 500 亿元，在 2017 年突破 1000 亿元。仔细查看公司扣非净利润一栏，发现公司在 2008 年至 2012 年连续亏损，所以公司扣非净利润并不是每年都增长的。从净资产一栏可以发现公司存在多处突变信号。打开公司资本运作一栏，可以得知公司在近 10 年的 2008 年、2009 年、2010 年和 2014 年进行了定增，募集资金投资项目以及收购。这也是公司在持续亏损后，净资产一直保持增长的原因之一，同时也是 2012 年后扣非净利润能够快速增长的主要原因之一。

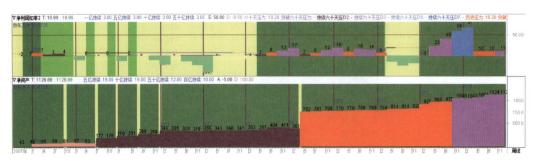

募集资金来源 · 项目进度

○ **募集资金来源**

公告日期	发行类别	实际募集资金净额(万元)	发行起始日	证券名称	证券类别
2014-04-04	增发新股	4,488,470.51	2014-03-26	京东方A	A股
2010-12-10	增发新股	894,364.71	2010-12-06	京东方A	A股
2009-06-09	增发新股	1,178,330.88	2009-05-31	京东方A	A股
2008-07-22	增发新股	224,189.75	2008-07-10	京东方A	A股
2006-10-12	增发新股	185,530.74	--	京东方A	A股
2004-01-10	增发新股	0.00	--	京东方A	A股
2000-12-11	首发新股	97,490.00	--	京东方A	A股
1997-05-21	首发新股	32,763.50	--	京东方A	A股

○ **项目进度**

项目名称	截止日期 ↓	计划投资(万元)	已投入募集资金(万元)	建设期(年)	收益率(税后)	投资回收期(年)
对鑫晟光电进行增资投资建设触摸屏生产线项目	2016-04-26	539,700.00	250,000.00	1.42	--	--
对重庆京东方进行增资投资建设第8.5代新型半导体显示器件及系统项目	2015-08-25	3,280,000.00	698,423.00	2.00	--	--
对鑫晟光电进行增资投资建设第8.5代薄膜晶体管液晶显示器件项目	2015-08-25	2,850,000.00	548,065.00	1.83	--	--
对源盛光电进行增资投资建设第5.5代AM-OLED有机发光显示器件项目	2015-08-25	2,450,000.00	247,119.00	2.42	--	--
合肥建翔债权认购项目	2015-08-25	600,000.00	600,000.00	--	--	--
重庆京东方光电科技有限公司第8.5代新型半导体显示器件30K扩产项目	2015-08-25	350,000.00	11,324.00	--	--	--
补充流动资金	2015-08-25	165,171.00	165,171.00	--	--	--
收购京东方显示48.92%的股权	2015-04-21	853,300.00	853,300.00	--	--	--

立讯精密：从背景图来看，公司 2010 年上市后，扣非净利润和净资产均呈现浅绿色和深绿色并存的背景模式，净资产存在多处突变信号，表明企业能实现连续盈利，规模在逐步扩大，企业有通过定增实现快速增长的可能。从数据图的色块和具体数值来看，扣非净利润从 2010 年的 1.09 亿元逐年提升到 2017 年的 14.37 亿元，扣非净利润在 2014 年突破 5 亿元，在 2015 年突破 10 亿元；净资产从 2010 年的 17.09 亿元提升到 2017 年的 139.25 亿元，净资产在 2014 年突破 50 亿元，在 2016 年突破 100 亿元。同属一个板块，第二名的立讯精密净资产规模比第一名京东方 A 相差太远。另外，从净资产一栏来看，存在多处突变信号。打开公司资本运作一栏可以得知，除了 2010 年首发上市融资外，公司在 2014 年和 2016 年进行了两次再融资，再融资规模也是一次比一次大。

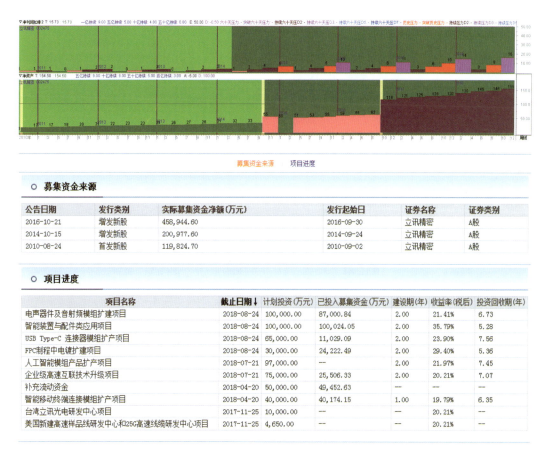

募集资金来源

公告日期	发行类别	实际募集资金净额(万元)	发行起始日	证券名称	证券类别
2016-10-21	增发新股	458,944.60	2016-09-30	立讯精密	A股
2014-10-15	增发新股	200,977.60	2014-09-24	立讯精密	A股
2010-08-24	首发新股	119,824.70	2010-09-02	立讯精密	A股

项目进度

项目名称	截止日期	计划投资(万元)	已投入募集资金(万元)	建设期(年)	收益率(税后)	投资回收期(年)
电声器件及音射频模组扩建项目	2018-08-24	100,000.00	87,000.84	2.00	21.41%	6.73
智能装置与配件类应用项目	2018-08-24	100,000.00	100,024.05	2.00	35.79%	5.28
USB Type-C 连接器模组扩产项目	2018-08-24	65,000.00	11,029.09	2.00	23.90%	7.56
FPC制程中电镀扩建项目	2018-08-24	30,000.00	24,222.49	2.00	29.40%	5.36
人工智能模组产品扩产项目	2018-07-21	97,000.00	—	2.00	21.97%	7.45
企业级高速互联技术升级项目	2018-07-21	75,000.00	25,506.33	2.00	20.21%	7.07
补充流动资金	2018-04-20	50,000.00	49,452.63	—	—	—
智能移动终端连接模组扩产项目	2018-04-20	40,000.00	40,174.15	1.00	19.79%	6.35
台湾立讯光电研发中心项目	2017-11-25	10,000.00	—		20.21%	
美国新建高速样品线研发中心和25G高速线缆研发中心项目	2017-11-25	4,650.00	—		20.21%	

欧菲科技：从背景图来看，公司 2010 年上市后，扣非净利润呈现浅绿色、深绿色和黄色背景（亏损）并存的模式，净资产呈现浅绿色和深绿色背景并存的模

式，表明企业盈利不稳定，甚至亏损，但在 2013 年后持续盈利，有通过定增实现快速增长的可能。从数据图的色块和具体数值来看，2010 年扣非净利润为 0.48 亿元，2017 年扣非净利润为 6.88 亿元，2013 年扣非净利润突破 5 亿元，2018 年扣非净利润突破 10 亿元；2010 年的净资产为 9.68 亿元，2017 年净资产为 91.88 亿元，2014 年净资产突破 50 亿元，2018 年净资产突破 100 亿元。扣非净利润并不是每年都增长的，但每年都能获得为正的扣非净利润。从净资产一栏来看，存在多处突变信号。除了公司在 2010 年首次上市融资外，公司在 2013 年、2014 年和 2016 年进行了三次再融资。

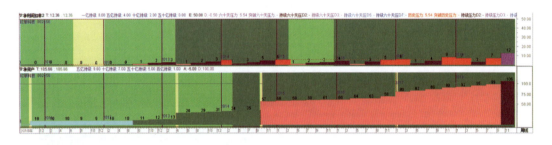

募集资金来源	项目进度				

○ 募集资金来源

公告日期	发行类别	实际募集资金净额（万元）	发行起始日	证券名称	证券类别
2016-11-10	增发新股	133,968.44	2016-10-27	欧菲光	A股
2014-08-29	增发新股	195,989.54	2014-08-18	欧菲光	A股
2013-01-31	增发新股	145,276.01	2013-01-17	欧菲光	A股
2010-07-13	首发新股	67,091.40	2010-07-22	欧菲光	A股

○ 项目进度

项目名称	截止日期↓	计划投资（万元）	已投入募集资金（万元）	建设期（年）	收益率（税后）	投资回收期（年）
高像素微摄像头模组扩产项目	2018-08-07	200,000.00	152,224.74	1.50	—	4.70
高像素微摄像头模组扩产项目	2018-08-07	115,669.00	29,906.66	1.50	16.47%	4.54
智能汽车电子建设项目	2018-08-07	84,537.95	11,046.49	1.50	16.47%	6.88
中大尺寸电容式触摸屏扩产项目	2018-08-07	80,000.00	14,490.20	1.50		4.90
研发中心项目	2018-08-07	26,449.48	2,289.04	2.00		
传感器及应用集成系统研发中心项目	2018-08-07	10,800.00	10,524.89	—		
液晶显示模组扩产项目	2018-04-24	100,000.00	20,339.57	1.50		4.20
补充流动资金	2017-08-22	40,997.57	40,997.57	—		
永久性补充流动资金	2017-08-22	25,000.00	25,000.00	—		
南昌欧菲光学强化玻璃项目	2016-04-19	25,000.00	25,079.11	—		

中航光电：从背景图来看，过去十年，扣非净利润和净资产均呈现浅绿色和深绿色背景并存的模式，净资产呈现多处突变信号，表明企业能实现连续盈利，规模在逐步扩大，有通过定增实现快速增长的可能。从数据图的色块和具体数值来看，

公司扣非净利润从 2007 年的 0.83 亿元逐年提升到 2017 年的 7.73 亿元，扣非净利润在 2015 年突破 5 亿元；净资产从 2007 年的 8.73 亿元逐年提升到 2017 年的 54.28 亿元，净资产在 2017 年突破 50 亿元。扣非净利润每年均在增长。从净资产一栏来看，公司也进行了再融资。打开公司资本运作一栏，可以得知公司在 2013 年进行了定增，投资了不少项目。

募集资金来源　项目进度

○ 募集资金来源

公告日期	发行类别	实际募集资金净额(万元)	发行起始日	证券名称	证券类别
2013-04-16	增发新股	80,733.24	2013-03-30	中航光电	A股
2007-10-12	首发新股	46,231.33	2007-10-19	中航光电	A股

○ 项目进度

项目名称	截止日期↓	计划投资(万元)	已投入募集资金(万元)	建设期(年)	收益率(税后)	投资回收期(年)
光电技术产业基地项目	2018-03-17	85,000.00	48,733.24	3.00	—	—
新能源及电动车线缆总成产业化项目	2018-03-17	27,900.00	8,000.00	1.25	—	—
飞机集成安装架产业化项目	2018-03-17	16,600.00	11,098.51	1.25	—	—
永久补充流动资金	2018-03-17	3,726.67	—	—	—	—
补充流动资金	2016-03-30	10,000.00	10,000.00	—	—	—
工业连接器产业化项目	2015-03-31	6,331.00	6,331.00	2.00	23.42%	4.83
电机断路器产业化项目	2015-03-31	3,669.00	3,669.00	2.00	27.29%	5.17
光电传输集成开发及产业化项目	2013-08-22	7,741.00	6,352.00	3.00	25.57%	5.17
射频同轴连接器高技术产业化项目	2013-08-22	5,817.00	4,775.00	2.00	24.75%	5.17
线缆总成产业化项目	2013-08-22	5,319.00	4,366.00	2.00	25.55%	5.00

　　蓝思科技：从背景图来看，公司 2015 年上市后，扣非净利润呈现黄色（亏损）和深绿色背景并存的模式，净资产则一直呈现深绿色，净资产有多处突变信号，表明盈利不稳定，存在单个季度亏损，但是年度来看依然盈利，有通过定增实现快速增长的可能。从数据图的色块和具体数值来看，2015 年扣非净利润为 10.96 亿元，2017 年扣非净利润为 18.68 亿元，2015 年净资产为 104.33 亿元，2017 年净资产为 167.96 亿元。从净资产一栏来，虽然公司上市才 3 年，但是也进行了再融资。打开

资本运作一栏，可以得知公司在 2016 年便进行了再融资，投资项目。

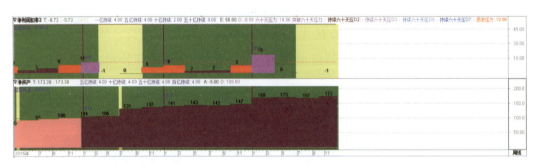

公告日期	发行类别	实际募集资金净额(万元)	发行起始日	证券名称	证券类别
2016-04-20	增发新股	311,184.58	2016-04-15	蓝思科技	A股
2015-03-03	首发新股	150,638.28	2015-03-10	N蓝思	A股

○ 项目进度

项目名称	截止日期 ↓	计划投资(万元)	已投入募集资金(万元)	建设期(年)	收益率(税后)	投资回收期(年)
蓝宝石生产及智能终端应用项目(变更建设内容)	2018-04-27	340,239.81	209,573.29	2.00	24.92%	---
大尺寸触控功能玻璃面板建设项目	2018-04-27	184,629.31	76,791.31	1.50	42.59%	3.95
中小尺寸触控功能玻璃面板技改项目	2018-04-27	177,550.24	73,846.97	1.00	52.25%	3.16
3D曲面玻璃生产项目	2018-04-27	162,407.08	101,611.29	1.00	31.00%	---
补充流动资金	2016-05-10	100,000.00	---	---	---	---

综合以上，元器件行业龙头企业京东方 A 的净资产规模最大，行业前五其他企业的净资产规模总和也不及京东方 A 一家的一半。龙头企业的扣非净利润虽然在 2017 年创历史新高，但是在过去很多年份出现持续亏损。而行业前五其他企业整体扣非净利润的持续增长性要好很多。另外，元器件行业扣非净利润的取得，不仅与公司的内生增长相关，更多依靠公司的外部融资，投资新项目而取得，元器件行业前五的企业几乎都进行过再融资计划。

2. 反映风险的资产负债率和销售现金流指标

京东方 A：从背景图来看，资产负债率呈现深绿色和黄色并存的背景模式，销售现金流存在明显的现金流流出现象（黄色背景）。从数据图的色块和具体数值来看，资产负债率保持相对稳定，50％左右。销售现金流在 2012 年前波动性非常明显，2012 年至目前相对顺畅，但在 2016 年几个季度持续流出。

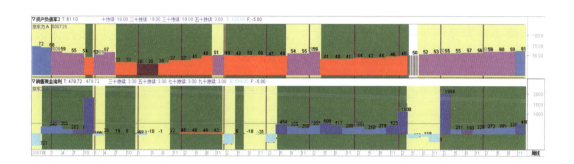

　　立讯精密：从背景图来看，资产负债率呈现深绿色和黄色并存的背景模式，销售现金流除了个别季度存在现金流流出现象（黄色背景），其他时候均呈现深绿色背景。从数据图的色块和具体数值来看，随着公司发展，在上市至2014年期间资产负债率逐年提高，随后在再融资下，资产负债率保持在相对稳定的区间，即40%~50%。销售现金流比较顺畅，只存在个别季度的流出，以年度来看，现金流均实现净流入。

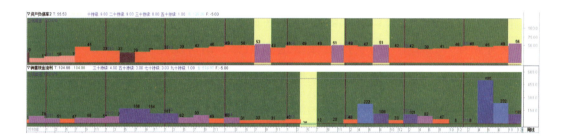

　　欧菲科技：从背景图来看，资产负债率呈现深绿色和黄色并存的背景模式，销售现金流存在明显的现金流流出现象（黄色背景）。从数据图的色块和具体数值来看，资产负债率比较高，高达70%。销售现金流也不是很顺畅，波动性比较明显，很多年份为负。

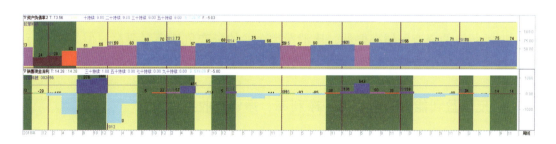

中航光电：从背景图来看，资产负债率呈现深绿色和黄色并存的背景模式，销售现金流存在明显的现金流流出现象（黄色背景）。从数据图的色块和具体数值来看，资产负债率保持相对稳定，保持在42%～50%之间。但是销售现金流跟欧菲科技一样不稳定，同样存在很多年份现金流流出的现象。

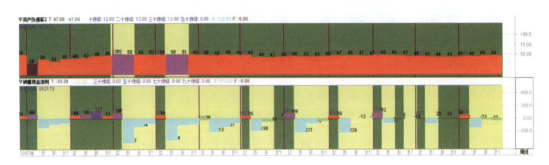

蓝思科技：从背景图来看，资产负债率呈现深绿色和黄色并存的背景模式，销售现金流除了个别季度存在流程现象（黄色背景），其他时候均呈现深绿色背景。从数据图的色块和具体数值来看，上市之初，公司的资产负债率在50%左右，随着公司再融资，公司资产负债率有所下降，但是随着业务发展，公司资产负债又开始提升，截至目前资产负债率达到61%。销售现金流在2016年存在连续两个季度为负。其他时候现金流回笼比较顺畅。

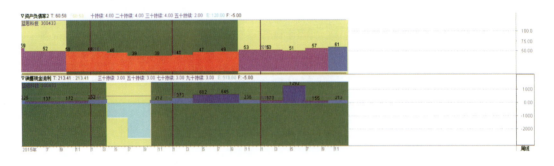

综合以上，元器件行业的资产负债率平均水平不能说特别高，也不算特别低。比周期类行业的资产负债率要低，比消费类企业的资产负债率又要高。但是整个行业的销售现金流回笼并不是很顺畅，波动性比较大，还存在很多年份的净流出。

3. 反映盈利能力的毛利率、净利率、净资产收益率指标

京东方A：从背景图来看，过去十年，毛利率和净资产收益率均呈现浅绿色、

白色和黄色背景并存的模式，净利率呈现白色、深绿色和黄色背景并存的模式，表明产品盈利能力很低，且经常亏损，净资产收益率波动幅度很大。从数据图的色块和具体数值来看，盈利能力指标分两个阶段，2007—2012 年，极低的毛利率，甚至是负的毛利率，自然是负的净利率和净资产收益率。2012 年至目前，毛利率维持在20% 左右，净利率个位数，净资产收益率比较低，2017 年最高，但也只有 8.9%。所以整个公司过去十年盈利能力很弱。

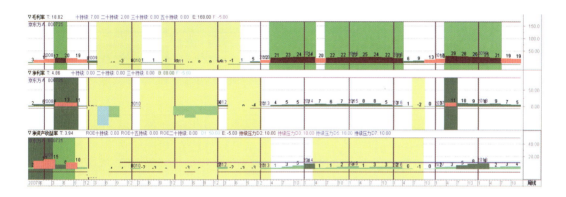

立讯精密：从背景图来看，上市后，毛利率呈现白色和浅绿色背景并存的模式，净利率呈现深绿色和白色背景并存的模式，净资产收益率呈现白色、浅绿色和深绿色背景并存的模式，表明公司产品盈利能力较低，但是净资产收益率年化超过10%。从数据图的色块和具体数值来看，公司的盈利指标呈现非常稳定的特性，且净资产收益率能够保持在 10%～15% 之间。

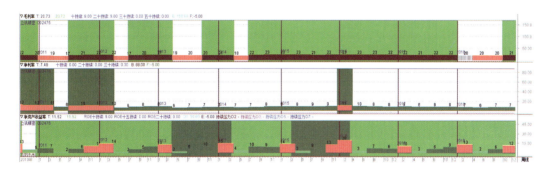

欧菲科技：从背景图来看，上市后，毛利率呈现浅绿色和白色背景并存的模式，净利率呈现黄色和白色背景并存的模式，净资产收益率呈现黄色、白色、浅绿色和深绿色背景并存的模式，表明公司产品盈利能力较低，净资产收益率波动幅度

很大。从数据图的色块和具体数值来看，毛利率和净利率虽然不如立讯精密，但是和立讯精密一样稳定。净资产收益率的波动性就大了一些，且年化净资产收益率也不如立讯精密，但是整体还是能够达到年化10%的收益。

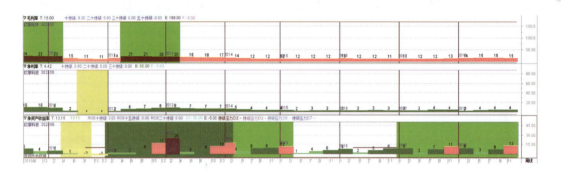

中航光电：从背景图来看，过去十年，毛利率一直呈现深绿色背景，净利率呈现白色和深绿色背景并存的模式，净资产收益率呈现浅绿色和深绿色背景并存的模式，表明公司产品盈利能力较高，净资产收益率年化超过10%，且相对稳定。从数据图的色块和具体数值来看，公司的盈利指标呈现非常稳定的特性，且毛利率、净利率和净资产收益率在元器件行业前四中均属于最高的。

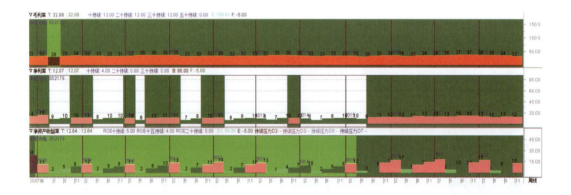

蓝思科技：从背景图来看，上市后，毛利率一直呈现浅绿色背景，净利率一直呈现白色背景，净资产收益率呈现深绿色、白色和浅绿色背景并存的模式，表明公司产品盈利能力一般，净资产收益率波动幅度较大。从数据图的色块和具体数值来看，毛利率能够达到25%，但是净利率只有5%左右，净资产收益率呈现一定的波动性。

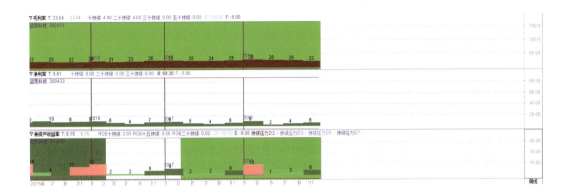

从元器件行业前五企业来看，整个行业的毛利率有所差异，但净利润普遍不高，没有一家企业年化净利率超过10%。但是净资产收益率超过10%的倒是不少，而龙头企业京东方A的净资产收益率就比较低了。

4. 反映成长的净利润增速指标

京东方A：从背景图来看，过去十年，呈现黄色背景（增速下滑）和深绿色背景并存的模式，表明业绩增速不稳定。从数据图的色块以及具体数值来看，净利润增速波动性非常明显，2012年后有所好转。

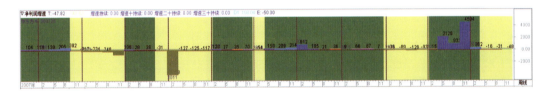

立讯精密：从背景图来看，上市后，除了个别季度呈现黄色背景（增速下滑），其他时候一直呈现深绿色背景，表明企业整体持续增长。从数据图的色块以及具体数值来看，尽管净利润增速波动幅度比较大，但是整体为正，只存在一个季度为负的增长。

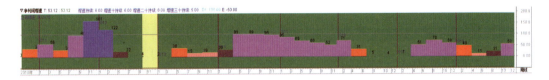

欧菲科技：从背景图来看，上市后，呈现黄色背景（增速下滑）和深绿色背景

并存的模式，表明业绩增速波动较大。从数据图的色块以及具体数值来看，净利润增速波动比较明显，存在某些年份为负的增长，其他时候维持比较高速的增长。2012—2013 年业绩增速特别高。

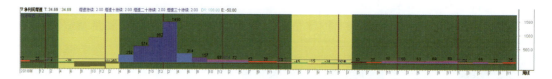

中航光电：从背景图来看，过去十年，除了个别季度呈现黄色背景（增速下滑），其他时候均呈现深绿色背景，表明企业整体持续增长。从数据图的色块以及具体数值来看，除去个别季节性增速为负，整体年度增速均为正。

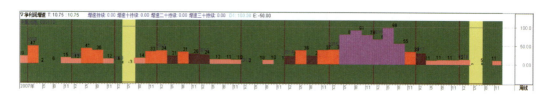

蓝思科技：从背景图来看，上市后，呈现黄色背景（增速下滑）和深绿色背景并存的模式，表明业绩增速不稳定。从数据图的色块以及具体数值来看，净利润增速波动比较明显。

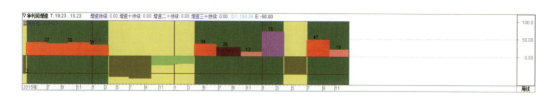

综合以上，从净利润增速来看，差异性比较大，整体净利润增速波动性比较明显，但是也不乏年度净利润增速持续为正的企业。

二、元器件行业前五企业的股价特征

京东方 A：从背景图、数据图的色块和具体数值来看，过去十年，公司股价的阶段性相对复杂，背景图的白色和深绿色背景交替频次要更加多些，黑色色块比较明显。从股价、基本趋势和市场预期综合来看，尽管我们知道股价是走在对应的季度报、半年报和年报前面 1~3 个月的。但是我们已经分析了股价和单个季度甚至几年的业绩并没有直接的关系，所以股价走势财报前面几个月并不妨碍我们进行分析和操作。所以，那种股价提前业绩的说法同样是站不住脚的。毫无疑问，如果市场一部分人士，可以预见到公司的业绩能够呈现爆发式的增长，是可以提前进场的，但是市场一部分人士的进场不一定代表公司股价就会上涨。另外，业绩爆发式的增长，如果股价已经处于牛市氛围之中上涨的中后期，那么即使短期一两年内业绩兑现，股价也可能快速回落。所以我们不如反过来，始终从市场预期、市场环境出发，考察基本趋势的强弱、基本面特征，看股价和基本趋势、基本面特征是否相符来做交易。京东方 A 就是一个很好的说明，公司在 2008 年后盈利能力一直很弱，只有 2017 年净资产收益率接近 10%，同时净利润增速有明显的提升。与此同时其股价在 2017 年也是快速上涨，这种明显的基本趋势和股价是对应的关系。而在其他时候，同样是对应的，比如疲软的基本趋势和疲软的股价，但是对应投资者来说，那种疲软的基本趋势的公司几乎可以不用考察。

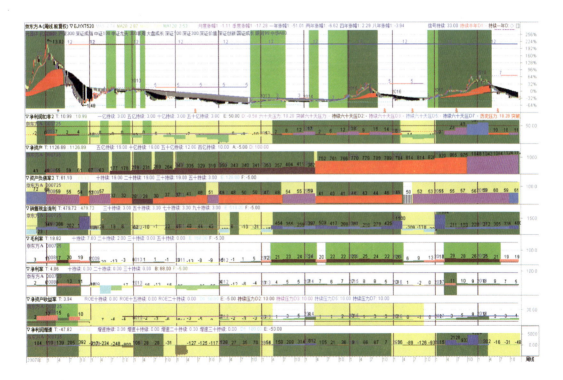

立讯精密：从背景图、数据图的色块和具体数值来看，上市后，公司股价的阶段性相对清晰，深绿色背景持续性较强，红色色块非常明显。从股价、基本趋势和市场预期综合来看，与京东方 A 恰恰相反，立讯精密表现了强劲的股价走势和强劲

的基本趋势，比较适合暴涨暴跌模型。事实上，立讯精密的市场预期一直比较强劲，哪怕在 2012 年基本趋势有所放缓的情况下，在 2015 年股灾的情况下，即使是 2018 年单边下跌的股市环境下，立讯精密的股价跌幅也不是特别大。暴跌始终没有出现，持续的上涨是比较明显的。这点也说明，实际与模型总是存在差异，模型提供了一般的范式，而实际则是具体的、个性化的。即便没有出现暴跌，但这样持续的上涨，与基本趋势的强劲和基本面特征是分不开的，依然不妨碍构建好的模型。

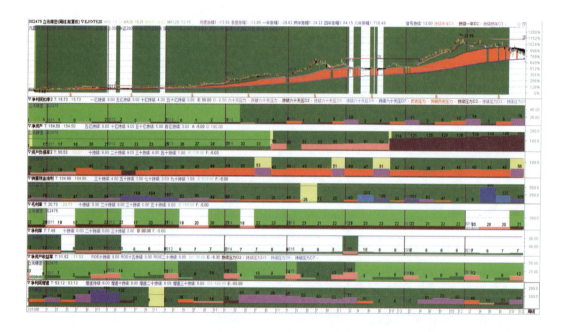

欧菲科技：从背景图、数据图的色块和具体数值来看，上市后，公司股价的阶段性相对清晰，深绿色背景持续较强，但红色色块和黑色色块都比较明显。从股价、基本趋势和市场预期综合和股价走势来看，比较明显的上升趋势在 2012—2013年。这段时间的基本趋势也相当强劲，股价走势特征和基本面特征一致。事实上，基本趋势在 2012—2014 年均保持强劲，但股价在 2014 年已经跟随市场环境进入了调整期。2015 年有一波比较快速的上涨，但是没有得到基本趋势的验证，当股灾来临的时候，股价跌回原地。2016 年至目前，又存在一次比较明显的股价上涨走势和基本趋势提升的情况，但是这段时间的基本趋势并没有上一次强劲。而当 2018 年市场环境不好的时候，股价也随市场快速回落。

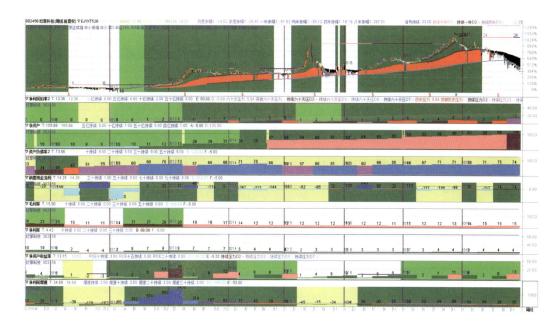

中航光电：从背景图、数据图的色块和具体数值来看，过去十年，公司股价的阶段性相对清晰，深绿色背景持续性比较强，红色色块比较明显。从股价、基本趋势和市场预期综合来看，公司的基本趋势一直处于良性循环之中，但公司股价还是跟随市场环境呈现比较明显的阶段。比如 2008 年的明显下跌，2011—2012 年比较明显的下跌。对应的是 2009—2010 年的持续上涨，2014 年至目前的持续上涨。在长期的基本趋势背景下，短期内股价跟随市场环境非常明显。但也有例外，2018 年公司股价就表现得相当强劲，并没有跟随市场下跌。而这段时间基本趋势也不算太强劲。出现这种情况也不必好奇，没有在大涨后大跌，也是可以理解的，毕竟公司在 2015 年也不算涨得过分离谱，而公司的净利润增速在 2015—2016 年也的确非常强劲。所以增加的净资产，增加了后来继续平稳增速的基本趋势，是可以抵御甚至进一步抬升股价走势的。2015 年至目前，公司的利润和净资产一直增长，而股价依然只在 2015 年高点附近。所以可以理解。

蓝思科技：从背景图、数据图的色块和具体数值来看，上市后，公司股价的阶段性相对负责，背景图的白色和深绿色背景交替频次要更加多些，红色色块和黑色色块都比较明显。从股价、基本趋势和市场预期综合来看，公司的基本趋势不算太强劲，整个以跟随市场环境为主。但是 2018 年公司的基本趋势恶化严重，扣非净利润出现亏损，股价也大幅下跌，跌幅超过 70%。

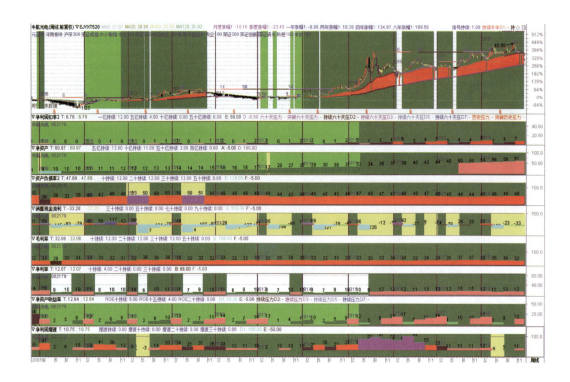

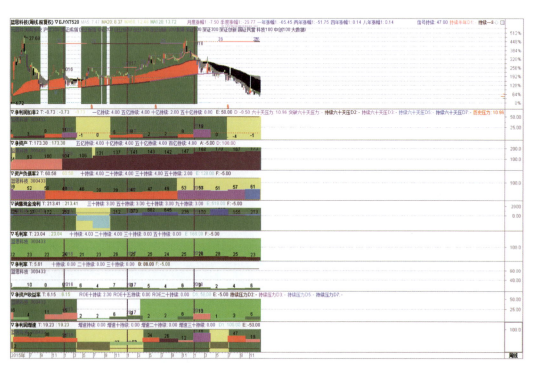

第8章 三大行业特性分析总结

通过将工具图运用到三大行业及其细分行业，我们选取各个细分行业前五的企业作为代表，从体现基本趋势的四个方面的八大核心财务指标来解读基本面特征，从股价走势、基本趋势和市场预期综合解读股价特征，我们大致可以明白，大消费类、大周期类和 A 股科技类三大板块的基本面特征和股价特征存在比较明显的特点。

大消费类企业的基本面特征和股价特征是：资产负债率比较低，现金流状况比较顺畅，优质公司的业绩持续性比较强，业绩驱动主要靠盈利再投资，拥有持续竞争优势的企业股价呈现穿越牛熊的长牛股特征。但是如果熊市来了，股价也可能面临短时间的大幅下跌。较高的盈利能力、持续且稳定增长的利润，适当的增速，比较适合巴菲特价值投资模型。对于业绩不稳定、盈利能力不强的消费类企业，则可以不予理睬，它们的股价也大多跟随大势。

大周期类企业的基本面特征和股价特征是：较高的资产负债率、现金流状况不是很顺畅，业绩呈现周期性、业绩驱动主要靠政策和宏观经济周期，需要银行信贷资金支撑，与金融市场联系紧密，拥有竞争优势的企业，股价也呈现周期性特征。从股价特征来看，股价与短期的基本趋势联系非常弱，与市场预期联系非常紧密。股价呈现暴涨暴跌的模式，且同类企业通常呈现同一方向运动，差异性主要体现在涨跌幅度上。对于业绩快速增长、盈利能力比较突出的企业，可以运用索罗斯反身性模型来操作。

A 股科技类的企业基本面特征和股价特征是：通常需要股权再融资、业绩增速不算稳定、业绩驱动主要靠政策和技术创新，由于 A 股科技类企业的体量整体不大，所以，A 股科技创新的企业股价也呈现暴涨暴跌特征。与 A 股科技类企业相对应的还有国内外知名科技类，它们成长起来很快，股价呈现长牛，业绩驱动主要靠商业模式、技术创新以及品牌价值。这类企业在 A 股很少，港股、美股较多。

　　三大行业的分类主要是依据企业的特性，选择行业前列公司做代表，建立了股价、基本趋势、市场预期之间的关系。但在现实中，还存在三大行业划分之外的企业类型，它们的股价与基本趋势在短期内联系也很弱，短期内与市场预期联系比较明显。即使是三大行业，我们也没有将各大类行业中的所有细分行业全部罗列进来，比如大周期行业，其中的资源股就没有纳入进来，但依然可以看到三大行业之间的明显差异。

　　通过对各行业过去十年的实证分析发现，拥有强劲基本趋势的投资标的其实并不多，有些某些年份强劲，但是随着时间的推移也可能疲软，所以，我们必须要有选股标准，尽管股价走势上已经拥有长线交易系统，但显然不是什么股票都适合参与。哪怕符合模型的标的里，也应该有所选择。哪怕基本趋势完全达标，也应该对不同行业区别对待，这也是将企业按照三大行业划分的目的。

第四部分

运用工具图选股

第9章 选股的标准

构建股票池，选择具体的标的进入投资视野，事实上已经包含了参与者的理念和预期在里边。比如我们把贵州茅台选进股票池，不是因为贵州茅台生产的茅台酒多好喝，也不是因为它是白酒的龙头，而是因为它的基本面特征和股价走势特征符合我们的投资理念和收益/回撤预期。我们可以用自己熟知的理念来投资，从而获利。但是又由于我们面临的问题不仅是持有优质股这么简单，而是需要选择基本趋势、市场预期和股价走势均符合净值曲线管理要求的标的。因为，优质股这个概念实在是太笼统了，且非常静态，我们把它换成匹配一词会比较好。前面章节已经论述了股价走势和基本趋势之间的匹配关系，股价走势和市场预期之间的匹配关系，市场预期和行业之间的匹配关系等等。而股价走势、市场预期、基本趋势和基本面特征都处于变动之中，我们应该怎样建立一个股票池？

股票池中的企业就已经对应了基本趋势和基本面特征。从稳定性特征来看，一家企业的基本趋势和基本面特征会存在相对稳定的特性，而市场预期会存在一段时间的阶段性特征，那么在基本趋势和市场预期共同影响下的股价走势也是会存在一段时间相对稳定的阶段性特征的。基本趋势和基本面特征的不同会决定股价走势的收益/回撤特征，市场预期不同也会决定股价走势的收益/回撤特征。所以我们存在至少双重因素影响下的选择。如果基本趋势和基本面特征符合投资目标，但是目前的股价走势和市场预期不符合，可以选择进入股票池吗？如果基本趋势和基本面特征不符合，但是目前的股价走势和市场预期符合，那么可以选择进入股票池吗？其实这个问题比较好选择，当然先从企业的基本面来选择是比较合理的，而股价走势和市场预期用来决定买卖时机是比较恰当的。所以，股票池的构建，不是为了立马买入，而是先选择符合净值曲线管理要求的企业。

事实上，如何选择其实是在比较和权衡。没有差异，就无法选择，如何体现差异，需要对差异进行标识，这又回到了工具图。不能简单地选择连续5年净资产收益率超过 20% 的公司做一个组合就可以了。那相当于是已经证实了连续 5 年净资产收益率超过 20% 的企业是一个相对净值曲线管理要求的最优解。这其实是在假定连续 3 年净资产收益率超过 20% 的比连续 5 年净资产收益率超过 20% 的股价走势要差。显然这种假定是站不住脚的，同时也是经不起推敲的。因为从理念上，连续 5 年净资产收益率超过 20%、净利润增速只有 20% 和连续 5 年净资产收益率只有 15%、但是净利润增速达到 40% 的企业，在牛市是难分伯仲的，甚至业绩增速快的企业，股价走势更加符合要求。所以，选择的范围又会从一个固定的统一标准扩大。那么只能进一步修正假设，如果净资产收益率在 5 年之内有 3 年达到以上两种要求，但是有两年存在净利润增速不达标，那三年的净利润增速和净资产收益率均超标，而那两年只是稍微不达标。又该如何权衡？所以，选择的范围又会被进一步扩大。这样无穷推演下去，原先建立的标准，在实证后会被一步一步扩大。这还只是从净资产收益率和净利润增速两个指标，我们在表达基本趋势的时候可有八大核心指标，另外八大核心指标还是从基本趋势的空间来表达，还有时间序列的长度情况。所以，根本不存在一开始的标准答案，比如我们投资目标是年化要求 20%，回撤 8%，就选择净资产收益率超过 20% 的企业，这个假定显然是不科学的。

　　我们的理念是尽量定量化和可视化，这又回到了工具图。在工具图中已经对基本趋势的八大核心财务指标的数值进行了标识。那么，基本趋势选择的标准应该怎样设定，对净资产收益率和净利润增速的指标数值应该多少，对资产负债率和销售现金流的要求是怎样的，对扣非净利润和净资产的规模如何取舍等等。我们只能通过净值曲线的收益预期和实际企业在过去历史中的股价走势特征和基本面特征进行反复比较，从而得出一个相对科学的标准。比如，我们已经得出的相对标准是：净资产收益率在 15% 以上且净利润增速为正，或者可以稍微降低净资产收益率的要求，比如只要在 10%~15%，但是净利润增速指标要求则相应提高到 20%。

　　那么，扣非净利润、净资产和资产负债率、销售现金流等指标的要求又应该怎样呢？通过对三大行业特征的分析，我们发现八大核心财务指标所体现的基本趋势中，盈利能力指标和成长性指标最能体现基本趋势的强弱，而扣非净利润和净资产规模指标可以体现基本趋势的稳定性程度，资产负债率和销售现金流指标比较能够反映行业的差异和产业链位置。

　　结合我们追求净值持续稳定上升的目标，那么可以将扣非净利润和净资产，以及资产负债率和销售现金流指标分配到配置权重和仓位管理中去。这样同行业中不同规模，但是盈利能力和净利润增速差不多的股票，我们尽量选择规模大的，或者在规模大企业中配置更大的权重。毫无疑问，这是没有考虑股价走势特征的，而单纯从基本面特征考量的结果。排除股价走势特征和市场环境，至少，我们将体现基本趋势和基本面特征的四个方面财务指标在选股方面定量化了，同时对体现基本趋势的不同方面指标分别进行分配，分配到决定净值的各个环节中，比如选股、配置权重和仓位管理。

至少，我们可以直接在价格图上把两个指标是否符合模型的判断做出来。比如符合以上净资产收益率和净利润增速两个指标要求的，价格图的上涨阶段显示绿色，如果不达标的，但在牛市或者结构市也上涨，则标为灰绿色，这样我们主图中的股价图就已经融合了基本趋势和市场环境了。基本趋势之外的市场预期，毕竟已经体现在股价上了，所以我们的股价图是一个完整的市场解剖图，比任何单方面的基本面分析或者技术分析都要多。

比如，鲁西化工，在2014—2015年牛市与2017—2018年初，两个上涨阶段所拥有的基本趋势完全不同。2014—2015年公司的净利润增速虽然也是有所好转，但年化的净资产收益率连10%都没有超过。在牛市下，公司股价照样上涨，可是，当熊市来临，股价在2016年也几乎把牛市时期的涨幅完全吐回。而2017—2018年初，公司的净利润增速超快，净资产收益率也是显著提升，2017年度的净资产收益率超过20%，当然也少不了市场环境的配合，但至少可以说明第二阶段与第一阶段相比，你愿意把更多的资金配置在第二阶段。

如下页图所示，从工具图建立股票池的标准是，只要净资产收益率一栏显示深绿色或者浅绿色，且净资产收益率一栏显示深绿色，那么这只股票可以暂时划入股票池。划入股票池，不等于立马就买入。何时买入，应该遵守主图中的交易信号。另外，从鲁西化工也可以看出，如果主图的交易信号发出了买入信号，但是基本趋势不符合要求时，同样不得买入。因为我们在选择投资标的方面，始终坚持基本趋势达标的企业。

在此，对那种静态股票池建立标准进行批判。比如，以一个固定的连续时间来建立标准，如连续5年净资产收益率超过20%，且净利润增速为正，或者连续10年净资产收益率超过15%，且净利润增速为正。这种连续时间越长，稳定性就越

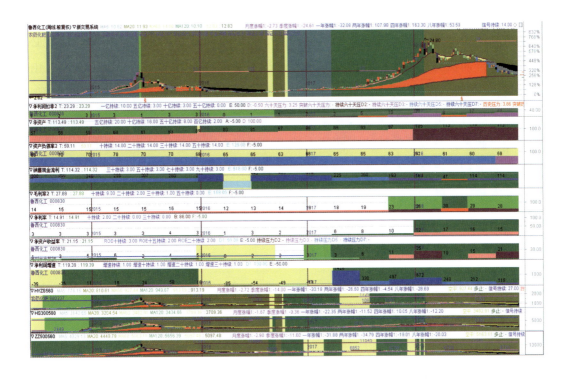

高，根据匹配原则，股价走势也应该符合净值曲线要求。这种逻辑看似很合理，但是没有给交易系统的执行留出太多操作空间。从三大行业特征分析结果来看，我们得知以年度为单位考察，并不是盈利能力强的企业，其股价就持续上涨，不论是大消费类企业，还是周期类、科技类企业，双汇发展、万华化学就是反例。从过去几轮牛熊来看，那种基本趋势不够强劲的企业，在牛市也能够大幅上涨，但是熊市来临的时候，往往也是快速下挫，甚至连续跌停，使得投资者没有太多出局的机会。所以，我们应该先不要把时间框架定下来，而是通过可视化的工具图和对净值曲线管理的要求，来定一个相对科学的参数。通过反复比较，把净资产收益率定在 10%以上是一个基本的排除指标。如果一家企业的净资产收益率都没有超过 10%，那么我们几乎可以不用考虑基本趋势以外的其他方面了。这样可以将 A 股 3500 多家上市企业排除一大批。如果净资产收益率在 10%~15%之间，净利润增速则要超过20%，那么又可以排除一大批。如果净资产收益率超过 15%，净利润增速要为正，那么又可以排除一批。通过短期的标准，我们就已经建立起一个大致的股票池。如果再细化一点，比如净资产收益率是以年化来看，而净利润增速则每个季度都要纳入考察范围。这样短期的标准其实已经比较严格了。因为，我们的标准设立需要兼顾最终净值曲线目的的实行和交易系统执行的空间。从净值曲线目的来看，需要对企业盈利的持续性、稳定性、盈利水平的高低，以及净利润增速的强弱和稳定性必须有要求。而从交易系统执行的空间来看，却不能把企业的基本趋势定得太严。由于市场存在两种背景，即牛熊和平淡市。在以年度为单位考核净值曲线的要求下，必须对市场背景的影响权重考虑要重一些，所以需要把基本趋势的标准稍微放松一些。综合起来，在股票池建立方面就大致得出了以上净资产收益率和净利润增速的标准。而那种越严格越高标准，看似合理，却不一定就是最好的，甚至盛极而衰，一旦基本趋势反转到来，可能惨淡收场。

第 10 章　避免三个选股误区

在第三部分，我们已经能够感受到什么样的企业值得投资，什么样的企业应该避而远之。但是第三部分主要是向投资者展示八大核心财务指标在三大行业中的不同特征，以及不同大类行业下的企业股价特性和基本面特性。

本章将丰富我们的视野，通过对一些容易误导我们的选股策略的回顾，让我们更加深刻地体会到股票选择标准的价值。这样才会明白股票标准池的建立，是应该始终遵守的，而不是摆在台面上看的。本章主要展示一些常识性的错误选股策略。

第一个误区：龙头企业

煤炭龙头企业中国神华：中国神华的 A 股在 2007 年 10 月上市，正好遇上2007 年牛市的顶峰，上市后股价大幅下挫。如果按照选股标准，2007—2012年是达到选股标准的。但是如果认为是行业龙头，业绩达标就可以立马买入，那么一定不好受，因为从主图可以清晰看到，股价长期在底部徘徊，持续 10年之久。一方面我们交易需要按照交易系统来进行，哪怕股票的基本趋势完全符合选股标准，买卖则依然需要按照交易系统进行。另一方面，绝对不要因为是龙头企业就买入，更不要在下跌的途中加仓试图摊低成本，这样可能面临的后果就是哪怕以后牛市来到，股价涨幅也并不大，因为没有基本面的支撑。2015 年的牛市就是如此，尽管股价也上涨，但是由于没有基本面的支撑，涨幅不大。

中国神华 VS 盘江股份：由于 2007 年 10 月中国神华的 A 股才上市，而事实上煤炭行业的基本趋势处于加速阶段是在 2007—2012 年。究其原因，可以归结为这段时间原油价格的高企，而煤炭和原油具有很大程度的替代效应，所以这段

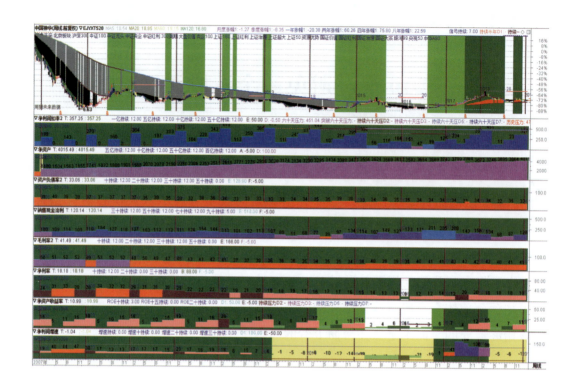

时间煤炭行业也处于繁荣期。但从中国神华的走势可以看到，哪怕业绩达标，股价依然会受股票市场环境的严重影响。但是盘江股份由于上市时间比较早，所以它的股价在2007—2012年享受了繁荣时期的大幅上涨。由于盘江股份在2008年强劲的业绩增长（当然也受收购的影响，净资产在2009年存在明显的突变，但是在收购的同时盈利能力也得到明显改善，毛利率、净利率在继续提升），甚至可以抵御2008年金融危机下的大熊市下跌，而一旦熊市状况有所好转，股价更是立马创出新高。从这点充分说明了，同行业中的龙头企业并不一定就是最好的选择，不要因为龙头就认为其基本趋势就越强劲。

石化双雄中国石油和中国石化：如果说中国神华和盘江股份在过去十年期间还有业绩达标的时间段，那么石化双雄在过去十年就很少达标了。中国石油的业绩增速极度不稳定，在2015年牛市的时候，业绩甚至负增长，如果因为龙头企业配合牛市就买入，那么一定会叹息牛市与自己无缘，而且股灾后股价被迅速打回原地。

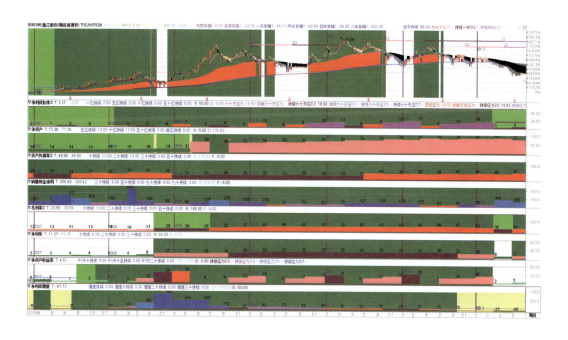

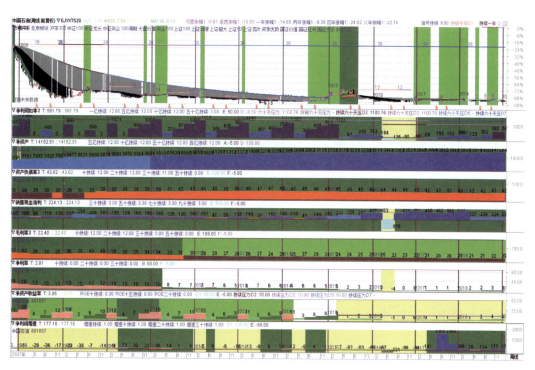

中国石油（2008—2018）：2005年的牛市还比较好理解，如果在2009—2011年选择中国石化作为自选股是没有问题的。事实上，在这期间严格按照交易系统来交易也是能够获利的。但前面提到对于周期性行业，需要配合板块效应和产业链齐涨齐跌现象来辅助买卖时机和考虑分配权重，那么中国石化在2009—2011年肯定不是最佳的周期类企业选择。

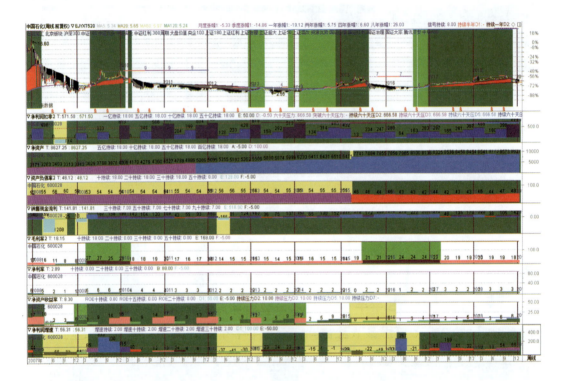

中国石化（2003—2008）：石油石化行业也是有春天的，巴菲特在2003年就买入中国石油港股，同时在2007年卖出，获利丰厚。由于中国石油A股2007年才上市，而中国石化上市比较早，但中国石油和中国石化的基本面相关性非常一致。通过对中国石化2003—2008年的基本面回顾，我们可以清晰看到这个阶段中国石化完全符合我们的选股标准，而且这段时间除了明显的熊市外（2004年下半年至2005年上半年、2008年全年），公司股价也得到持续认可，与企业的基本面不无关系。

钢铁龙头宝钢股份（2008—2018）：同其他周期类行业一样，2008—2018年业绩平平，尽管公司还收购了武钢，但是净资产收益率依然比较低，尽管公司业绩在2016年受供给侧改革影响，净利润增速处于加速之中，毛利率、净利率和

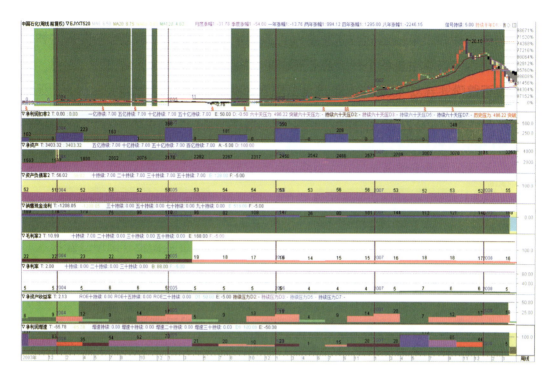

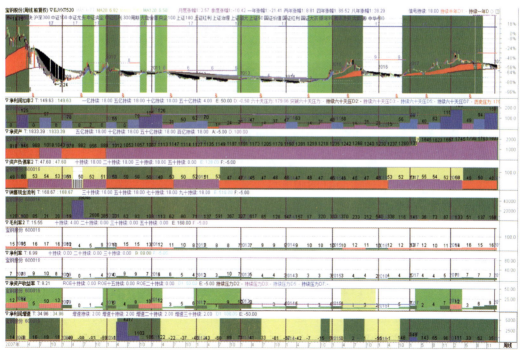

净资产收益率依然没有明显的改善。那么钢铁企业有没有春天呢。石化企业的春天在 2003—2011 年，通过可视化界面，我们可以得知宝钢股份的春天在 2003—2005 年。

宝钢股份（2002—2008）：公司业绩在 2003—2005 年符合选股标准，净资产收益率超过 15%，净利润增速超过 30%。所以在 2001—2005 年的四年熊市中，公司在 2003 年股价依然大幅上涨。

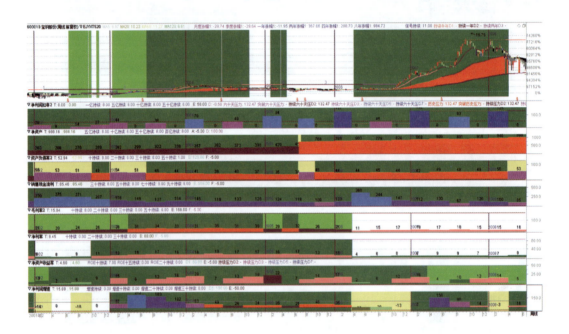

铜业龙头江西铜业（2008—2018）：同其他周期性行业一样，2008—2018 年业绩平平，很少有年份达标。我们不能因为江西铜业是龙头企业就投资，那么江西铜业有没有基本趋势处于加速的时期呢。

江西铜业的基本趋势在 2003—2006 年就处于明显的加速之中，净利润增速超过 50%，且净资产收益率伴随业绩快速提升，2006 年高达 37%。2003—2005 年处于四年熊市之中，但是这样的企业依然在 2003 年会给予较好的收益，2003 年一年的涨幅就超 5 倍。同样可以看到在 2007 年在没有业绩支撑的情况下，公司股价快速上升，但是回落得也非常犀利，这种回落跟拥有业绩支撑的煤炭股盘江股份存在明显差异。

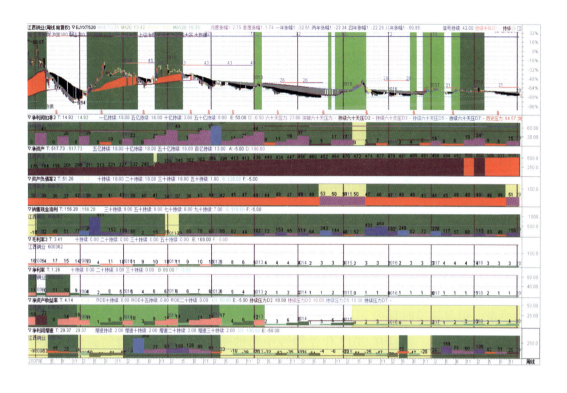

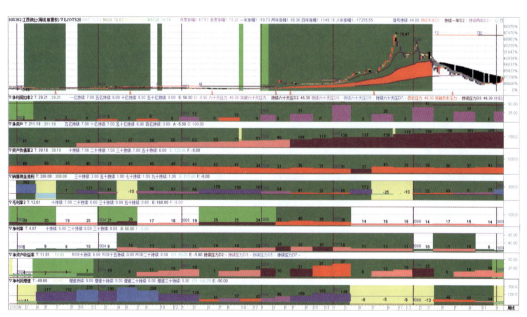

通过分析以上周期性细分行业的龙头企业，我们可以清晰地看到，哪怕是龙头企业，也不是什么时候都需要选入自选股，更加不是什么时候都值得买入。只有它的财务指标表达了公司基本趋势处于明显加速之中，基本面达到选股标准，才可以纳入股票池。也只有在这个基础上，股价走势在交易系统中符合买入规则，我们才考虑进一步买入。那么对于非周期性行业，是否龙头企业也是应该这样处理呢。下面我将通过大消费类企业中的昔日大牛股来展示。

国产家化龙头上海家化（2006—2018）：上海家化属于消费类行业细分日用化工领域的龙头企业，公司在2007—2015年符合选股的标准，8年时间股价累积涨幅最高超过20倍。但是在2016—2018年则明显不符合选股的标准。2007—2015年公司股价在公司业绩的带动下穿越牛熊，2008年的大熊市，公司股价也下跌，但是2009年快速修复，且刷新历史。2007—2013年累积上涨20倍。这是消费类龙头企业，且符合选股标准的典型案例。即使在2016—2018年中间，尽管存在2017年结构性牛市，但是这段时期公司股价不符合选股标准。尽管2017年股价也上涨，但是目前已跌回原地。而且在2017年结构性牛市的带动下，公司股价的高点也没有

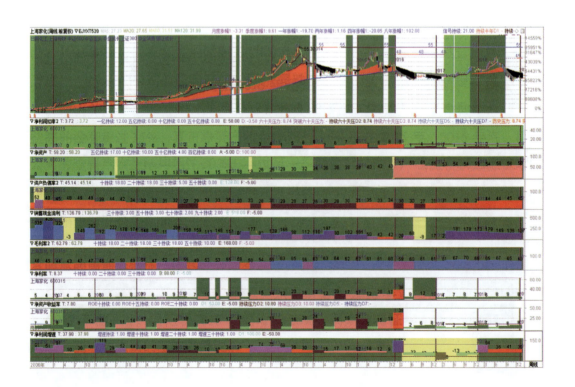

超越 2013 年甚至是 2015 年的高点。从这点充分说明，龙头企业不是股价上涨的缘由，而是企业的业绩。那么选股自然应该把业绩考虑的更加主要，而不是龙头企业这个虚头衔。

第二个误区："未来产业"

"未来产业"一度成为中国投资者眼里的香饽饽，主要来源于三个因素：一是从创投的角度延伸过来的，某一个业务领域拥有巨大的发展前景，整个行业具有颠覆性，那么这类企业就值得投资，毕竟投资就是投资未来；二是中国是发展中国家，发展中国家拥有很多产业政策，其中对于新兴产业的扶持政策是国家产业政策中的重要一项，那么这类企业的发展还会受到政府大量政策的支撑，那么这类企业也值得投资；三是新兴产业已经在中国股市历史上发生过轰轰烈烈的牛市，比如 2013—2015 年的牛市，就是由"十二五"规划中的"战略性七大新兴产业"带动的，这七大新兴产业一度成为牛市的主导板块。综合以上三点，"未来产业"就成为投资者，甚至是资深投资者关注的重点。比如 5G 对 4G 的颠覆，新能源汽车对传统燃油汽车的替代，云计算、智能机器、人工智能等新技术的应用。

我并不否认这些"未来产业"会出现伟大的企业，更不否认相关板块会成为引导股市行情的主旋律，其中的企业会出现大牛股。但是有一点必须认清，就是在投资这类"未来产业"中的企业时，还得基于企业当下的基本面来做决策。毕竟很多"未来产业"在过去几十年就已经成为时代关注的焦点，"未来产业"何时变成当下的发展趋势，相关行业中哪些企业会胜出，作为股票投资的首要原则"投资股票就是投资企业"与投资就是投资"产业"，这中间还是有巨大差别的。事实上，过去看似朝阳的产业，截至目前都没有出现伟大的企业，比如彩电行业、汽车产业、航空产业。下面我将用"未来产业"中的一些案例让读者清晰地认识到这些企业的基本面情况和对应的股价走势情况。

5G：中兴通讯

公司业绩在 2017 年遭遇中美贸易战而导致亏损，事实上，在 2017 年之前也不怎么样。净资产收益率年化不超过 10%，此一条就可以不用考虑。

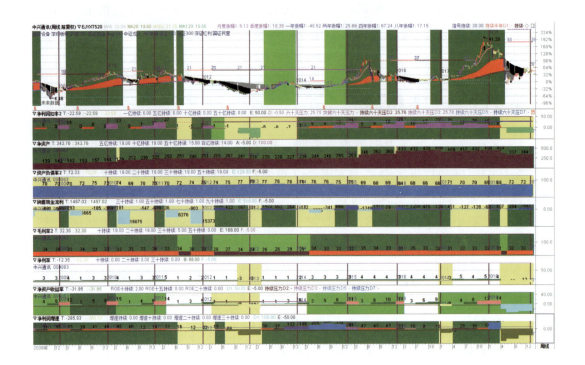

新能源汽车企业：比亚迪

事实上，如果按照比亚迪的财务指标来衡量，是非常好处理的，因为公司的净资产收益率极低，净利润增速很不稳定。但是比亚迪港股曾经被巴菲特购买过，而且比亚迪生产的新能源汽车的确是这个领域的龙头企业，且新能源汽车被政府大力支持。但对于股票投资者来说，这些都不应该构成选择投资的理由。要是相信这个理由，那么从 2011—2018 年的 7 年时间里，几乎不赚钱。但是，在 2015 年底至 2016 年新能源汽车板块的确曾经一度引领股市行情。但这场盛宴不属于比亚迪，而是新能源汽车产业链的上游资源——锂电池板块。关于新能源汽车产业链上游资源的锂和钴将在下一章的大周期股票池一节做更加详细的介绍。

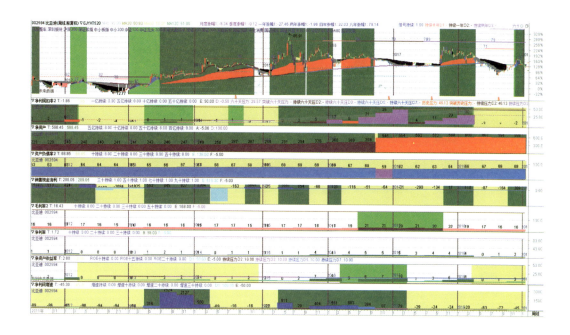

云计算：用友网络

云计算，听起来多么诱人的业务领域，而且云计算的确为亚马逊的股价上涨带来大量利润和想象空间。而且用友网络的用友云，也的确带来了一定利润而给予股价想象空间。但是如果不从企业的基本面综合考察，是很容易被国际上受益于云计算的企业所蒙骗。尽管用友网络也受益于用友云，而且云计算的确是发展前景巨大的产业，但是用友网络的净资产收益率不超过5%，就此一条就可以否决它。

智能机器：机器人

公司是2013—2015年战略性七大新兴产业中高端制造、智能制造板块的牛股。而且，在这段时间，公司的净资产收益率也的确年化达到15%左右，净利润增速超过30%。但是2015年后，净资产收益率下降到5%～10%区间，净利润增速下滑到个位数，股价也持续下跌。

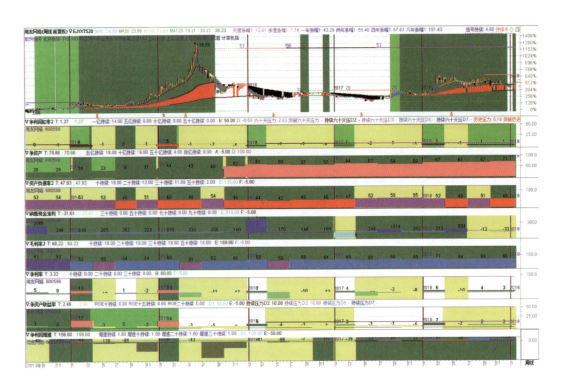

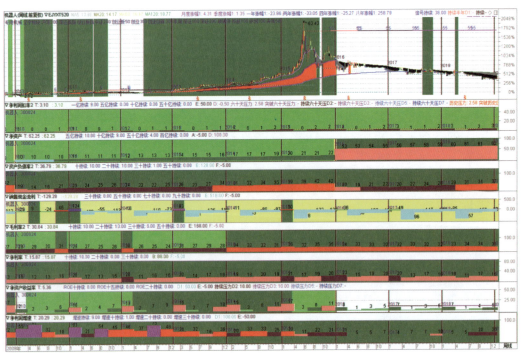

人工智能：科大讯飞

公司一度被媒体称为 A 股人工智能的龙头企业，股价也持续上涨。但是公司的盈利能力一直很差，股价能够穿越牛熊，依靠的是"前景"和在市场高估值下的不断定增。毫无疑问，这类"前景"型的企业，有可能梦想成真，也有可能迅速跌落谷底。对于想长期通过股票投资实现财富增长的人，还是避而远之为好。

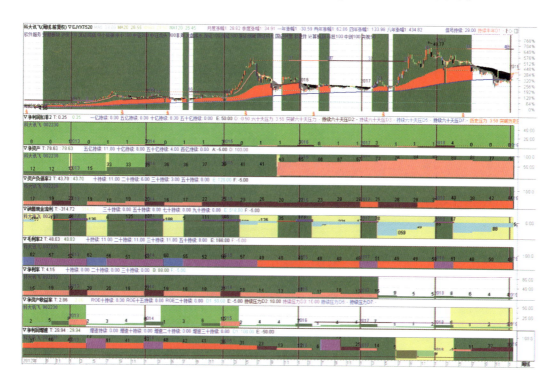

第三个误区："明星"概念股

这类企业要么被强大的"明星"股东控股或者参股，比如阿里系、腾讯系；要么与"明星"企业存在很强的业务合作，比如苹果概念股。由于与"明星"连接在一起，投资者也常常忽视其本身的盈利能力和企业成长特性，结果丧失了独立的判断能力。一个投资者如果没有独立的判断能力，一家企业必须依靠"明星"而才有更广阔的前景，那么这样的投资者难以长久生存，这样的企业的可持续竞争优势也值得怀疑。当然，也不排除强强联合的情况，下面案例中的分众传媒就属于其细分领域的龙头，但是至少我们在买入的时候，不应该将"明显"参股作为我们的选择依据。

阿里概念股

分众传媒：2018 年 7 月 18 日分众传媒公告，阿里巴巴（中国）网络技术有限公司（"阿里网络"）拟通过协议转让的方式受让 Power Star（HK）及 Glossy City（HK）所持有的公司合计 774401600 股股份，占公司总股本的 5.28%。但是在阿里参股后，公司股价并没有止跌，而是继续下跌 40%。如果认为阿里都在入股，就可以买入，结果一定很惨。如果按照选股标准，公司是可以选择进入股票池的。但我们的买卖依据交易系统，所以哪怕阿里买入，哪怕后续公司公布了回购计划，我们依然要按照交易系统来执行买卖。这样我们既简化了交易决策程序，也避免了大幅亏损。

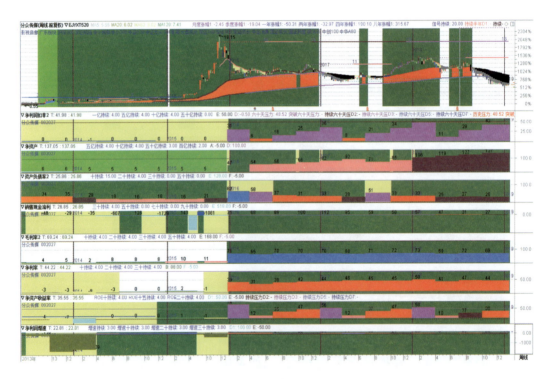

三江购物：2016 年 11 月 18 日公告，公司拟以 11.11 元/股的价格向杭州阿里巴巴泽泰发行 1.37 亿股，合计募资 15.21 亿元投向超市门店全渠道改造项目及仓储物流基地升级建设项目。消息公布后，股价连续涨停。但是一波凌厉的涨幅后，股价便开始了持续下跌，而公司的基本面也没有改观。截至目前，净资产收益率低于 5%，净利润增速下滑。股价被打回原形。

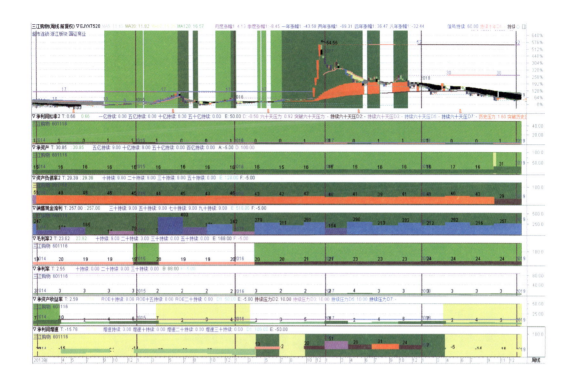

腾讯概念股

永辉超市：2017 年 12 月 11 日公告，林芝腾讯科技有限公司拟通过协议转让方式受让上市公司 5% 的股份，有关股份转让的具体细节将由双方进一步磋商并签署正式股份转让协议确定。此外，腾讯拟对公司控股子公司永辉云创科技有限公司进行增资，拟取得云创在该次增资完成后 15% 的股权，有关增资事宜的具体细节将由云创各股东与腾讯进一步磋商并签署正式增资协议确定。如果按照腾讯入股的时间介入，那就是买在顶点。因为公司股价在消息公布后创出历史新高，然后跟随大势一路下跌，累积下跌超过 30%。更加糟糕的是，在买入的时候净利润增速处于高增长，而目前净利润增速已经为负。并且自始至终公司的盈利能力一直很差，净资产收益率介于 5% ~ 10% 之间。

事实上，没有比较就没法选择。但我们通过龙头企业、"未来产业""明星"概念股等三个明显选股的误区展示后，我们能够进一步坚定财务视角选股的及时性和安全性。因为这三大误区背后有一个强大的声音，比如龙头企业有强大的企业，

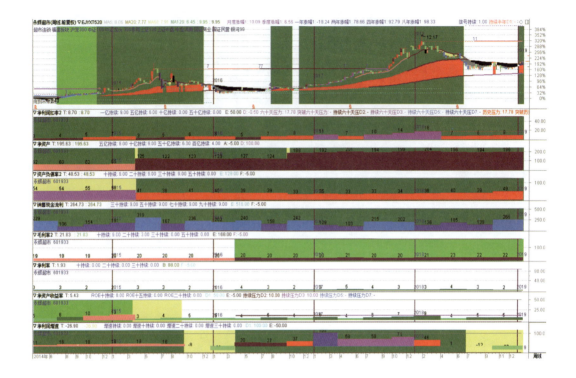

"未来产业"背后有政府在发声，"明星"概念股有国际大企业在"背书"。我们的思维是很容易受强大"主体"思维的影响的。这样会动摇我们的选股理念，丧失独立判断的能力。通过对这三个误区的揭露，能够使我们更加坚信"投资股票就是投资企业"，而评价企业的优劣，即使没有巴菲特的价值投资理念，我们也应该选择一种简便的方法来识别企业的优劣。毫无疑问，财务视角是比较客观且成本最低的。

尽管不少企业冒着财务造假的风险，给投资者造成了很大的心理障碍。但一家产品或者服务能够走进千家万户，且持续数年增长的企业，造假非但没有必要，且得不偿失。事实上，还有会计事务所对上市企业进行审计，监管机构也会对上市企业发问询函，情节严重的还会有巨额罚款，甚至处以刑罚。另外，机构投资者也经常对上市企业进行调研和产业链交叉验证。我们不应该因为个别企业的财务造假而丢失这么客观而又廉价地选择企业的方式。

第 11 章　构建股票池

既然我们已经将 A 股按照三大行业进行了划分，那么三大行业就会分别存在符合和不符合标准的两种类别。

大消费类企业股票池

前面已经对大消费类型的企业股价特性和基本面特性进行了梳理。事实上，大消费类企业符合标准的企业还真不少，所以我们在盈利能力和成长能力都达标的基础上，重点选择了规模排在前列且盈利能力更高的企业。这种选择，我称之为优中择优。因为，事实上我们并不需要将达标的企业全部买入，尤其是消费类企业。我们只需要将盈利能力处于一线的，比如净资产收益率年化超过 20% 且持续增长的企业选择进入股票池即可。当然，如果净资产收益率年化超过 15%，且业绩保持高增长的，也可以重点关注，只不过这种类型的股票何时买入何时卖出需要特别注意，因为如果其实际增速超过可持续增长率，就一定进行了外部融资，那么买卖时机与市场环境联系更加紧密了。

大消费类行业中，我们选择了乳制品行业中的伊利股份，食品行业中的海天味业，白酒行业中的贵州茅台，家电行业中的格力电器、美的集团，化学制药行业中的恒瑞医药，中成药行业的云南白药；另外我们还选择了食品领域具有高盈利能力但是利润增速受限的企业——双汇发展作为对比分析案例，我称双汇发展这类企业为单利型企业。另外，还选择了曾经一度持续多年保持高盈利能力和持续增长的红酒行业龙头张裕 A 做进一步的说明。

伊利股份（2010—2018）：从背景图中的净资产收益率和净利润增速两栏能够清晰看到公司一直处于深绿色背景。表达了净资产收益率超过 15%，净利润增速持续为正（2012 年存在负增长）。2017 年扣非净利润达到 53.28 亿元，过去 9 年净资产收益率超过年化超过 15%，近 7 年净资产收益率年化超过 20%。过去 9 年只有 2012 年净利润增长下滑 5%，其他时候均实现了正增长。

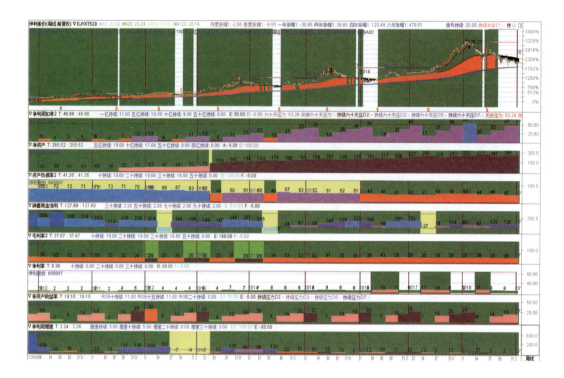

海天味业（2014—2018）：从背景图中的净资产收益率和净利润增速两栏能够清晰看到公司上市后一直处于深绿色背景。从数据图来看，净资产收益率超过 20%，净利润增速也能够维持年化 20% 的增速。从具体数值来看，2017 年扣非净利润达到 33.84 亿元，过去 4 年净资产收益率年化超过 28%，业绩增速年化超过 20%。与伊利股份不同的是，公司的毛利率超过 40%，净利率超过 20%，资产负债率低于 30%，且属于行业龙头，是典型的巴菲特选股标准案例。

贵州茅台（2009—2018）：从背景图中的净资产收益率和净利润增速两栏能够清晰看到公司过去 8 年一直处于深绿色背景。从数据图来看，净资产收益率连续 8 年超过 20%，净利润增速也能够维持年化 20% 的增速（2014 年下半年存在两个季度的负增长，但是幅度为-3.4%，表明出现微幅下滑）。从具体数值来看，2017 年扣非净利润达到 272.24 亿元，过去 8 年净资产收益率年化超过 22%，业绩增速年化超过 20%。同海天味业一样，公司的毛利率超过 40%，净利率超过 20%，资产负债率低于30%，且属于行业龙头，同样是典型的巴菲特选股标准案例。

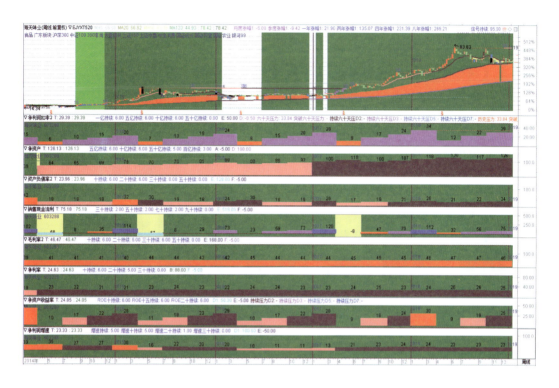

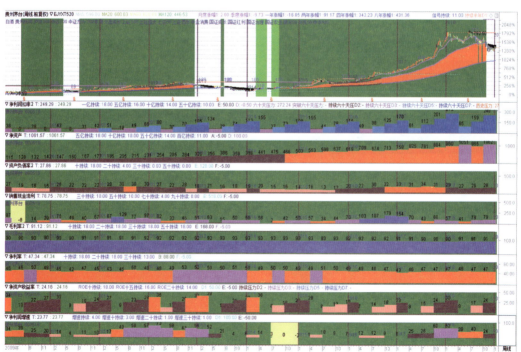

格力电器（2006—2018）：从背景图中的净资产收益率和净利润增速两栏能够清晰看到公司过去12年一直处于深绿色背景。从数据图来看，净资产收益率连续12年超过20%，净利润增速也能够维持年化20%的增速（2015年业绩下滑11%，但其他时候业绩增速高达30%）。从具体数值来看，2017年扣非净利润达到211.7亿元，过去12年净资产收益率年化超过25%，业绩增速年化超过25%。与伊利股份、海天味业、贵州茅台都存在差异，公司的毛利率并不高，净利率也比较低，甚至连资产负债率也高达70%，但是公司的高盈利能力和持续增长却属于大消费类企业中比较稳定且强劲的。

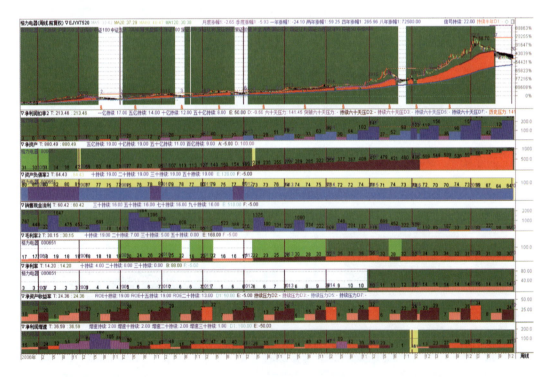

美的集团（2013—2018）：美的集团跟格力电器就比较相近，不仅基本面特征相近，股价走势也相近，各细分财务指标的特征也接近。

恒瑞医药（2009—2018）：从背景图中的净资产收益率和净利润增速两栏能够清晰看到公司过去9年一直处于深绿色背景。从数据图来看，净资产收益率连续9年超过15%，净利润增速也能够维持年化16%的增速（2010年业绩存在个别季度下滑）。从具体数值来看，2017年扣非净利润达到31亿元，过去9年净资产收益率年化超过20%，业绩增速年化超过20%。与海天味业、贵州茅台比较相似，公司的毛利率超过 40%，净利率超过 20%，资产负债率低于 20%，业绩持续性、稳定性都比较强。

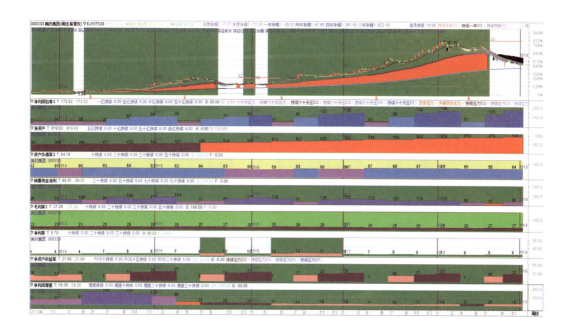

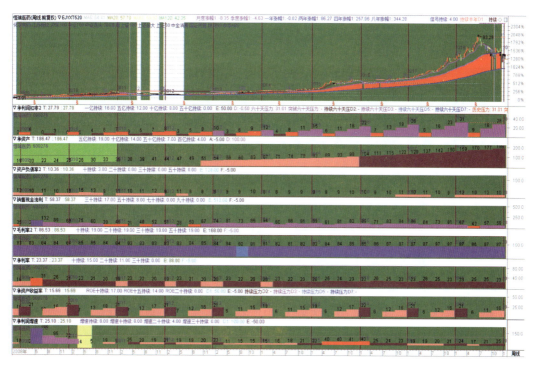

云南白药（2009—2018）：从背景图中的净资产收益率和净利润增速两栏能够清晰看到公司过去9年一直处于深绿色背景。从数据图来看，净资产收益率连续9年超过15%，净利润增速也能够维持年化15%的增速。从具体数值来看，2017年扣非净利润达到27.81亿元，过去9年净资产收益率年化超过17%，业绩增速年化超过20%，但近4年业绩增速明显下了一个台阶，低于20%，甚至只有个位数增速。与医药股恒瑞医药有所不同，公司的毛利率和净利率均不算很高，资产负债率也不算低，但是业绩持续性、稳定性依然比较强。

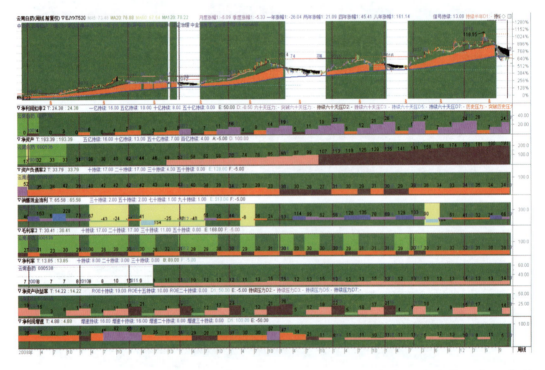

以上7家大消费类企业，尽管细分财务指标存在差异，但是净资产收益率和净利润增速都达标，且属于整个大消费类行业中的一流，并且都是细分行业的龙头企业。

毫无疑问，这些股票不仅业绩优异，而且持续优异，股价也是呈现一波接着一波的上涨。上涨指数在2007年存在高点，2015年的高点都还没有越过2007年的高点，但是这些优质企业，不仅2015年越过了2007年的高点，而且在2009年就将2007年的高点越过，且后续2011年的熊市低点也远远比2008年低点要高。2015年下半年的股灾，这类优质企业也呈现下跌的走势，但是一旦系统性风险释放完毕，这类企业的股价均创出了历史新高。这类企业的股价能够表现得如此优异，与企业强劲，且持续增长的基本趋势是分不开的。

但是，这类企业难道就会永无止境地增长吗？毫无疑问，盛极而衰也是一种必然现象。下面介绍的双汇发展和张裕 A 就是一个反例。但双汇发展转变成了单利型企业，而张裕 A 的利润规模至今没有再创历史新高。另外，云南白药也有增速持续放缓的迹象，自然股价也开始进入缓慢上升的阶段了。

大消费类单利型企业：双汇发展（2007—2018）：从背景图、数据图的色块和具体数值来看，净资产收益率一栏过去 10 年一直处于深绿色背景，然而净利润增速一栏经常出现黄色背景，直接从扣非净利润也能够看出，公司增长在 2013 年后非常缓慢，2013 年扣非净利润达到 36.45 亿元，2017 年扣非净利润才只有 40 亿元。所以，公司股价在 2013 年后几乎没有怎么涨。与前面案例中的 7 家复利型企业存在明显差异。事实上，双汇发展同样属于高盈利性，10 年净资产收益率年化超过 25%。但就是因为不存在复利增长的空间，所以股价呈现天壤之别。

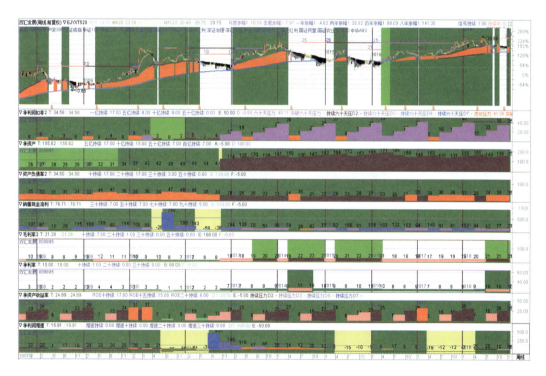

昔日大消费类复利型企业：张裕 A（2004—2012）：公司在 2004—2012 年与案例中 7 家企业的基本面特征非常相似。持续的高增长，高盈利能力。净资产收益率年化超过 25%，甚至很多年化超过 30%，那段时间净利润增速年化也超过 30%。企业的高速发展伴随着资产负债率的同步上升。回顾可持续增速那部分的论述，我们一定知道，这种增速迟早得放缓，股价也会面临戴维斯双杀。但是，不幸的是，2012年不仅是戴维斯双杀，而且企业的基本面拐点也出现在2011年。2011年扣非净利润18.35亿元，至今没有超越。而同属于酿酒行业的贵州茅台以及其他白酒企业很多都越过了2011年的利润高点。张裕A的利润在2011年后停止增长，股价截至目前依然在2013年的低位附近徘徊。

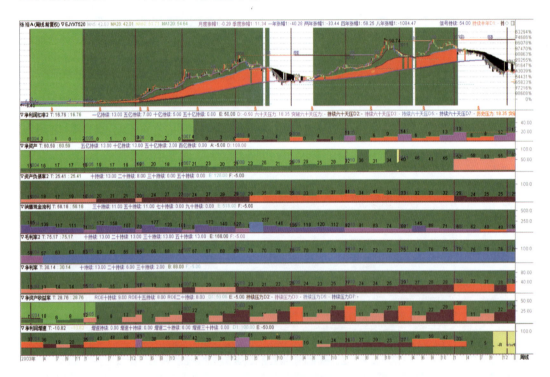

选择一流的7家大消费类企业，通过对P＝M×E的理论回顾和第三部分的大量实证分析，有理由相信这7家企业有一部分是能够持续很多年通过稳定的基本面特征带动股价持续增长的，可以帮助投资者实现财富的增长。

但是，通过双汇发展和张裕A想表达的是，这7家一流的大消费类企业有一些迟早会发展成为单利型企业，股价在高位徘徊不前，尽管盈利能力继续保持强劲；也有一些会发展成为像张裕A这样盛极而衰型的，基本面出现拐点，股价大幅下跌，并且在低位长时间徘徊。

但是，我们只需要时时跟踪这7家企业的财务指标就可以了，至于何时会出现增速停滞，甚至衰退，我们保持不预测的态度。我们相信那一天迟早会出现，但也不用焦虑，是在明年，还是后年。只需要在它没有出现的时候，依旧选择将它纳入核心股票池就可以了。同时在股价买卖点上，按照交易系统进行交易就可以了。毕竟熊市、结构性风险以及黑天鹅风险都可以导致股价大幅下跌，所以在买卖上按照交易系统严格操作，这样风险也就控制住了。

事实上，在 A 股上市企业中，像张裕 A 这样能够 8 年时间持续高盈利、高增长也是比较少见的，而像云南白药能够持续 20 多年一直保持高盈利，持续增长的确少之又少。但我们的资金有限，如果我们的焦点始终盯着这类股票，资金始终配置在这类高盈利、且持续增长的企业上，那么我们的股票投资将会变得简单、轻松。下面就是云南白药2002—2009 年同样保持年化 20％的净资产收益率和净利润增速超过 20％的可持续增长率。尽管在2001—2004 年的熊市和 2008 年的熊市中股价也会停止上涨，甚至下跌。但是，选股和买卖是投资的两个环节，只要选股始终坚持基本面选择，那么一旦这样的优质股发出买入信号，再次进场，企业价值提升所带动的股价上涨，我们也不会缺席。

云南白药（2002—2009）：

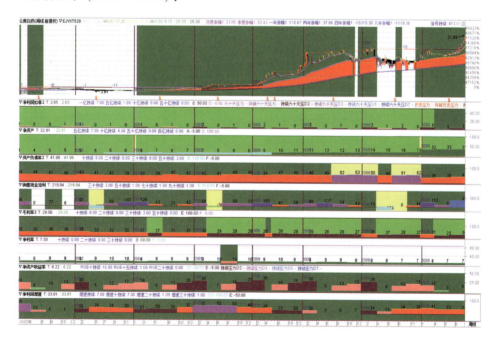

那么大消费企业有没有规模小一些，但是增速快一些的股票，或者盈利能力稍微弱一些，但也能达到 15％，而增速快一些的股票呢？事实上还有不少，比如：食

品行业中的涪陵榨菜、绝味食品，家电行业的苏泊尔、老板电器，医疗保健行业中的爱尔眼科，文教休闲板块的晨光文具。

涪陵榨菜：

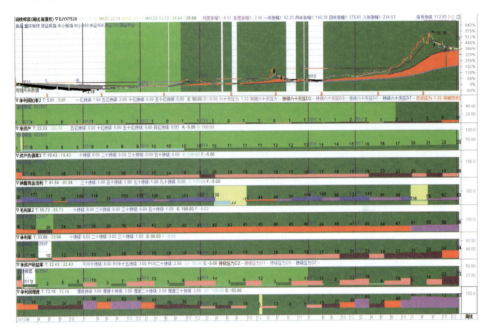

绝味食品：

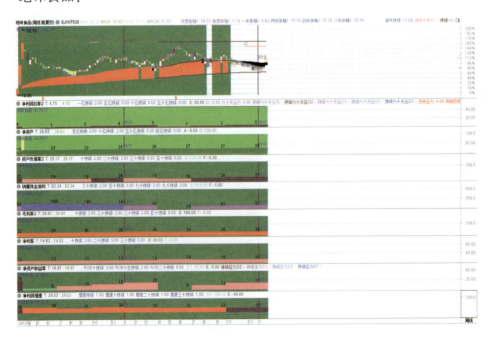

苏泊尔：

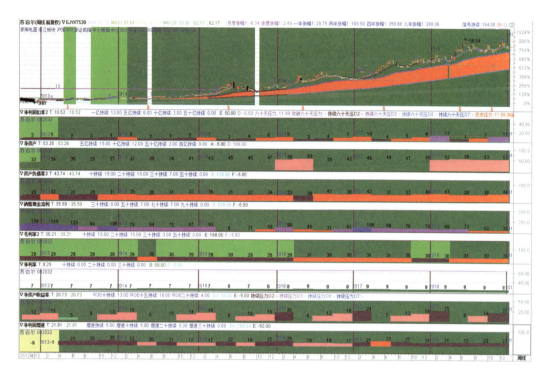

老板电器：对于这家公司有必要多说几句，因为其实际增速远超可持续增长率。年化净资产收益率只有 20%，但是实际增速达到 40%，所以无论如何是无法持续的。如果在 2018 年之前持有，也不必担心，因为尽管企业一直通过举债融资（资产负债率从 2011 年的 17% 增长到 2018 年的 40%）来获得资金投入。只要这个循环还在进行，业绩也持续高增长，就没有问题。但是 2017 年第四季度，业绩放缓明显，2018 年的戴维斯双杀（股价大幅下跌，业绩增速持续下滑）非常明显，2018 年第三季度增速下降到个位数。2018 年之前持有而不必担心，是因为我们拥有交易系统，按照交易系统买卖就可以了，在 2018 年初交易系统发出卖出信号，卖出就可以了。在深绿色信号阶段持有就可以了，事情就是这么简单。在持有阶段就不必预测何时业绩拐点到来，以及到来的原因。当然，如果业绩拐点到来，而股价在牛市氛围下继续上涨，我们也是应该考虑卖出的，毕竟选股先于买卖。我们只买卖基本面符合标准的股票，不然就变成依据交易系统选股了，这是本末倒置的做法。

　　事实上，如果按照还原法的思路，有不少投资者会追溯原因，而认为是 2017 年房地产持续调控导致厨电行业增速放缓的。如果将这个视为原因，那么在接下来房地产调控松动的时候，就会有理由来买入。但是，我们不这么认为。我们放弃对原因–结果逻辑的无限追溯，我们认为，哪怕后续房地产调控松动，哪怕后续公司业绩也有所恢复，那么也要看企业的财务指标，看企业的净资产收益率和净利润增速是否达标。因为我们根本不知道企业何时在厨电行业的调整中，以怎样的竞争优势来取得获胜，也不知道接下来业绩在房地产调控松动的情况下恢复得如何，我们不分析政策，只需要关注显而易见的就可以了。所以，拿老板电器来表达，可能有点类似拿张裕 A 来说事一样。我们得看这轮行业调整后，企业后续的基本趋势。我们可以跟踪，但不必着急进场。更加不要认为老板电器是厨电龙头，股价也调整了很多了，市盈率极低了，房地产调控要松动了等等，就认为可以买入。我们不能既建立一套标准，又瞻前顾后地废弃不用。

　　如果现实表明，老板电器在这轮厨电行业调整中，拥有明显的竞争优势，企业的财务指标表达了强劲的基本趋势。那么，我们在自选股中依然会有它一席之地，然后继续按照交易系统来交易就可以了，事情就是这么简单。

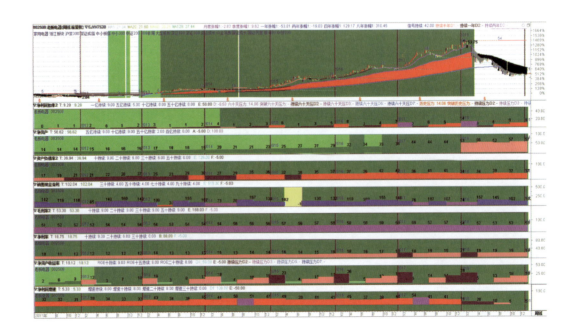

索菲亚：基本趋势和老板电器非常接近，同属于家居家电领域，与房地产行业相关性比较紧密。

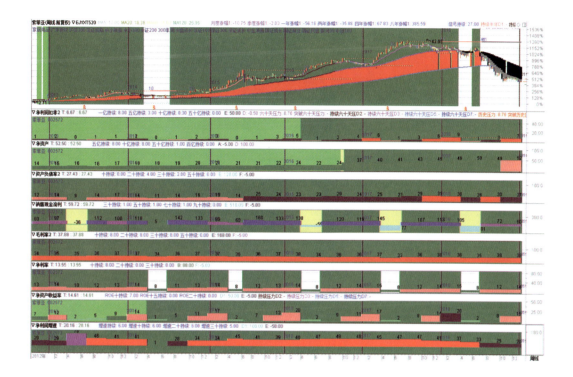

爱尔眼科：公司和老板电器的基本趋势非常相似，实际增速远超可持续增长率。盈利能力还不如老板电器。只要公司继续保持这样的高盈利能力（ROE＞15%），和高速增长（过去 4 年年化增速超过 30%），我们也不必猜测增速何时会放缓。因为这已经符合选股的标准了，那么只需要按照交易系统买卖就可以了。尽管我们知道业绩增速迟早会放缓，股价也会大幅杀跌。那也不必猜测，因为这不是由我们掌控的。况且猜测对了，对我们的投资也没有多大价值。因为猜测的成本会导致更多的交易成本。

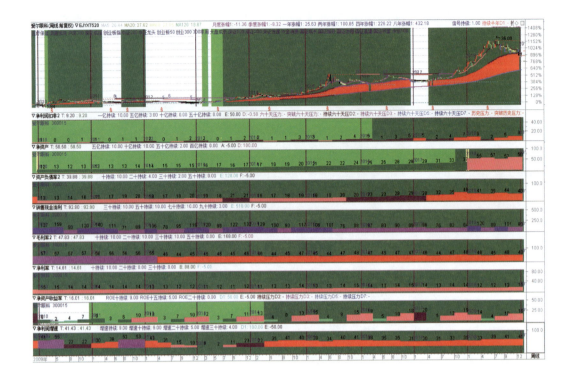

晨光文具:

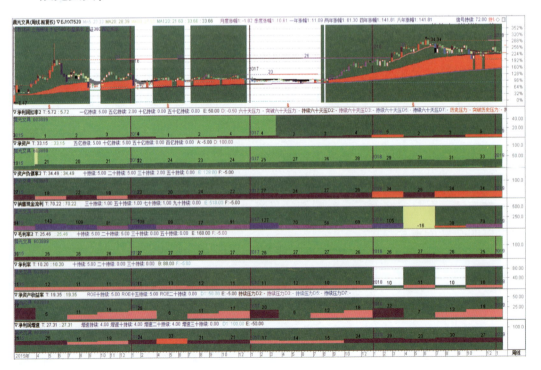

列举了一些规模相对较小且净资产收益率（ROE>15%）和净利润增速（g>20%）都达标的企业。但是，医药行业中的这类企业并没有提及，单独列举出来讨论会比较好。因为2018年在医药行业的优质股中出现了两只黑天鹅。一个是长生生物，另外一个是康美药业。有意思的是，2018年上半年在各大板块纷纷下挫的情况下，医药板块一枝独秀，独立寒冬，而下半年则爆发了结构性风险。先是疫苗事件，后是爆出康美药业财务连续10年造假，最后是医药行业的"4+7"带量采购导致的结构性风险爆发。那么在黑天鹅和结构性风险面前，我们这一套还管用吗？我们用事实说话，正面对待问题。

长生生物：长生生物属于生物医药细分板块，公司在2015年之前自然是不符合选股标准的，公司股价在2015年之前也主要呈现跟随大势的走势特征。哪怕在2015年牛市的氛围下，股价也只勉强上涨一倍，在股灾的时候震荡得厉害。但是2015年公司在股价高位的时候进行了定增，并且主营业务都进行了大幅更改（毛利率、净利率和净资产收益率均与之前完全不在一个等级上），2016年后公司业绩也被证明大幅转好。净资产收益率一度超过15%，年度净利润增速也同样高达30%。尽管我们知道，实际增速不具有可持续性，但我也说过，只要这个良性循环还在进行，就不必猜测，不用怀疑。

但是，有一个环节别忘记了，这是在第三部分和选股标准章节强调的：匹配原则。通过这个匹配原则，我们从第三部分得出消费类企业的股价特性和基本趋势、基本面特性存在一个相对稳健的关系。这个关系告诉我们，快速增长的企业特性，其股价在非系统性风险、非结构性风险下也呈现快速上涨的特征，而如果是稳健而持久的企业特性，就会呈现相对稳健的上涨特征。但是长生生物在2017年医药股都上涨的时候，反而下跌，尽管基本趋势强劲，这就存在不匹配的关系。而在2018年初，又快速上涨。另外，企业在生物医药细分板块以及医药板块，甚至整个大消费类板块的重点优质企业类型中扣非净利润规模和净资产规模都排名中下的，扣非净利润在2017年仅4.99亿元，净资产不超过50亿元，那么按照谨慎原则，在2018年初买入，也应该配置较小的权重。所以，哪怕黑天鹅事件爆发，即使我们参与其中，损失也不会太大。

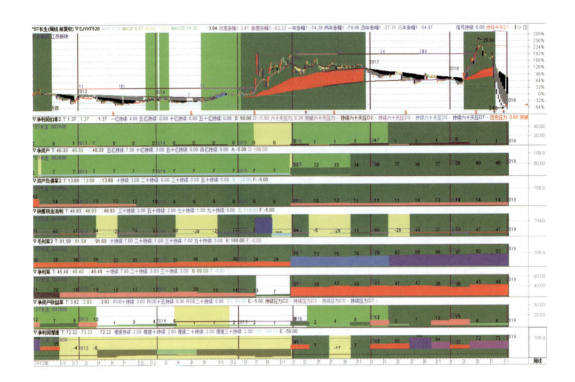

康美药业：公司与长生生物不同，公司的基本趋势连续 10 年保持强劲，只是净资产收益率年化不超过 15%，而净利润增速年化超过 20%，公司在发展过程中一直利用定增、并购，甚至举债融资的方式取得快速发展，而并不完全依靠盈利再投资。要说连续 10 年财务造假，从八大核心财务指标还真看不出。因为在一路定增的过程中，各项财务指标都保持相对稳定，资产负债率也符合快速发展的特征，现金流状况良好，毛利率、净利率和净资产收益率都保持相对稳定。在整个中成药细分板块中，公司扣非净利润和净资产规模也属于前列，甚至扣非净利润超过云南白药。所以，仅从财务指标，我们这套系统是看不出什么毛病的。而如果结合股价特性和企业基本趋势、基本面特性之间的匹配关系，是存在一定疑惑的。公司拥有稳健且强劲的基本趋势，但是公司股价却走得时而稳健，时而急速。但这并不影响将它选入自选股，而且依据它的规模，至少在考虑配置云南白药的时候，也少不了要考虑配置它。但是，我们在买卖时机上严格遵守坚持交易系统，那么 2018 年爆发的财务造假风波，我们依然可以避免。因为在 2018 年 7 月份就已经按照交易系统发出的信号出局了。

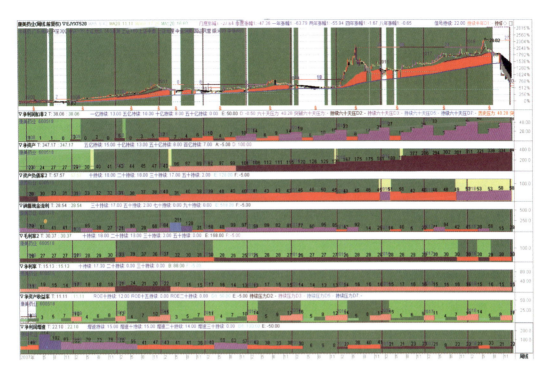

那么结构性风险呢，2018 年 12 月初的医药行业"4+7"带量采购导致的结构性风险爆发。仅以恒瑞医药举例，12 月 6 日股价大跌 6.37%，12 月 7 日股价再度下跌 6.82%。两天时间累积下跌超过 13%。但是恒瑞医药从 2012 年发出的买入信号一直持续到 2018 年 10 月，累积上涨幅度达到 547%，而在结构性风险下，回撤 13%。那么也是完全可以接受的。毕竟结构性风险来的时候，企业是无法预料的，投资者也是无法预料的。而在坚持选择优质核心标的的情况下，在累积巨大涨幅下，回撤 13% 发出卖出信号，再出局，这种风险也是可以接受的。不像非核心的标的，连续跌停（想出局结果市场流动性瞬间消失了），那样损失才是惨重。

综合以上，我们后续还是无法避免会遇到黑天鹅事件和结构性风险，哪怕优质的企业，存在长牛股的板块，不确定性原理始终发挥作用。我们只需要坚持基本面达标的企业，按照匹配原则和匹配强度，依据基本趋势的强度和企业可持续特征，再稍微分配配置的权重，同时适当分散持股，从长期来看，依然会取得非常不错的收益。

那么，医药板块还具有哪些规模相对小一些，但盈利能力、成长能力以及持续

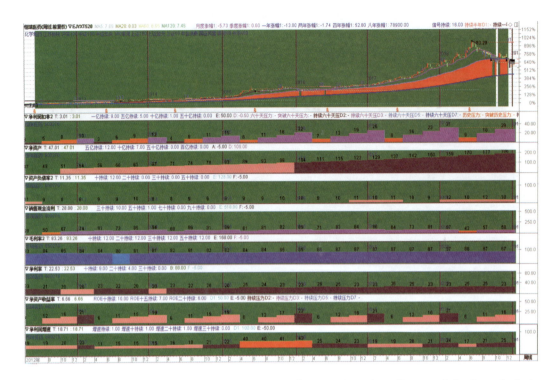

性都达标的股票呢。我们筛选了一些，比如华东医药、济川药业、片仔癀、我武生物、康泰生物、普利制药。华东医药、济川药业和片仔癀的规模还稍微大一些，扣非净利润均已经突破5亿元，且上市时间均较长。而我武生物、康泰生物和普利制药则规模更小，且上市时间也不长。

值得说明的是，康泰生物是与长生生物一起受疫苗事件冲击的企业，华东医药、济川药业则是一起受"4+7"带量采购直接影响的医药公司。毫无疑问，这种行业性的结构性风险会对相关企业的基本面因素构成直接影响，很有可能在接下来的几个季度甚至几年里相关公司的业绩会发生大逆转。但是，这并不影响我们将它们纳入股票池。毕竟，会受多大影响，以及相关企业有多大的逆境生存能力都是难以预测的。另外，即使最终有一批企业化险为夷，并且成为整个行业洗牌中的佼佼者，但是目前其股价也是普遍受到市场预期的影响而大幅下跌。比如恒瑞医药、华东医药、济川药业这类长期优秀的公司，在这轮"4+7"带量采购的结构性风险下，整体下跌幅度超过20%。但这并不影响我们的选股原则，事实上如果按照交易系统，我们早就不再持有这些标的，我们股票池拥有它们、跟踪它们，但是我们的买卖依据的是交易系统的指定。

华东医药：

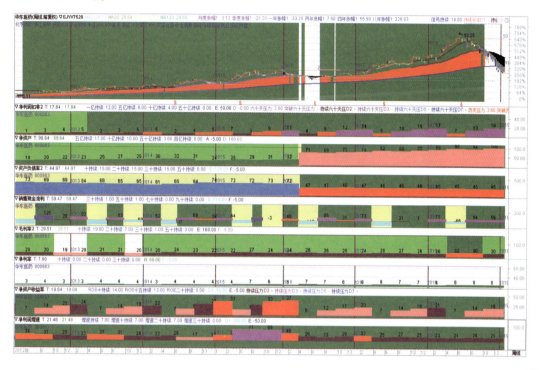

济川药业：

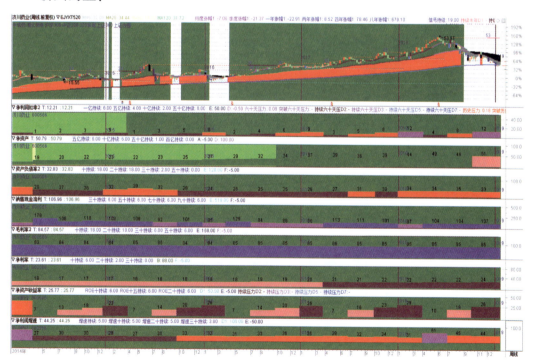

片仔癀：

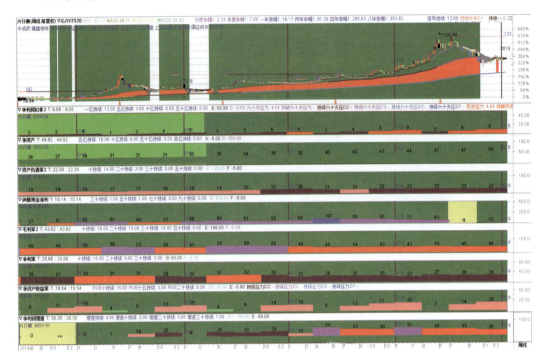

我武生物：

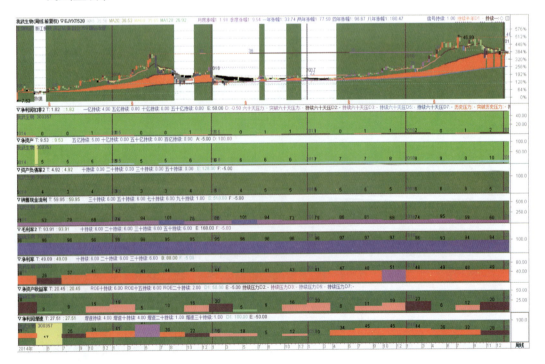

康泰生物：

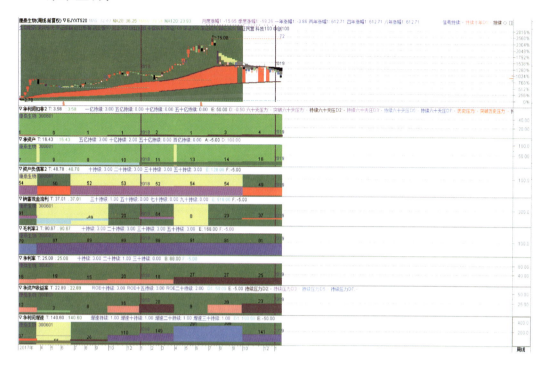

普利制药：

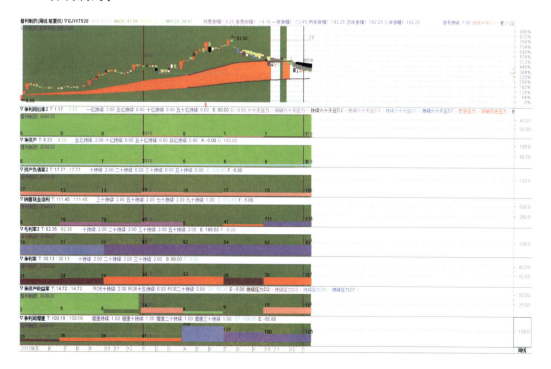

大周期类企业股票池

大周期类企业，由于其基本面特性与大消费类企业的基本面特性存在明显不同。周期性行业很少见到一家企业能够持续 10 年业绩处于高盈利且持续增长的。哪怕像万华化学这样的高盈利周期类企业，其利润也无法达到连续 10 年持续增长。而消费类企业连续 10 年持续增长的高盈利企业却不少。

万华化学（2001—2008）：

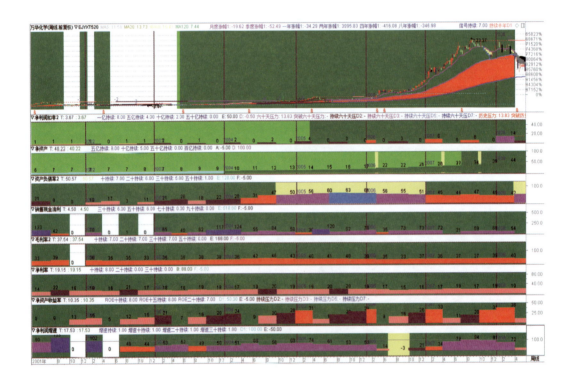

万华化学（2008—2018）：

万华化学于 2001 年上市。公司从 2001—2018 年的 18 年时间内，净资产收益率年化超过 20%。最差的一年是 2015 年，但净资产收益率也有 13.91%，仅次于上市之初的 2001 年的 15.41%，其他时候都超过 20%，甚至有 6 年时间高达 30% 以上。但这家化学原料龙头企业，其利润增长持续时间最长只有 8 年，算是周期类行业的一个标杆企业了。而且这段时间发生在 2001—2008 年期间。2009 年利润下滑 31%，

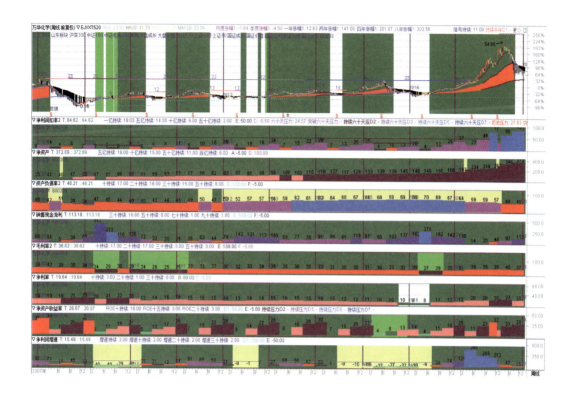

2015 年下滑 33%。仔细查看利润增长的年份，很少存在增速低于 30%，如果一家周期类行业的企业在增长的年份增速低于 30%，甚至低于 50%，那就不能说利润增长。

　　这就是周期类行业的利润增长特性，要么衰退，要么高速爆发式增长。在高速增长的同时，通常伴随净资产收益率也随着利润增长而提高。这是因为，周期性行业存在行业的繁荣和衰退。在繁荣期，并不需要持续的资本投入，最初只要产品涨价，就可以导致利润快速增长。在繁荣后期会出现行业投资过剩，直至衰退，最后竞相压价，导致利润快速下滑，甚至行业内出现企业亏损。

　　所以，选择周期类行业的标准需要把利润增速提高一个档次。净资产收益率则可以保持原来的标准。我们依然从一流的周期类企业入手。为了更好的说明，需要截取不同的时间段。因为上一轮周期类行业的繁荣期主要在 2008 年之前（主要是银行、地产）。2009 年开启的 4 万亿刺激导致了一轮结构性的小繁荣期（主要是工程机械），2016 年的供给侧改革也导致了一轮小繁荣期（主要是钢铁、化工板块）。而 2008 年之前的几年是周期性行业的大繁荣期。

周期股与大消费类股的股价特性明显不同。由于其基本面特性属于爆发型的，其股价特性同样属于爆发型的。另外，周期类行业的企业通常是一起享受繁荣的胜果，一起在衰退中煎熬，股价存在非常明显的板块联动效应。最后，周期类行业通常拥有比较长的产业链，不仅存在板块联动效应，还存在产业链的齐涨齐跌现象。

所以，尽管我们很难像消费类企业一样在时间上缓慢地跟踪。但是依据其明显的板块联动效应和产业链齐涨齐跌现象，结合周期类企业的股价特性和基本面特性。我们依然可以从大周期类行业中选择一流的基本面特性的企业作为投资标的，同时在择时上综合考虑以上两个明显特征。

比如化学原料的万华化学（2001—2008），钢铁板块的方大特钢（2016—2017），受益黄金价格十年持续上涨，山东黄金（2003—2013），受益 2006—2007 大繁荣期和 4 万亿刺激政策的工程机械双龙头三一重工（2006—2007，2009—2011）、中联重科（2006—2007，2009—2011），受益上一轮经济大繁荣期的银行板块、地产板块。事实上，这些股票只是属于对应的行业中的佼佼者而已，其基本面特征在标注的时间段里属于各自细分行业龙头。但是这段标注的时间段里，行业内的其他股票同样会同涨同跌，只是股价在持续性、稳定性和爆发力方面不如这些股票罢了，而我们既然对投资标的有所筛选，自然是选择基本面一流的企业。

方大特钢（2014—2018）：上一轮牛市（2013—2015），钢铁板块业绩增速为负，方大特钢也不例外。但是在 2016 年初开启的供给侧改革后，伴随着螺纹钢价格上涨，公司利润大幅增长，超过 100%，公司股价在短短一年多时间上涨超过 2 倍。净资产收益率在 2016 年底达到 25%，2017 年更是高达 52%。毕竟是因为涨价导致业绩大增，取得这样的净资产收益率也是无法持续的，但只要在繁荣初期，就可以选择这样的标的。

山东黄金（2003—2013）：由于黄金价格持续接近 10 年的上涨，山东黄金的净利润增速也是连续 10 年的增长。超越万华化学利润持续增长的时间。同其他

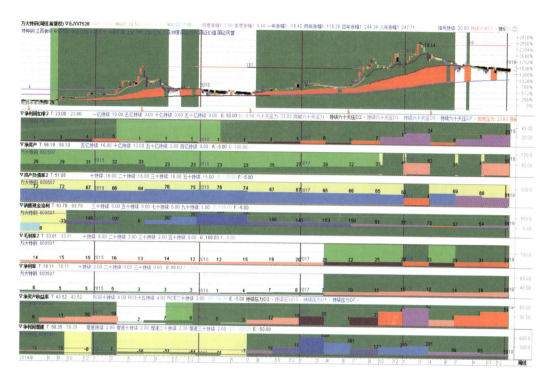

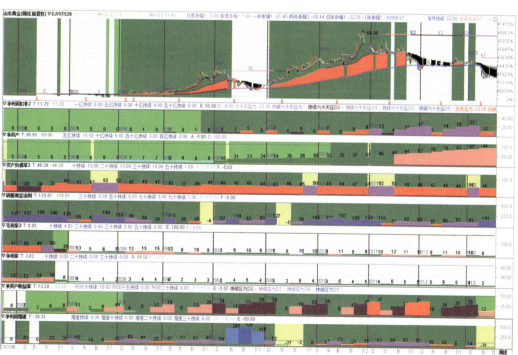

周期性行业一样，山东黄金也是依靠涨价的因素推动利润的持续增长，利润增速年化超过 40%，有些时候更高。净资产收益率也是连续 7 年超过 20%，连续 8 年超过 15%。所以，净资产收益率一直达标的和净利润增速持续保持高增长的情况下，可以选择进入自选股。

三一重工（2006—2007，2009—2011）：

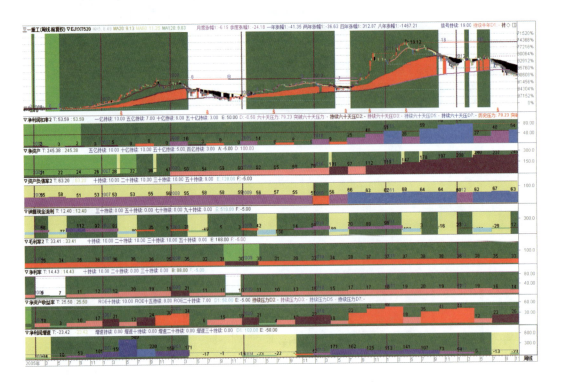

中联重科（2006—2007，2009—2011）：

三一重工和中联重科均属于工程机械板块，在 2006—2007 年的大繁荣期和 2009—2011 年的结构性繁荣期业绩增速均大于 50%，净资产收益率均大于 20%，业绩爆发力极强。而如果查看八大核心财务指标的其他方面，比如资产负债率普遍较高，销售现金流并不顺畅和明显的年底结算特征，这是与大消费类企业的明显差异特征。

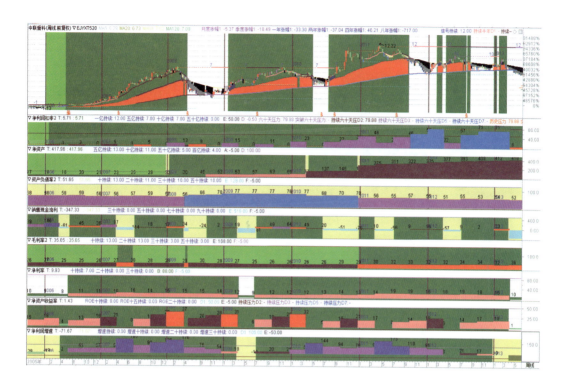

招商银行（2003—2008）：

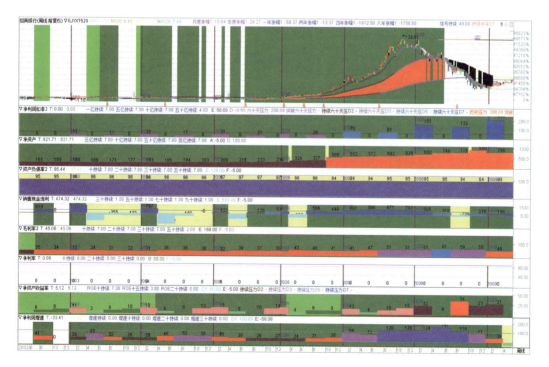

工商银行（2006—2009）：

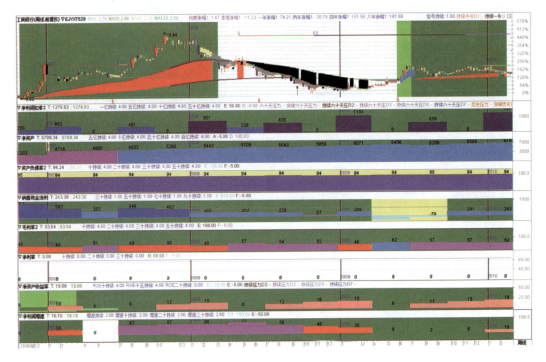

万科 A（2003—2007）：

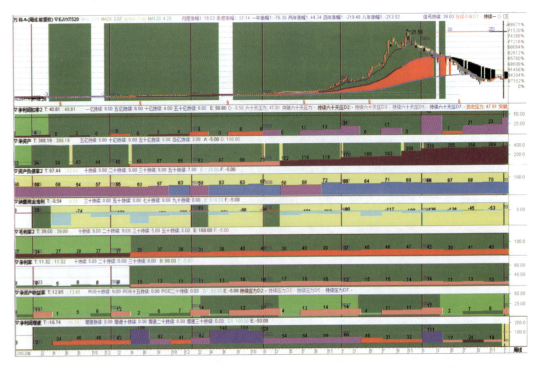

　　将 2003 年至 2007 年这段时间银行板块和地产板块的基本面拿出来回顾是很有意义的。错过 2007 年牛市的投资者，一定难以想象，曾经的银行股，曾经的工商银行（2006 年 A 股上市）、招商银行居然可以陆续 7 年净利润增速超过 20%，甚至在 2006 年达到 87%，2007 年高达 124%。2006 年招商银行的净资产收益率为 12.88%，而 2007 年高达 22.42%。地产股的万科 A 在 2003 年至 2007 年同样保持 30% 以上的增速，很多年份竟超过 50%。

　　我们知道 2007 年上证指数创出历史最高点 6124 点，2015 年的牛市都没有越过，2017 年的结构性牛市也没有越过。如果从上证指数的行业权重分布，就可以知道 32% 是金融，也就是银行、证券、保险，工业占比 16%，能源占比 9%，材料占比 8%，这些都是大周期行业。

　　上证指数行业权重分布：

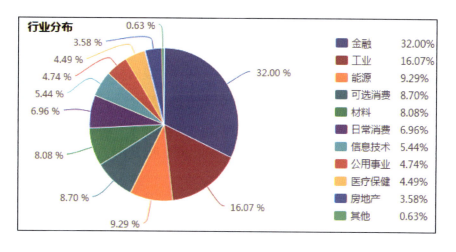

　　上证指数十大权重股（2018 年）：

　　换句话说，大周期行业占上证指数权重达到 60%。大周期性行业基本趋势强劲期主要在 2003—2007 年，而不是在 2013—2015 年。尽管存在一批大周期行业的企业利润已经超越了 2007 年的高点，但是其目前的增长率也远远不如 2003—2007 年那段时间。现在的银行业净利润增速只有 5% 不到，很多周期性行业甚至很多年负增长。万科 A 最近 9 年年化净利润增速不超过 20%，而在 2003—2007 年那段时间年化净利润增速超过 30%。

　　周期性行业的基本面特征和股价特征就是爆发型的，如果一个周期性行业的增速只能维持在个位数，那么其股价走势可想而知。

十大权重股样本

证券代码	证券名称	权重
601398.SH	工商银行	5.29%
601857.SH	中国石油	4.33%
601288.SH	农业银行	4.27%
601988.SH	中国银行	2.82%
600519.SH	贵州茅台	2.75%
601318.SH	中国平安	2.26%
600036.SH	招商银行	1.93%
600028.SH	中国石化	1.79%
601628.SH	中国人寿	1.58%
600900.SH	长江电力	1.30%

　　毫无疑问，上证指数已经被金融等大周期性行业给绑架了。目前比上证指数能更好反映价值投资的是沪深300。沪深300不将企业的规模作为唯一参考标准，还综合了盈利持续性、真实流通量等指标重新计算成分股的权重。至少比上证指数要更加科学。比如，目前沪深300前三权重股是中国平安、贵州茅台、招商银行。另外像在深交所上市的格力电器、美的集团，也排进了前十，而像中国石油、中国石化，甚至是工商银行都没有进入沪深300十大权重股。所以，后续看大盘用沪深300要更加科学。

　　沪深300十大权重股（2018年）：

　　我们回到大周期类行业的股票池选择的主题上来。像方大特钢、万华化学依然可以选择进入大周期类行业的自选股。甚至像海螺水泥、伟星新材、东方雨虹、鲁西化工、华鲁恒升都可以选择跟踪。另外，尽管最近的新能源汽车板块的政策已经收紧，但是这个领域的上游资源股依然符合财务指标选股的特征，比如华友钴业、寒锐钴业、赣锋锂业、天齐锂业。所有周期类企业的买入时机，都需要结合板块联动效应和产业链齐涨齐跌现象，而且整个板块和产业链动起来的时候也应该符合基本面特征和股价特性。另外，如果错过了买点，后续参与，涨幅越大，参与的仓位应该越低。这点与大消费企业明显不同，大消费类企业可以不考虑这一点，甚至一家具有可持续竞争优势的企业，越增长、规模越大，品牌效应和可持续竞争优势反而还会提升，所以后续股价可能会跟随基本趋势走的更远。而大周期类企业，由于

十大权重股样本

证券代码	证券名称	权重
601318.SH	中国平安	6.45%
600519.SH	贵州茅台	3.25%
600036.SH	招商银行	2.73%
601166.SH	兴业银行	1.98%
000651.SZ	格力电器	1.86%
000333.SZ	美的集团	1.82%
601328.SH	交通银行	1.68%
600016.SH	民生银行	1.51%
600887.SH	伊利股份	1.47%
601288.SH	农业银行	1.46%

其本身的周期性特性，以及繁荣期过后必然会经历衰退期，股价也是呈现大涨大跌的模式。所以，越后续参与，越要仓位低。错过了，也只能等下一轮周期。

海螺水泥：

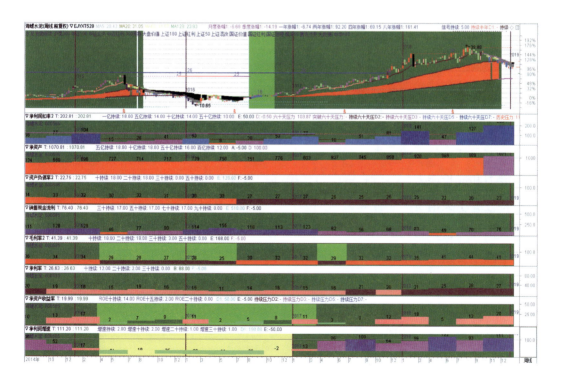

伟星新材：公司虽然属于周期类行业，是建材类企业，但是公司的财务指标显示的特征却很像消费类企业，比如极低的资产负债率，非常良好的销售现金流状况，较高的毛利率、净利率，且盈利能力和净利润增速都表达了相对稳定的特征。这些特征导致公司尽管在周期类行业，但其股价特征依然与财务指标显示的基本面特征相符合，股价也保持了比较明显的持续性、稳健性特征。

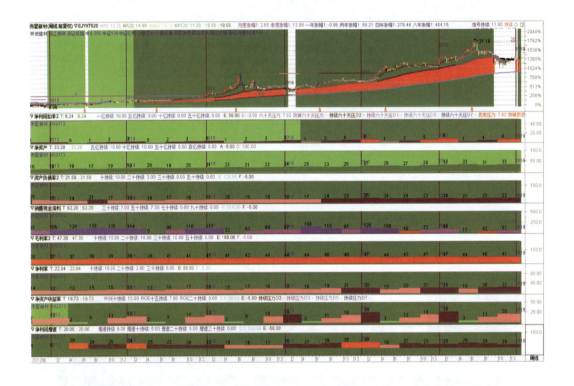

东方雨虹：公司的基本面特征与伟星新材有许多相似的地方，比如相对稳定的盈利能力和成长能力，尽管在资产负债率和销售现金流方面差异明显但这也是公司股价特性介于大消费类企业和大周期类企业之间的原因。

鲁西化工：公司在 2013—2015 年是不符合选股标准的。因为盈利能力不达标，股价上涨主要是受牛市影响，公司股价跟涨，所以牛市过后，股价大幅下挫。但是 2017 年企业的财务指标表达了一个强劲的基本趋势，净资产收益率年化超过 20%，净利润增速超过 100%，毛利率、净利率也提升，周期性行业的爆发式业绩特征表达得非常明显，符合选股标准。

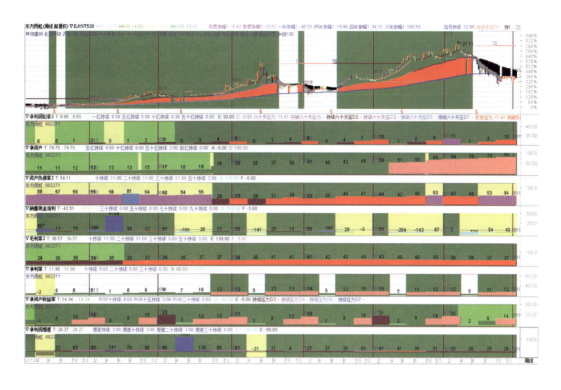

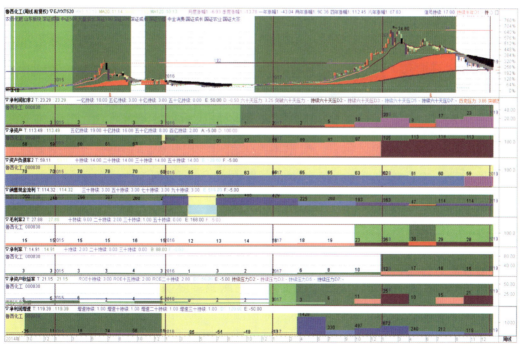

华鲁恒升：

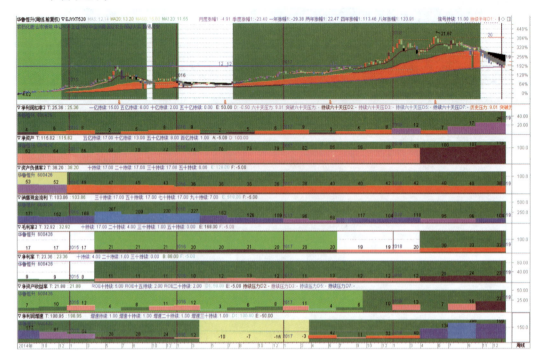

华友钴业：

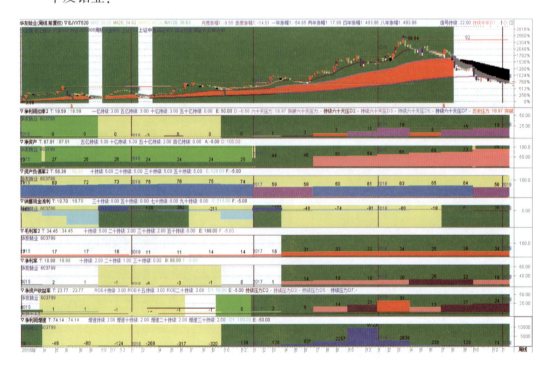

寒锐钴业：

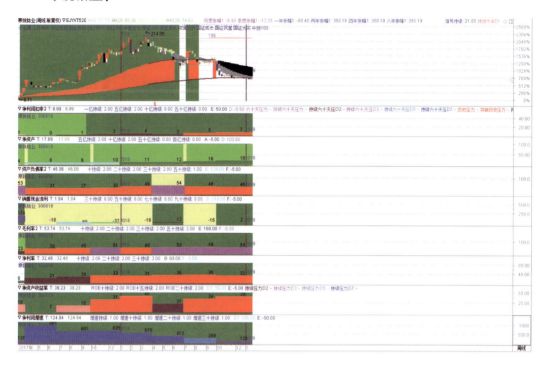

赣锋锂业：

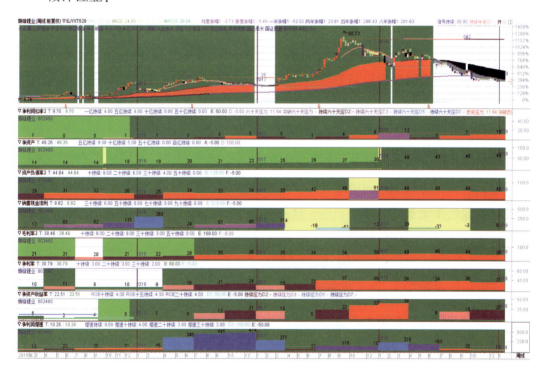

天齐锂业：

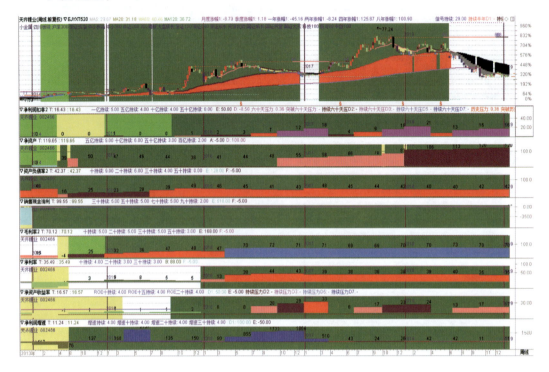

从四家新能源汽车产业链上游的资源股来看，我们通过财务指标可以清晰地看到这四家企业中的天齐锂业和赣锋锂业在 2015 年下半年之前均不符合选股标准，它们的业绩爆发均处在 2015 年下半年，净利润增速开始超过 50%，尽管那时净资产收益率提升还不明显，但是毛利率、净利率提升已经很明显了。而华友钴业和寒锐钴业的业绩爆发在 2016 年第三季度才开始，净利润增速迅速高达 100% 以上，甚至几十倍的同比增幅。

如果对比这类企业的财务指标所表达的基本趋势和股价，我们可以发现财务指标的净资产收益率和净利润增速要完全达标会存在一个滞后的现象，而净利润增速则能够快速地体现基本趋势的加速。这是一个很有意义的事情，因为这与大消费类企业的股价与基本趋势均相对缓慢特征明显不同。周期类企业，尤其是资源股的周期类企业的股价和业绩均属于快速爆发型的。

这种迅速高达 100% 以上，甚至几十倍的净利润增速是可以预见其净资产收益率在年底会达标的。事实上，这类企业的净资产收益率在年度均超过 30%。净资产收益率由于存在一个净资产的存量基数，所以相对净利润增速的敏感性要差一些，但从另外一个方面也说明了净资产收益率的稳定性要好一些。我们自然在选择股票的时候需要综合这两个指标和行业特性。

所以，我们需要对财务指标依据季度财务数据做一个年份推算来参考，同时结合股价特性和基本面特性的匹配原则和匹配强度来选择自选股，这样我们就不用担心周期类爆发性企业的财务指标的滞后性了。另外，周期类行业的板块效应和产业链齐涨齐跌现象是可以进一步帮助我们进行权重配置的。这样综合起来我们对周期类行业依然不必担心依据财务指标而错失爆发类的周期类尤其是周期类中的资源股了。

A 股科技类企业股票池

尽管在中国本土诞生了不少优秀的科技类企业，比如腾讯、阿里、百度、网易等，而且 A 股科技类企业也经历了一轮轰轰烈烈的牛市，2013—2015 年牛市的主角就是科技类企业。我们对 A 股科技类企业的选择标准依然没变，净资产收益率超过 20%，且净利润增速年化也能达到 20%，甚至更高。

安防龙头的海康威视就是从上市以来一直符合标准的科技类企业之一。连续 8 年净资产收益率年化超过 20%，净利润增速超过 20%，甚至很多年份高达 30%。

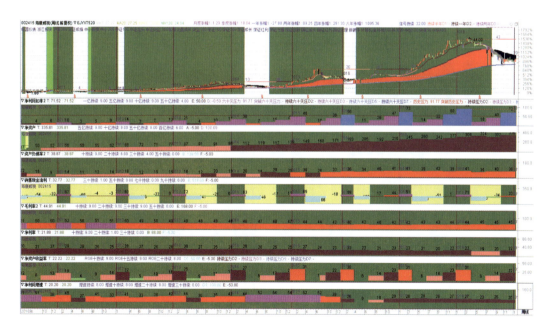

那么，像 2013—2015 年的科技类板块带动的牛市，那批曾经主导牛市行情的股票现在都怎么样了呢，比如曾经的互联网+金融中的恒生电子、金证股份。

恒生电子：

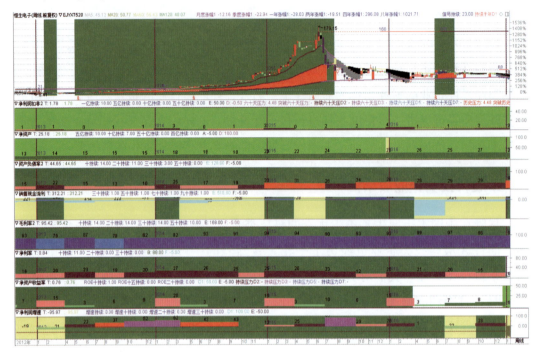

金证股份：

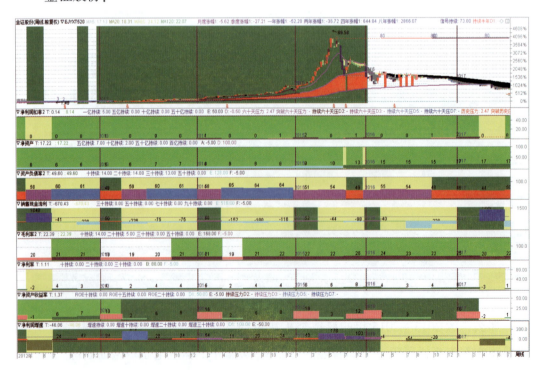

　　恒生电子和金证股份在 2013—2015 年三年中均符合标准，净资产收益率年化超过 15%，净利润增速年化超过 20%，甚至个别季度更高，并且两家企业的规模均不大，扣非净利润不超过 5 亿元，净资产不超过 33.5 亿元。曾经属于小盘、高盈利能力、高速增长的企业。但在 2016 年后，两家公司的净利润增速均下滑，净资产收益率也快速回落。2016 年后两家企业均不再符合选股的标准。尽管 2016 年后两家企业均从 2015 年的最高处回落超过 50%，但这不是选股的逻辑，永远也不要因为一只股票超跌而选入自选股。事实上，在 2013—2015 年期间，我们也不能因为一只股票持续上涨 2~3 年而不考虑选择，股价的走势与是否选择其进入自选股是两码事。再怎么强调选股和买卖是两个环节都不过分。不然的话，会错过大牛股。因为真正的大牛股，必然与企业的基本面挂钩，也必然会受市场环境的影响，如果因为一只股票持续上涨，就不选择其作为自选股，那么将会错失财富的增长。至于恒生电子和金证股份何时介入、何时离场，只需按照股价走势图的交易系统操作就可以，至于应该配置多少权重，则需要结合其规模因素、股价走势阶段以及与其他优质股的综合比较来决定。

　　再比如创业板牛市中曾经的典型牛股，同花顺、东方财富、乐视网、网宿科技。

　　同花顺：

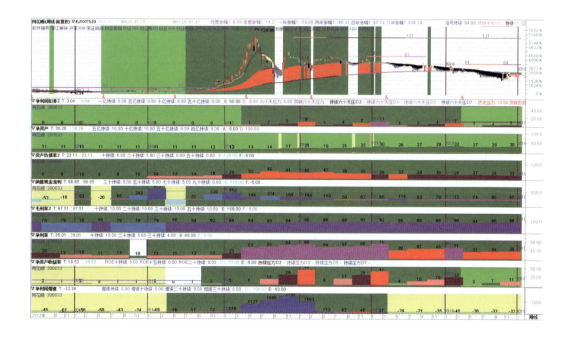

东方财富：

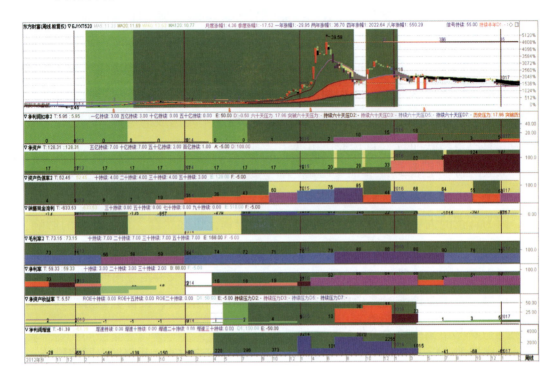

将同花顺和东方财富做类比分析是有意义的。事实上我们对于业务更接近的企业总是做类比分析，这样可以帮助我们很容易地掌握同类企业的股价特性和基本面特性。两家企业的净利润增速在 2013 年还为负，而从 2014 年开始，业绩大幅增长，增速高达 100%，同时净资产收益率也大幅提高，事实上 2014 年底的净资产收益率并没有超过 15%，真正净资产收益率超过 15% 是在 2015 年。2015 年底，两家公司的净资产收益率均超过 30%，不过第一季度公司的净资产收益率就已经快超过 10%，而且净利润增速还在高速增长。所以在 2015 年它们是符合选股的标准。尽管按照我们的原则，并不一定给它们分配多少参与权重，毕竟公司基本面特征代表了一种爆发式的特征，而不是稳健。这种爆发式的业绩特征还表达了公司的业务具有明显的周期性特征，这是互联网金融类企业的特征，毕竟金融行业多少与周期挂钩，而互联网金融又怎能避免。所以，东方财富在 2016 年业绩快速下滑，同花顺在 2017 年也下滑。同花顺 2016 年仍增长 26%，周期性特征的企业增长低于 50%，又怎么能表达强劲的基本趋势呢。

乐视网：乐视网在 2017 年成为一只黑天鹅。但是我们并不担心，因为如果按照我们的选股标准，那么在 2014 年后，我们就不会选择它了。因为 2014—2015 年净资产收益率已经低于 15%，处于 10%～15%之间。2016 年后净资产收益率已经低于 10% 了，自然更加不会考虑了。而公司在 2013—2014 年的确符合标准，净资产收益率超过 15%，且净利润增速年化超过 30%。2013—2014 年公司的其他各项指标均表达了强劲的基本趋势，比如较高的毛利率、净利率和持续增长的资产负债率和比较顺畅的销售现金流。选入自选股，按照匹配原则分配权重，按照交易系统买卖就可以了。

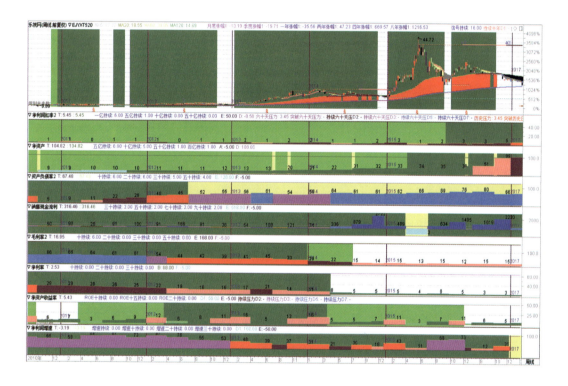

网宿科技：公司 2013—2016 年符合选股标准，净资产收益率超过 15%，净利润增速甚至高达 50%，在这期间毛利率、净利率还在不断提升，资产负债率随着业务高速发展也在不断提高，良好的销售现金流，这一切表达了基本趋势处于非常良好的循环之中。但是，我们也应该时刻保持警惕，比较公司的实际增速远超过可持续增长率，增速放缓或者停滞迟早会到来，不会缺席。在这期间按照交易系统交易就可以了，在 2013—2016 年这段时间如果严格按照交易系统交易，累积获利可以超过 10 倍。

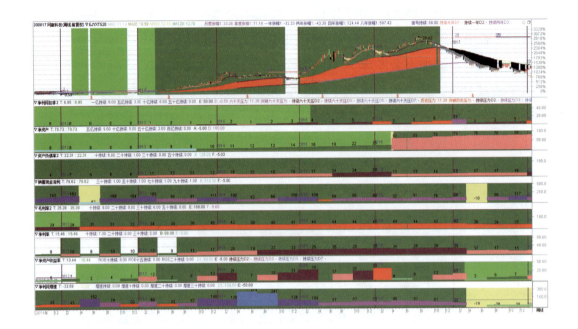

实际上，在 2013—2015 年的科技类牛市中，基本趋势处于强劲之中的企业还真不少。这也是 2013—2015 年科技类板块或者创业板在牛市中涨幅明显超过大消费板块、大周期板块或者上证指数的原因。能够成为牛市的主导板块，既有市场方面的原因，更与基本面脱离不了关系。

但是，我们同样知道，在 2015 年股灾后，创业板的跌幅明显超过上证指数，科技类板块跌幅也明显超过大消费板块和大周期类板块。仅从上述案例中的企业也能够隐约感受到很多 A 股科技类企业的业绩增速持续性并不强。而像海康威视能够持续 9 年一直处于高盈利高增长的科技类企业也是少见。这也是海康威视在股灾之后，即 2017 年的结构性市场中能够使得股价再创 2015 年牛市高点的原因。

潮水潮落，我们并不指望所有企业都能够一直保持持续强劲的增长，这是一种不切实际的想法。我们只需要跟踪那些标的符合我们的标准，坚持将有限的资金配置得更加持久且达标的企业就可以了。坚持这种思路操作，就能够使我们的财富持续增长。

那么 A 股科技类企业中，又有哪些企业目前依然符合我们的选股标准呢？毫无疑问，海康威视依然符合标准，除了海康威视还有哪些呢？

大族激光：

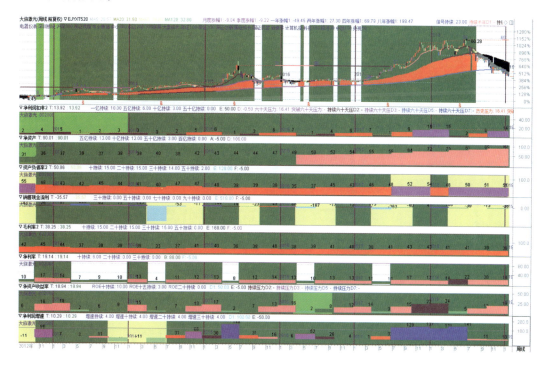

亨通光电：

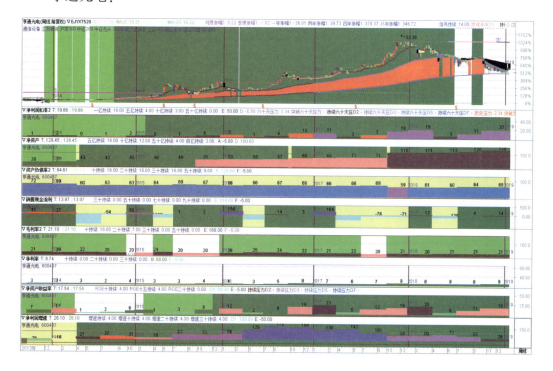

信维通信：

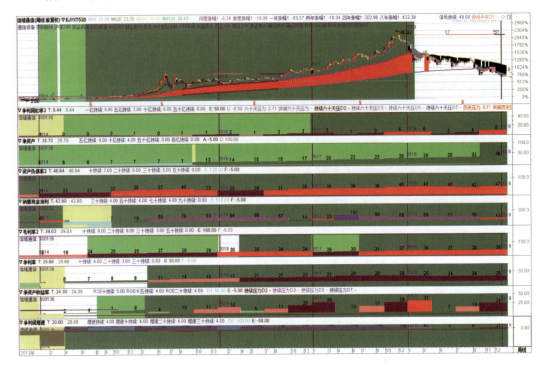

平治信息：

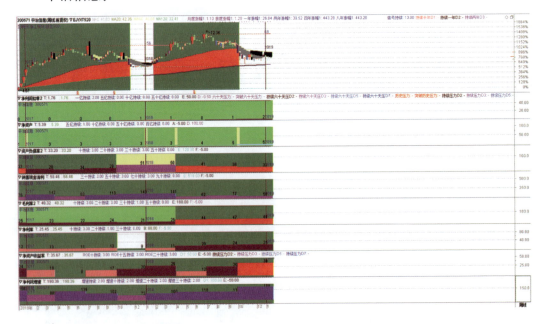

精测电子：

通过对符合标准的企业筛选，我们就可以重点跟踪股票池的股票。但是，一旦在股票池中来查看这些股票，我们将会失去其所代表的基本面与同类企业，以及相同大类企业间的联系。但毕竟一家公司一年只有四次公布财务报表，所以我们也不必担心，一年只需要进行四次筛选就可以了。

🏮 化学制药(91)	涨幅%	现价	量比	涨速%	流通市值↓
1 恒瑞医药	-2.90	54.33	0.65	-0.14	1989.54亿
2 复星医药	-3.43	21.40	1.00	0.14	408.85亿
3 华东医药	-2.60	24.34	0.76	0.08	316.95亿
4 新和成	-1.55	14.60	0.69	0.00	309.74亿
5 安迪苏	-2.20	11.11	1.03	0.36	297.96亿
6 海普瑞	-2.21	19.51	0.88	0.26	243.33亿
7 延安必康	0.16	19.33	0.71	-0.09	231.21亿
8 信立泰	-0.35	19.97	1.08	0.00	208.89亿
9 科伦药业	-3.29	19.67	1.01	0.05	202.46亿
10 健康元	-0.89	6.69	0.70	-0.14	129.60亿
11 华海药业	-2.63	10.37	0.85	-0.18	128.22亿
12 人福医药	-0.86	9.25	0.57	0.00	118.96亿
13 德展健康	-0.44	9.14	0.39	0.00	98.76亿
14 哈药股份	0.26	3.81	0.74	0.26	95.51亿
15 华润双鹤	-2.23	11.40	1.16	0.00	93.85亿

至此，三大行业的股票池就可以按照这个方法构建好了，并且将其纳入自选股，好在这些股票一旦纳入自选股，在相同板块中被选入自选股的标的将会变成蓝色字体，而没有选入自选股的标的则是黑色字体。这样我们又可以回到板块的视角来看企业了，完成连接了企业间的联系。

比如将化学制药的恒瑞医药、华东医药、信立泰三家企业选入自选股，那么这三家企业在化学制药板块中将会变成蓝色字体。这是一个很好的标识，并且在实际交易时，也需要利用板块的力量来进一步确认买卖时机和决定分配买入的权重，这大大方便了我们构建组合。

第五部分

择时与选股

本书的目的限定在选股，顺带将股价买卖时机通过交易系统来表达，选股事实上只是股票投资的一个环节，并且是非常重要的环节。但是，哪怕是最重要的环节，对于整个股票投资来说，它始终不是全部。

我们在选定了股票池之后，还需要很多策略来进行配置和交易。假定选择了大消费类行业一流的 7 家企业，我们应该配置多少仓位呢，应该对这 7 家企业平均配置还是有所侧重呢，应该何时买入，又应该何时退出呢，是应该一次性全部买入计划的仓位，还是分批买入。一系列的具体策略需要我们进一步去完善。

对于详细的资产配置和交易策略可以写一本书，所以不做展开讨论，既然在工具图中已经涉及主图的交易系统，对价值投资和八大核心财务指标选股也做了详细的介绍，那么有必要对择时与选股进行简单展开。

第12章 优化长线交易系统

我们的主图本身是一个长线交易系统，而且是可视化的交易界面，只需要运用八大核心财务指标就可以构建股票池了。但是在第三部分和第四部分我们多次提到选股和买卖是两个环节；买卖按照交易系统执行；股价长期与企业基本面联系紧密，但是短期跟市场环境联系更加直接等等。选股按照选企业的标准来筛选。但是何时买入何时退出，并不依据企业基本面的因素，而是依据个股股价走势和市场环境。

老交易系统是纯粹依据个股股价走势来做择时的，同时，我们在短期内切断了股价走势和企业基本面因素的强联系（并不是说黑天鹅或者超预期利好对股价没有影响），而是将股价走势和市场环境，股价走势和企业基本面，甚至是股价走势、市场环境与"大宏观"因素通过逻辑梳理重建一套交易系统。这套长线交易系统是融合了以上多个因素的交易系统。由于企业基本面和"大宏观"因素会通过市场预期作用到个股股价和对应的板块指数甚至是大盘指数上。而金融市场的环境也会对企业的基本面和"大宏观"因素构成影响。"大宏观"因素也会对企业的基本面构成影响，但会通过企业的财务数据体现出来，并且作用在价格走势上比作用在基本面上更加直接、更加及时。所以，通过股价走势，通过对板块指数和大盘指数来进行综合择时，继续保留企业的基本面选股。

那么，如何通过个股股价走势、对应的板块指数和大盘指数来进行综合择时呢？如果以上三个价格走势均按照原交易系统的逻辑，单独运行，必然会存在交叉的现象。比如大盘没有发出买入信号，而板块已经发出板块信号，所选的个股也发出了买入信号，或者所选的个股因为黑天鹅事件发出卖出信号，但是板块和大盘均处于牛市等等。所以，我们需要重新进行逻辑梳理。

（1）买入股票，不是买入板块指数和大盘指数，那么最终的决策依然是依据个股走势来进行取舍。

（2）板块指数和大盘指数的持续稳定性比个股走势要强，并且板块指数和大盘指数体现的"大宏观"因素更加及时，这是个股走势所难以做到的。

（3）市场存在明显的结构性市场和牛熊更替，这种市场环境对相关企业的股价走势影响非常直接。

综合以上三点，我们的买入将变得更加保守，而退出更加果断。买入保守，意味着比原来买入时机可能更晚，而退出果断，意味着卖出可能比以前要早。交易系统的买卖在时机上是一种取舍，那么这意味着我们舍弃得更多了。具体舍弃了什么呢，比如结构性风险导致的板块下跌，熊市导致的股价普遍下跌，黑天鹅事件导致的快速下跌。

并且，原来的长线交易系统只依据长期均线来做决策，但是真正结构性风险、系统性风险和黑天鹅风险来临的时候，股价快速大跌。所以长线交易系统在逻辑构造和技术构造两个方面需要优化。

至此，我们通过以上的逻辑重建和技术重建，优化了原长线交易系统，成为新的长线交易系统。

新的工具图将变成八大核心财务指标识别企业基本面的图和拥有市场环境下的长线交易系统图，成为"1+8+3"的12栏实战图。

比如，格力电器原工具图：

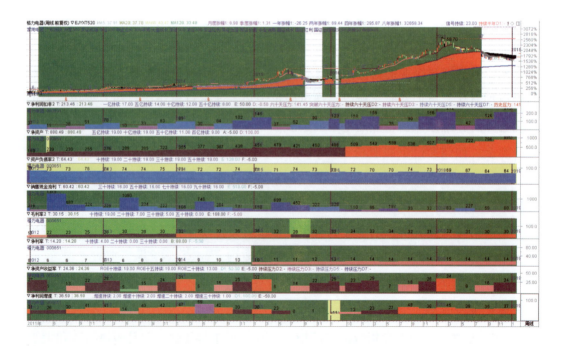

格力电器实战图：

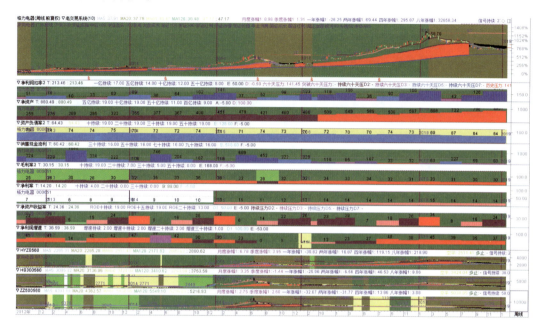

可以明显地看到格力电器在 2015 年和 2018 年两个系统性风险来临的时候退出的比原工具图都要早，而在 2016 年进场的时候要稍微晚一些。

那么大周期类的企业在实战图下又是如何的呢？

比如，中国建筑原工具图：

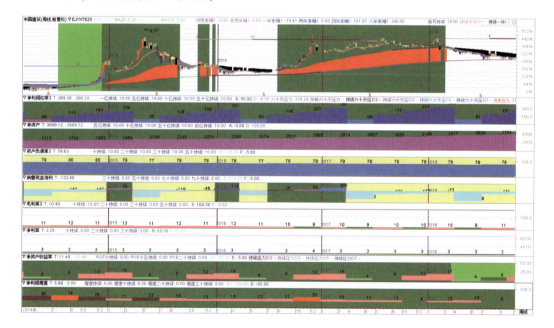

中国建筑实战图：

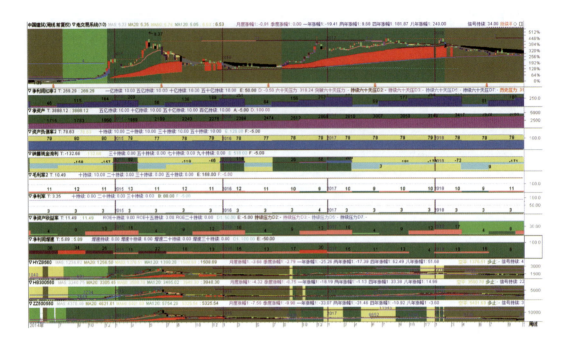

同样中国建筑 2015 年在股灾的时候实战图比新工具图更早，且避免了底部的拉扯。

至此，我们优化的长线交易系统比原交易系统更加符合实际情况。但是如果一开始就从市场牛熊、板块联动效应出发，那么我们很可能会忘记股票投资的第一个主要环节——选股就是选择企业。

如果一切不是建立在选择基本趋势达标的企业基础上，那么再好的交易系统也并不能创造利润。因为即使在牛市环境下，什么股票都涨，还存在退出的问题。如果企业的基本趋势较差，那么牛市也可能涨幅甚微，这点在第四部分的三大选股误区展示的牛市环境下充分表达了，而只有基本趋势强劲的股票才能够刷新历史，并且系统性风险来临的时候也拥有足够的流动性来退出。

第13章　避免三个择时误区

我们的择时是在选定股票池的基础上进行的，那么在基本面达标的企业上，如果再有企业层面的，或者行业层面的，或者宏观层面的超预期利好，是否可以立马买入，或者是超预期的利空出现就可以立马卖出呢。答案显然是否定的，因为我们从 P＝M×E 可以清晰知道，市场预期是决定股价短期走势的直接因素。企业层面的、行业层面的或者宏观层面的信息，在市场下并不一定构成引导市场预期的阶段性变化。这点有如对凯恩斯主义的批判：把马引入河边，马就一定会饮水吗。答案显然是否定的。事实上，市场所融入的东西，市场投资者所思考的东西比企业方面的、行业方面的以及宏观政策方面的要多得多。任何单方面的基本趋势我们都无法作为择时的依据。而不论这个基本趋势是来源于企业层面，还是行业层面，抑或是宏观层面的。

第一个误区：公布超预期的业绩利好或者企业回购或大股东增持

公司公布超预期的业绩利好，或者企业回购，或者大股东增持，常常被认为是买入的良好时机，相反，如果业绩暂时不如预期或者股东减持则常常应该作为卖出的信号。这都是片面的。

金螳螂（2007—2011）

公司在整个 2007—2011 年全部符合选股的标准，并且期间累积上涨几十倍。但是在 2008 年的时候，从公司的净利润增速来看，公司业绩处于加速阶段，由 2007 年增速 35% 提升到 53%，其中 2008 年个别季度高达 70%。如果不顾市场环境，因公司公布超预期的业绩利好而买入，那么 2008 年会亏损 60% 以上，一年亏损 60%，而且发生在企业基本趋势处于明显加速之中，这是值得我们警惕的。还好，在熊市过后，公司基本趋势依然强劲，利润持续增长，所以后续股价才一路创新高。

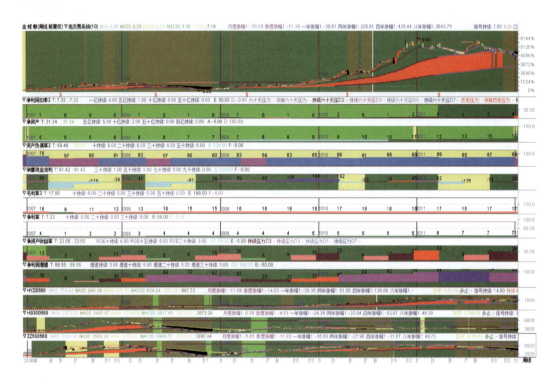

对于股东回购的案例，在市场环境不好的时候也有很多，最近的分众传媒和美的集团就是现成的例子。

第二个误区：超预期的结构性政策

结构性政策通常包括行业政策、区域政策和对外贸易政策等等。

比如国家关于软件行业和芯片的政策，比如租售同权的政策。"2017 年 7 月，住建部等 9 部门联合印发《关于在人口净流入的大中城市加快发展住房租赁市场的通知》，要求人口净流入的大中城市要支持相关国有企业转型为住房租赁企业，鼓励民营的机构化、规模化住房租赁企业发展，广州、深圳、南京等 12 个城市成为首批试点。"

如果将租售同权政策出台作为买卖时机，那么世联行是可以在政策出台的时候立马买入的。因为在 2017 年世联行的基本面是符合选股标准的，净资产收益率年化超过 15%，净利润增速达到 30%。但是，如果这项政策被市场认为真的是超预期，那么是买不进的。世联行股价快速被拉升，而且政策刺激过后，在 2017 年底被狠狠抛售，截至 2018 年 11 月股价创出上市以来新低。因为在政策公布的利好后没有几个月，公司 2018 年业绩大幅下滑，再叠加股市环境不利，股价一落千丈。

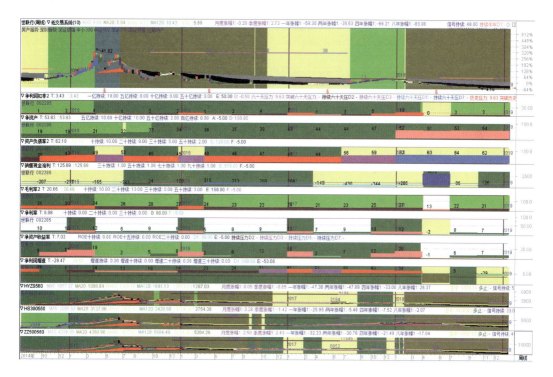

超预期的区域政策同样如此，比如雄安新区，甚至是超预期的对外开放政策，比如上海自贸区，以及其他自贸区。这些政策还是被市场认可了的。但是在当时受政策刺激影响的股价会快速拉升，而最终都被市场疯狂抛售。如果按照长期持股或者不按照交易系统择时，很可能变成"利润是账面的，亏损则是实际的"。

第三个误区：超预期的宏观政策

宏观政策通常包括货币政策和财政政策，比如央行放松银根，或者财政部公布超预期的财政刺激政策，相反，央行收紧银根或者紧缩的财政政策。

就拿货币政策来说吧，在 2006—2007 年的大牛市过程中，央行可是持续的收紧。

2006 年 4 月 28 日金融机构贷款利率上调 0.27%，提高到 5.85%。

2006 年 8 月 19 日一年期存、贷款基准利率均上调 0.27%。

日期	货币政策	调整内容
2007-01-15	上调存款准备金率	存款准备金率由 9% 提高到 9.5%
2007-02-15	上调存款准备金率	存款准备金率由 9.5% 提高到 10%
2007-03-17	上调利率	1 年期存款利率上调 27BP 至 2.79%；1 年期贷款利率由 6.12% 提高到 6.39%
2007-04-16	上调存款准备金率	存款准备金率由 10% 提高到 10.5%
2007-05-15	上调存款准备金率	存款准备金率由 10.5% 提高到 11%，外汇存款准备金率由 4% 提高到 5%
2007-05-18	上调利率	1 年期存款利率上调 27BP 至 3.06%；1 年期贷款利率由 6.39% 提高到 6.57%
2007-06-05	上调存款准备金率	存款准备金率由 11% 提高到 11.5%
2007-07-21	上调利率	1 年期存款利率上调 27BP 至 3.33%；1 年期贷款利率上调 27BP 至 6.84%
2007-07-30	上调存款准备金率	存款准备金率由 11.5% 提高到 12%
2007-08-22	上调利率	1 年期存款利率上调 27BP 至 3.60%；1 年期贷款利率上调 18BP 至 7.02%
2007-09-15	上调利率	1 年期存款利率上调 27BP 至 3.87%；1 年期贷款利率上调 27BP 至 7.29%
2007-09-25	上调存款准备金率	存款准备金率由 12% 提高到 12.5%
2007-10-25	上调存款准备金率	存款准备金率由 12.5% 提高到 13%
2007-11-26	上调存款准备金率	存款准备金率由 13% 提高到 13.5%
2007-12-21	上调利率	1 年期存款利率上调 27BP 至 4.14%；1 年期贷款利率上调 18BP 至 7.47%
2007-12-25	上调存款准备金率	存款准备金率由 13.5% 提高到 14.5%
2008-1-25	上调存款准备金率	存款准备金率由 14.5% 提高到 15%
2008-3-25	上调存款准备金率	存款准备金率由 15% 提高到 15.5%

2008 年 4 月 16 日，从 4 月 25 日起上调存款类金融机构人民币存款准备金率 0.5 个百分点。

2008 年 5 月 12 日，从 5 月 20 日起，上调存款类金融机构人民币存款准备金率 0.5 个百分点。

2008 年 6 月 7 日，从 6 月 25 日起上调存款类金融机构人民币存款准备金率 0.5 个百分点；从 6 月 15 日起上调存款类金融机构人民币存款准备金率 0.5 个百分点。

2008 年 9 月 15 日，从 2008 年 9 月 16 日起，下调一年期人民币贷款基准利率 0.27 个百分点；从 2008 年 9 月 25 日起，存款类金融机构人民币存款准备金率下调 1 个百分点。

2008 年 10 月 8 日，从 2008 年 10 月 9 日起下调一年期人民币存贷款基准利率各 0.27 个百分点；从 2008 年 10 月 15 日起下调存款类金融机构人民币存款准备金率 0.5 个百分点。

2008 年 10 月 29 日，从 2008 年 10 月 30 日起，一年期存款基准利率由现行的 3.87% 下调至 3.60%，下调 0.27 个百分点；一年期贷款基准利率由现行的 6.93% 下调至 6.66%，下调 0.27 个百分点；其他各档次存、贷款基准利率相应调整。个人住房公积金贷款利率保持不变。

2008 年 11 月 27 日，从 2008 年 11 月 27 日起，下调金融机构一年期人民币存贷款基准利率各 1.08 个百分点，其他期限档次存贷款基准利率作相应调整。同时，下调中央银行再贷款、再贴现等利率。

2006—2007 年轰轰烈烈的大牛市期间，央行在 2006 年 4 月开始至 2007 年底均在收紧银根。而在 2001—2005 年可是四年大熊市。经历了四年熊市后，却迎来了货币政策收紧，如果按照货币政策来择时，那么一定会错过牛市。

并且央行在 2008 年 9 月开始，受全球金融危机影响，又开始放松了银根，但是 A 股在 2008 年 9 月份后继续下跌 20% 才见底。如果说放松银行后几个月终于可以降低，那么 2008 年 9 月还可以说得过去。

从接下来的央行历次货币政策一览可以看出，2011 年 11 月 30 日央行又开始放松银根，可是股市从这之后的 2012 年继续震荡下跌一整年，并且创出 1949 点的近 10 年低点。

可能市场在政策底之后会有市场底。因为时隔多年，在央行不断放松银根下，股市在 2015 年迎来了又一次的大牛市。

但是别忘了，2015 年好景不长，6 月开启的股灾也是在央行继续放松银根的过程之中。连续的 3 次股灾，央行可是一直在放松银根。而股市从高处的 5178 点已经下跌到 2638 点，几乎腰斩。

央行近年来历次货币政策调整一览

公布时间	大型金融机构		
	调整前	调整后	调整幅度
2016.2.29	17.50%	17.00%	-0.50%
2015.10.23	18.00%	17.50%	-0.50%
2015.8.25	18.50%	18.00%	-0.50%
2015.4.9	19.50%	18.50%	-1.00%
2015.2.4	20.00%	19.50%	-0.50%
2012.5.12	20.50%	20.00%	-0.50%
2012.2.18	21.00%	20.50%	-0.50%
2011.11.30	21.50%	21.00%	-0.50%
2011.6.14	21.00%	21.50%	0.50%
2011.5.12	20.50%	21.00%	0.50%
2011.4.17	20.00%	20.50%	0.50%
2011.3.18	19.50%	20.00%	0.50%
2011.2.18	19.00%	19.50%	0.50%
2011.1.14	18.50%	19.00%	0.50%
2010.12.10	18.00%	18.50%	0.50%
2010.11.19	17.50%	18.00%	0.50%
2010.11.10	17.00%	17.50%	0.50%
2010.5.2	16.50%	17.00%	0.50%
2010.2.12	16.00%	16.50%	0.50%
2010.1.12	15.50%	16.00%	0.50%

所以，宏观政策中的货币政策与股市行情关系非常模糊，绝对不像教科书理论上认为的那么简单。现实是复杂的！

综合以上，我们认为在择时方面，任何基本面的单方面因素都不能作为择时的依据。大宏观方面的政策不行，结构性政策不行，企业层面的也不行。而且以上三种误区已经被事实多次证明行不通，可市场人士还是每天在关注、分析，甚至提前预测政府的各项政策，话又说回来从来没有一位真正的投资大师通过每天研究政策而发财致富的。

索罗斯是宏观策略配置专家，但他也绝不简单认为央行降息就立马买入，央行收紧银根就卖出的，更加不会走到政策前面去提前下注，而是辩证地思考问题。在他的眼里，政府政策是构造市场的主体之一，而且是强有力的主体，但绝对不是市场完全跟着政府政策走。

国内投资者为什么会深受这三个误区的影响呢？我认为有三个原因，一是政府政策对市场的影响力的确很大，通过实证我们虽然知道2006—2007年大牛市，以及 2015—2016 年的暴涨暴跌与央行的货币政策关系模糊，但还是可以从别的方面找到政府政策的身影，比如 2005 年下半年开启的"股改"，比如 2014 年开启的国企改革，2015 年的"互联网+"等等。二是从理论层面，的确存在很多的经济学方面的理论都与政府这只手分不开，比如凯恩斯主义、货币主义、供给学派以及发展中国家的产业理论，这些都强化了政府之手对宏观经济和产业，甚至对企业的微观经营决策构成重大影响。三是国际上的金融危机，包括 1929 年大萧条、1998 年东南亚危机、2008 年全球金融危机，甚至是大大小小的货币危机、债务危机、汇率危机等，这些金融层面的危机最终也都需要政府，甚至是多国政府出台政策，多国政府相互协调，政策互相配合，才能稳住不稳定的金融。

所以，从我们身边的 A 股现实、从理论层面以及从国际金融历史三个方面都强化了"政府政策"对金融市场的影响力，使得我们绕不开这个话题。

但是，我们永远不要忘记"投资股票就是投资企业"，而在短期内，这些"大宏观"因素方面也只是影响市场预期的因素之一，至于市场到底怎样预期，还是不得而知。市场拥有比"政府政策"更加全面的思维体系，而那种以封闭式理论来解读市场走向通常是行不通的。当然，也绝不排除对政府政策解读得很到位的专家，但少有对市场预期每次预判准确的投资大师，这点连索罗斯也不得不承认，而巴菲特则干脆不做此解读，甚至对容易受政策影响的企业避而远之。

事实上，我们并不刻意择时，在原工具图中的只拥有一个简单的长线交易系统，而在优化长线交易系统部分只是舍弃了系统性风险、结构性风险部分可能影响而已。交易系统始终是个性化的，是主观的，它并不像选股系统那么客观。尽管是个性化的，但是我们的长线交易系统依然符合企业基本趋势对股价的长期影响作用，依然定量化、可视化。能够减少买卖抉择成本，甚至还可以回测和调试，得出比较良好的交易系统，帮助我们择时和控制风险。

第 14 章　克服三个心理障碍

由于我们选股是依据企业的基本趋势，而股价长期上涨的逻辑主要是企业的高盈利能力，且持续增长。那么我们就会对企业的成长空间有所顾忌，比如市场空间小的不能选，不要买。

再比如，对于目前市场空间比较大的领域，企业的规模也较大，股价长期涨幅也很大，那么现在就会显得股价位置很高，甚至对企业未来的成长性有所怀疑。还能增长多少年呢，股价都涨这么多了，应该要跌了吧，等等，恐惧心理也会产生。

第一个心理障碍：市场空间小

市场空间这个概念本身是一个动态的过程，而不是静止的。比如调味品行业的市场空间多大。如果没有像海天味业、中炬高新、恒顺醋业等企业在这个行业里经营，市场空间多大能看出来吗。对于消费类行业，正是企业的品牌和消费者忠实度逐步将这个产品的市场空间打开的。换句话说，企业和消费者一起培育了市场空间。既然市场空间是动态的过程，如何给它下一个定义，就认为它小呢。可能是基于几个因素，比如家居用品行业上市企业的营业收入规模比医药行业的规模就小很多，那么可以认为家居用品行业的市场空间要小一些。这是横向比较可以得出的。另外，从整个行业自身的龙头企业营业收入绝对值也能够得出。

但是小的行业，并不一定表示其增速不够强劲，也并不代表不会产生伟大的企业。调味品行业看似市场空间不够大，但是海天味业的扣非净利润实际已经达到30多亿元，和 A 股医药行业的龙头企业的利润相差无几。再比如家居用品中的索菲亚，尽管利润规模不大，但是在过去 7 年净利润增速年化高达 30%，上市以来股价到最高处累积涨幅超过 10 倍。

所以，市场空间应该动态来看，只要这个行业里企业的市场格局比较清晰，行业内拥有几家比较明显竞争优势的企业，而且这些企业的业绩增速和盈利能力都处于良性循环之中，那么我们认为即使现在利润规模不大，市场空间看似很小，也不应该去猜测未来的市场空间就大不起来。事实上，十年前，十五年前，白酒企业的龙头企业贵州茅台和五粮液的利润规模也不大，谁会想到现在白酒企业的龙头企业贵州茅台一年的扣非净利润可以超过房地产龙头企业万科呢。

第二个心理障碍：长时间持续增长

企业的利润长时间持续增长，股价也呈现长牛特征，这类企业在 A 股不少，多发生在食品、家电和医药行业，比如贵州茅台、格力电器和云南白药三家企业均从上市后持续增长，利润也从最初的几千万、几个亿增长到现在的几十亿、几百亿规模，股价也是十多年持续创新高。但是，只要利润在增长，企业在行业中的竞争优势依然明显，那么我们不应该存在恐高心理。不要猜测何时增长会到头，毕竟选择它们作为自选股，是拥有标准来评价的，只要符合标准，就可以选择，直到不符合为止。另外，及时选入自选股，我们也是按照交易系统来交易的，所以也不用担心股价突如其来的因为某种企业自身原因或者外部因素而导致的下跌。

事实上，如果因为一家企业持续的增长而恐高，那么巴菲特就不会买入可口可乐。而在 A 股，那种像贵州茅台、格力电器和云南白药这样的长期大牛股也会与你无缘。

第三个心理障碍：市盈率相对较高

关于市盈率，如果重视这个指标，那么一定会成为阻碍股票投资发财致富的拦路虎。因为，巴菲特的价值投资有一条是安全边际。彼得林奇也宣称不要买入市盈率超过 40 的股票。既然，投资大师都这么重视买入的安全性，那么关于市盈率有必要展开讨论。

首先，市盈率在股市行情发展的不同阶段，波动性较大，不论是整个市场的市盈率，还是行业板块的市盈率，抑或是企业历史市盈率。

其次，同一时期，不同行业的市盈率也存在明显差异，同一大类行业下的细分子行业差异性也很明显，相同子行业的不同企业的市盈率也存在差异。比如大消费企业内，医药行业的市盈率普遍比食品和家电行业的市盈率要高，医药行业里的生物制药市盈率比化学制药市盈率要高，化学制药比中成药市盈率整体要高。

最后，市盈率是一个比值，其本质是市场预期的体现。当然，市场预期不是凭空出现的，而是基于企业基本面和"大宏观"因素。但在数值上至少有两个因素会影响市盈率的变化，一个是股价，另一个是企业的业绩。

对于市盈率我们应该辩证思维。为何医药行业的市盈率要比食品和家电行业的高，为何大周期行业在其行情的高点反而市盈率极低，而股价依然不涨。甚至应该用"存在即合理"这种哲学视角来放弃这种原因–结果的逻辑思维。毕竟，我们已经抓住了股价、市场预期和基本趋势之间的主要矛盾，那么就不需要再用单一比值来阻碍我们的投资行动了。

事实上，如果不假思索地按照彼得林奇的市盈率超过 40 就不买的话，那么反过来则意味着市盈率超过 40，或者超过 50 就一定要卖出。这样你一定会缺席牛市的盛宴，像恒瑞医药这样的化学制药优质企业也一定没有买入时机。

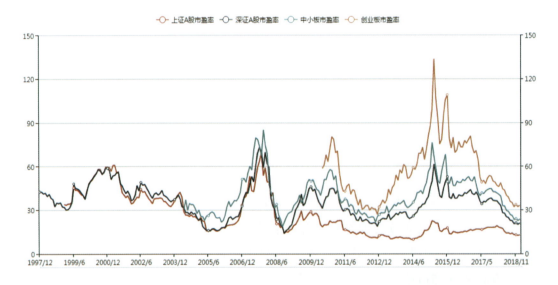

恒瑞医药过去 12 年平均市盈率达到 48.9 倍，过去 12 年最低的市盈率也高达 31.51 倍。但是公司股价在过去 12 年累积上涨超过 40 倍。无论以一个怎样的市盈率指标来做这只股票的择时，都将失去这家基本趋势持续强劲、股价持续上涨的企业。

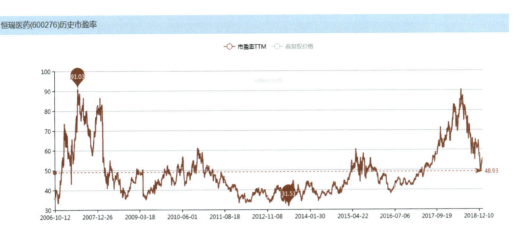

如果巴菲特的安全边际是简单按照市盈率来评价的话，那么他在 1988 年也不应该买入可口可乐，因为他买入的时候是 13 倍市盈率，看似很低，但是就可口可乐而已，在 1988 年之前的历史最低市盈率只有 5~7 倍，所以这样看 13 倍的市盈率其实又是一个相对高的位置了。

所以，绝对不能按照市盈率来选股和择时。市盈率从 60 倍掉到 30 倍，如果业绩不变，股价下跌 50%，但是从 30 倍掉到 15 倍，还是下跌 50%，从 15 倍掉到 7.5 倍又下跌 50%。如果再碰上业绩增速不及预期甚至业绩下滑，那么原来从 60 倍掉到 30 倍的市盈率，瞬间上升到 50 倍或者 40 倍。这太糟糕了，原本股价大跌，市盈率会随之下降，好不容易市盈率跌到历史最低位附近，结果由于业绩下滑，市盈率立马上升，看似便宜货立马变成烫手山芋，股价会继续快速下跌。这种事情在行情不好的白马股里可是常见的，2018 年的康美药业、分众传媒就是现成的例子。

康美药业：康美药业在 2018 年 10 月份爆出财务造假，当时的市盈率是 20 倍，已经接近历史最低市盈率了，股价在坏消息下瞬间跌到 12 元，市盈率跌到 12 倍。中成药行业的市盈率中枢就是 20 倍左右，康美药业的市盈率被市场抛售跌至 12 倍。如果在 12 倍 12 元买入，现在股价是 7.3 元 7.1 倍市盈率，那么还将亏损 39%，而且就在短短 10 周时间里。

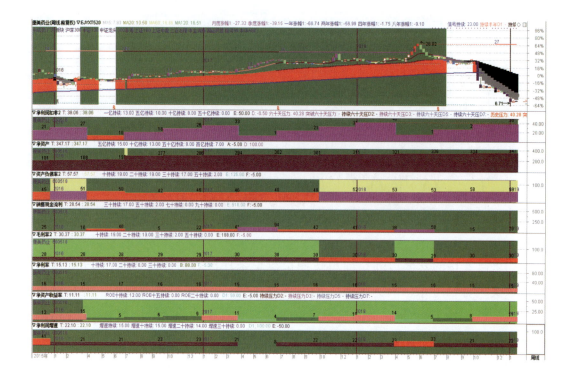

第15章　耐心等待

由于我们过滤了很多股价方面的、市场预期方面的和企业基本趋势方面的干扰信号，使得我们会存在很多空闲时间，不需要盯盘、不需要听政策、不需要分析企业生产经营的各个环节。

我们需要做的就是锁定拥有强劲基本面的企业，在这些企业的股价走势和市场环境配合下发出买卖信号的时候，进场、离场就可以了，而期间几乎什么也不需要做。

但是，我们总有一颗不安的心和一个不断思索的大脑，这使得我们总是很容易受非理性和理性的影响而自寻烦恼。管不住不安的心，就会耐不住性子。不断思索的大脑，使得我们很容易陷入原因−结果的无限追溯中去，结果忘掉了重点，迷失在错综复杂的"理性之林"里。

投机大师李佛摩尔说"钱是坐着赚来的，不是靠操作赚来的"，他还说，"在华尔街摸爬滚打这么多年，赚了很多钱，也赔了很多钱之后，我现在想告诉你的就是：真正让我赚到大钱的，其实不是我的思考，而是我的坚持。会看盘没什么了不起。我认识很多交易者，都能在正确时间做出正确判断，在理应产生最大利润的节点买进或卖出股票。可是，他们的表现还是不如我，他们没有真正赚到钱，这是因为，要既能够看准市场，又能够紧握头寸的人十中无一。我发现后者才是最难学习的，但如果不掌握这个，就不可能真正赚大钱。"

总　结

　　回顾 2018 年，几乎成为价值投资者的洗礼年，2017 年则成为价值投资的丰收年，真的只是这样吗？通过第三部分对三大行业过去十年来的股价特性和基本面特性梳理，以及第四部分运用可视化工具图辅助选股部分的展示，我们清晰地看到，优质的大消费类股具有长牛的特征，所以，尽管 2018 年优质的大消费类股出现不同程度的回撤，甚至还爆出来不少黑天鹅，但是一流的优质大消费类的股价特性和基本面特性之间的匹配关系依然明显。优质大消费类股尽管在 2018 年持续的熊市下跌，但依然只是处于正常的长牛特征的调整状态而已。

　　2017 年为何成为价值投资的丰收年，也只不过是在大周期类行业和 A 股科技类行业的基本趋势不足以支撑两个大类行业快速走牛的情况下，凸显了大消费类行业优质企业的结构化牛市特征而已。事实上，在 2017 年的结构性牛市下，大周期类和 A 股科技类个别细分板块和个别优质企业的股价也取得很不错的涨幅，超越 2015 年牛市高点的企业不少。

　　所以，在三大行业的股价特征和基本趋势特征定性匹配关系和企业基本趋势达标的选股标准下，我们可以长期锁定能够帮助我们实现财富复利增长的企业。那么，股票投资的重要一环：选股，我们就基本完成了。

　　同时，择时也是不可缺少的重要一环。我们的择时主要是依据长线交易系统，在优化交易系统下，我们的长线交易系统能够帮助投资者避开系统性的风险、结构性的风险。在构建好的股票池基础上，通过优化过的长线交易系统，我们可以实现长线暴利。而长线暴利的基石，正是基于"投资股票就是投资企业"的价值投资理念和避开系统性风险、结构性风险、严控个股极端风险的长线交易系统这两个法则。我们拒绝所谓的短线的交易技巧，也拒绝非达标企业的选择，始终坚持简单的、返璞归真的投资理念和执行可视化而又明确的交易策略。

　　在选股和择时分层处理的情况下，对于 2019 年甚至是以后年份，想依靠价值投资理念发财致富的，依然得盯紧一流的企业作为股票池。而在具体择时方面，书中已经展示了我的长线交易系统，事实上，投资者也可以建立一套属于自己的交易系统。在价值投资理念下的选股逻辑则是相对客观的和比较好量化的，比较好可视化的。

另外，我们的工具图总是试图抓住显而易见的东西，工具图以"深绿色"背景为"绿色通道"，这有点类似于驾驶车辆。比如，我们的目的是从北京开往上海，而选股就是选择车辆，我们只需要选择性能最好的车辆，并且始终开在相对安全的车道上。对应到股票投资，同样如此，我们只需要通过简单的几个指标，选择达标的、且优质的10来只股票进行投资即可，按照交易系统发出的信号进行买卖，按照股价特性和基本面特性以及市场环境进行权重更换和调仓换股就可以了。这就像我们并不需要在驾驶的过程中不断停下来打开车辆来检查车辆的启动系统、制动系统、换气系统。在选定了车辆后的驾驶过程中，我们只需要有一个仪表盘将汽车的各个性能指标显示出来就可以了，其他的时候，只需要结合驾驶环境好好地驾驶。

所以，股票投资，在买卖的过程中，也需要结合市场环境，正如驾车的过程中需要关注驾驶环境一样。工具图底下的八大核心财务指标就是企业性能检测图，而主图则是股票交易系统图。

毫无疑问，一位懂得汽车原理，也熟悉路况且经验老到的老司机，比纯粹汽车设计工程师能更顺利地到达目的地。同样，交通警察似乎很懂路况，知道哪一条路更快捷，但是也未必比得过老司机。

事实上，我们只需要了解不同企业的经营特性和基本面特性，就已经能够从财务视角评价企业的优劣，明白不同行业的股价特性和基本面特性，通过工具图就能够快速成为"老司机"。

拥有10年的驾龄不会比超过20年、30年驾龄的老司机差多少，哪怕毫无经验，按部就班的依据简单的原理和信号交易，也是可以迅速上路的。工具图的意义就在于此，迅速提升选股能力、减少交易成本，提高获利的持续性、稳定性。

然而，在晴空万里且平缓的下坡道，一位新手可能比老手驾驶速度更快，这就像在牛市的环境下，一位新入场的投资者赚的钱可能比经历过多轮市场洗礼的职业投资者更多，这并不奇怪，但投资是一场马拉松，投资者需要穿越牛熊，持续地获得相对稳定的收益。

投资不是竞技，我们并不需要高超的技巧，只需要可行的策略和简单的工具就可以了。价值投资策略正是长期致富策略，而工具图就是建立在其基础之上的辅助工具。我们的工具图立足简单化，是完全可视化的界面，通过案例训练可以让投资者迅速成为股票投资领域的"老司机"。

在正确的投资理念指导下，在可视化的工具图的选股系统和长线交易系统下，在实际操作中再多一点耐心，那么我们就离通过股票投资实现财富自由不远了。

最后，通过复利表可以知道，如果坚持选择净资产收益率达到20%以上的复利型企业，或者净资产收益率15%以上且净利润增速超过40%的快速成长性企业，然后按照长线交易系统进行交易，如果初始资金100万元，坚持这种选股思路和交易思路25年，100万元25年后会是多少钱呢，50年后又会是多少呢？

期数	5%	10%	15%	20%	25%	30%
1	1.05	1.10	1.15	1.20	1.25	1.30
2	1.10	1.21	1.32	1.44	1.56	1.69
3	1.16	1.33	1.52	1.73	1.95	2.20
4	1.22	1.46	1.75	2.07	2.44	2.86
5	1.28	1.61	2.01	2.49	3.05	3.71
6	1.34	1.77	2.31	2.99	3.81	4.83
7	1.41	1.95	2.66	3.58	4.77	6.27
8	1.48	2.14	3.06	4.30	5.96	8.16
9	1.55	2.36	3.52	5.16	7.45	10.60
10	1.63	2.59	4.05	6.16	9.31	13.79
11	1.71	2.85	4.65	7.43	11.64	17.92
12	1.80	3.14	5.35	8.92	14.55	23.30
13	1.89	3.45	6.15	10.70	18.19	30.29
14	1.98	3.80	7.08	12.84	22.74	39.37
15	2.08	4.18	8.14	15.41	28.42	51.19
16	2.18	4.60	9.36	18.49	35.53	66.54
17	2.29	5.05	10.76	22.19	44.41	86.50
18	2.41	5.56	12.38	26.62	55.51	112.46
19	2.53	6.12	14.23	31.95	69.39	146.19
20	2.65	6.73	16.37	38.34	86.74	190.05

从复利表可以看到，以20%的复利5年是2.49，复利20年是38.34，那么复利25年将是95.46倍，26年将是114.59倍，所以差不多25年多一点，100万元将是1个亿左右。如果能够复利51年，那就会是109亿元。

这就是长线暴利，也是巴菲特为什么可以成为世界第三富人的秘诀。

后　记

首先就本书第三、四、五部分提到的核心观点--构建基础股票池进行回顾。第三部分的实证部分事实上可以浓缩成四个字--匹配原则，按照三大行业划分，建立有关股价走势、市场预期、基本趋势在方向上和速度上的匹配关系。尽管这个关系是相对的，但就这个相对匹配关系而言已经对投资非常有帮助，且也容易理解。

第四、五部分其实就是这个匹配原则在选股和择时方面的运用。这两部分大多写于 2018 年 12 月份，到距离今天这篇后记差不多十个月时间。十个月，说长不长，说短也不短，刚好可以对这两个部分做一个很好的自我评价和自我批评。从 2019 年初到 2019 年 9 月底，A 股市场经历了一个先系统性的快速上涨，到 5 月初的集体快速下跌，再到 6 月份直至现在的结构性行情。可以说今年的行情无论对于价值投资者，还是主题投资者，都会很有收获，同时也证明了选股和择时的重要性。

从事后来看，大消费类股是比较成功的，茅台、海天等消费类龙头也纷纷创出了历史新高，而大周期类与科技类构建的股票池却表现平平。但是，我也多次强调，择时与选股是两个环节。所以，结合选股和择时，即使选择的大周期类和科技类股票不佳，也不会导致多大的损失，因为它们都没有发出买入信号。当初选入股票池，也不会导致什么损失，后续报表披露发现不符合时，可以再调出股票池。

但是，我们不应该只拿事后的涨跌幅来评价。因为，迟早那些消费类龙头也会跌落神坛，要么被市场追捧的估值过高，要么企业的基本面发生根本性的改变。再优秀的企业基本面也迟早会有不符合选股标准的那一天。所以，我们用的是证伪的原则，只要企业的竞争优势继续保持强劲，继续符合选股的标准，依然还是纳入它们进入股票池。而在交易方面，择时则是依据交易系统来进行。从这个角度出发，就建立起来的选股硬性标准体系，是达到了战略目的的。

在大消费类方面基本达到了目的，但是在大周期类和科技类应该只能算作及格。因为这两类股的板块联动效应和产业链齐涨齐跌现象需要非财务方面来做辅助。比如，非洲猪瘟叠加猪周期，这种周期类股它们的业绩至今还没有释放出来，而牧原股份的业绩难道接下来两年不会释放出来吗？只要经过一番研究就会知道，整个猪养殖企业的业绩迟早会释放出来的，而市场也预期到了，所以股价才会在2019年上半年集体上涨。再比如今年科技类板块中的5G通信产业链、华为产业链均出现大牛股，比如沪电股份、生益科技，这种有在报表上已经体现了的，也有还没有完全体现的。

为此，在做大周期类和科技类板块，就必须运用扩展性的匹配原则，只是这种基本趋势，没有从当下的财务指标体现出来，但是会通过板块联动效应和产业链齐涨齐跌现象体现在股价上。而且，前面也提到了，周期类和科技类的爆发性，无论是基本面的还是股价方面，都比消费类股要强劲，因此这个匹配关系照样可以用上。所以，我们依然可以从可视化界面辅助选股和进行投资，只是这种辅助选股不仅从财务视角，更需要板块和产业链视角来把关。

事实上，拥有这套可视化界面，还可以进一步反推基本面信息，甚至应该下沉到相关板块和产业链进行更深入的基本面研究。这样就可以更好的辅助选股，而在择时方面，还是按照交易系统比较好。一套长线的交易系统，是可以省掉很多交易层面的买卖时机问题的。

这也是我对财务指标来选股在大周期类和科技类的自我评价和自我批评。解决的方法就是从板块和产业链来处理纯财务指标的不足，即需要把大周期类和科技类企业对应的板块和产业链融入可视化界面。书中的第五部分已经提到，就是优化长线交易系统那章，直接将可视化界面由原来的"1+8"扩展到"1+8+3"，这样通过对其中的"1+3"着重思考。如何思考，我在另外一本著作《解密巴菲特和索罗斯–反身性价值投资》中的"两个背景模型和实战图"章节进行了详细的论述。

总的来讲，择时和选股都需要用到单个企业对应的行业、产业链以及宏观环境，其中的市场预期也包括了市场对整个股市、板块以及个股的预期。长期来看，股价会与企业的长期盈利挂钩，短期内，市场预期则起到了非常重要的作用，而且是直接的股价驱动作用。

本书主要还是想表达财务指标在选股方面的重要性。通过财务指标构建一个长线投资的大逻辑，尽管在以年度时间框架内评价欠佳，但是，我还是要再次重申财务的重要性。这是本书第一部分和第二部分详细表达的，股价与企业价值长期是挂钩的。离开这个，市场预期将成为空中楼阁，无源之水，无本之木，会变成纯粹的投机主义。毫无基本面支撑的股价涨跌现象，并不是本书要涉猎的。由于市场预期某一领域基本面短期快速变化而导致的股价快速上涨，迟早也是要业绩来做检验的。

本年度的猪肉股、5G 通信产业链、华为产业链、芯片股等，的确有基本面的原因，并不否定未来其业绩会释放出来，但是如果迟迟不释放出来，股价也会回归基本面的。其实最近的猪肉股就已经在表达这种意思了，因为出栏量的确不如预期，尽管猪肉价格上去了，未来的利润可能达不到市场预期，甚至养猪行业内的基本面也可能发生变化，养猪行业市场竞争格局也可能出乎市场预料。

接下来的 5G 通信呢？华为产业链呢？自主可控的芯片和操作系统呢？我们并不否定基本面发生了很大的变化，但是也可能会被市场过分预期，结果哪怕基本面转好，也可能估值被过分高估，结果股价还是要跌的。也有可能几年后基本面完全是另外一番场景。

所以，从长期视角来看，直接的财务指标和通过简单的行业内对比方式选择标的是比较简单的，不像以年度评价那么复杂，那么高难度，但是又有多少人能够耐得住寂寞，甘于看到"唾手可得"的利润而不去抢呢？这也是本书在表达核心选股和择时观点的时候，总是会附带提到"避免三个选股误区""避免三个择时误区""克服三个心理障碍"等这些干扰长线投资的信号，以及最后落脚在"耐心等待"四个字上的原因。

投资不仅是战略与战术，还有心态的问题。这需要在市场中修炼，不是远离市场，而是就在市场的跌宕起伏中修行。投资最大的魅力就在于不确定性。最大的风险，不是来自于市场，而是我们自身。让我们砥砺前行吧，市场就是人生最好的修行场所；让我们乐在其中吧，克服贪婪和恐惧；让我们勇敢向前吧，抓住核心要害，轻装上阵。

万　军

2020 年 7 月 1 日于深圳

特别提醒：书中提到的股票以及构建的股票池，只是作者介绍方法的展示，不作为股票推荐，读者买卖这些股票盈亏自负。

外观设计专利证书

证书号第 5399521 号

外观设计名称：电脑的图形用户界面 （可视化的股票操作图）

设　计　人：万军

专　利　号：ZL 2019 3 0073294.4

专利申请日：2019 年 02 月 22 日

专利权人：万军

地　　　址：518101 广东省深圳市宝安区 27 区 22 栋 101 室

授权公告日：2019 年 10 月 08 日　　　　授权公告号：CN 305376576 S

　　国家知识产权局依照中华人民共和国专利法经过初步审查，决定授予专利权，颁发外观设计专利证书并在专利登记簿上予以登记。专利权自授权公告之日起生效。专利权期限为十年，自申请日起算。

　　专利证书记载专利权登记时的法律状况。专利权的转移、质押、无效、终止、恢复和专利权人的姓名或名称、国籍、地址变更等事项记载在专利登记簿上。

局长
申长雨

2019 年 10 月 08 日

第 1 页 （共 2 页）

其他事项参见背面

证 书 号 第 5399521 号

　　专利权人应当依照专利法及其实施细则规定缴纳年费。本专利的年费应当在每年 02 月 22 日前缴纳。未按照规定缴纳年费的，专利权自应当缴纳年费期满之日起终止。

　　申请日时本专利记载的申请人、设计人信息如下：
　　申请人：
　　　　　　万军

　　设计人：
　　　　　　万军